Tochter Indira

Bettina Schulz

Tochter Indira

Die Geschichte einer Adoption aus Indien

Marion von Schröder Verlag

Der Marion von Schröder Verlag ist ein Verlag der
Ullstein Heyne List GmbH & Co. KG
Redaktion: Theresa Stöhr, München
Gesetzt aus der Sabon und Korinna bei Leingärtner, Nabburg
Druck und Bindung: GGP Media, Pößneck

Printed in Germany

ISBN 3-547-71038-3

Für Mohana und Asha

Inhalt

Kapitel I
Hoffnungsvolle Suche

Kapitel II
Banges Warten

Kapitel III
Zaghafte Annäherung

Kapitel IV
Kinder des Monsuns

1

Hoffnungsvolle Suche

Zwischen den Welten

Bombay. Tiefe Nacht. Die Flugzeuge aus Europa kommen immer mitten in der Nacht an. Das lässt mir ein wenig Zeit, die Welten zu wechseln, langsam in den Moloch einzutauchen, bevor die brodelnde Stadt mich am nächsten Morgen verschlingt.

Müde, aber erleichtert sinke ich auf dem durchgesessenen Rücksitz des klapprigen Taxis zusammen. Ich kurbele das Fenster herunter und genieße den lauen Fahrtwind der schweren Tropenluft. Dann fingere ich mein Mückenspray hervor und reibe meine Füße und Arme ein. Die Taxen müssen lange am Flughafen warten, bis ihnen ein Fahrgast zugeteilt wird. Währenddessen dringen Moskitos durch die geöffneten Fenster in den Wagen. Einer hat mich bereits am Knöchel erwischt.

Wir kommen nicht weit auf unserer Fahrt. Schon nach einigen Minuten dreht sich der Alte zu mir um.

»Der Wagen ist kaputt«, meint er entschuldigend und bremst. Wir sind nur wenige Kilometer vom Flughafen entfernt. Es ist dunkel am Straßenrand, nur Gebüsch, keine Laternen. Ich habe nicht bemerkt, dass mit dem Taxi etwas nicht stimmt. Ich werde unruhig.

»Warum fahren Sie nicht weiter?«, frage ich. Mir fällt ein, dass ein Beamter am Flughafen die Nummer unseres Taxis in eine Liste eintrug, und mich fragte, wohin ich wolle.

Der alte Mann antwortet nicht. Er lässt den Wagen an der Böschung ausrollen. Im Scheinwerferlicht erkenne ich, dass wenige Meter vor uns noch ein anderer Wagen im Dunkeln steht. Ein Mann lehnt sich dagegen und geht uns nun die wenigen Schritte entgegen.

»Aussteigen«, deutet mein Fahrer mir an. Ich fluche. So etwas ist mir noch auf keiner meiner Indienreisen passiert. Ich bin nie überfallen worden, hatte nie Schwierigkeiten, habe mich hier immer so sicher gefühlt. Jetzt hat es auch mich erwischt, schießt es mir durch den Kopf.

Die Männer verständigen sich über etwas. Beide kennen sich offenbar gut und hatten unseren Stopp abgesprochen. Sie ignorieren meine Proteste und laden mein Gepäck auf das Dach des anderen Wagens um. Routiniert zurren sie meine Taschen mit Gurten fest. Ich schimpfe, weil ich nicht um vier Uhr morgens in Bombay am Straßenrand stehen will, während mein Gepäck hin und her gehievt wird, und auch, weil ich etwas Angst habe.

Aber der jüngere der beiden Fahrer beruhigt mich, meint, ich solle mich nicht aufregen und in sein Taxi setzen. Er fahre mich jetzt zum Hotel.

Ich werde kleinlaut und lenke ein. Die beiden Männer teilen sich die Fahrt, sind vielleicht Vater und Sohn. Während der junge Taxifahrer die Gäste zu den Hotels fährt, dreht der Alte um und stellt sich wieder in die endlose Schlange der wartenden Taxis am Flughafen.

Wir fahren tatsächlich weiter und im Dunkeln zieht sich Bombay am Straßenrand entlang, von Hitze, Monsun und Armut abgeblättert, übertüncht, aufgerissen und wieder zugekittet.

Die Stadt wirkt erschöpft. Unser Weg ist gesäumt von Slums, geduckte, wacklige, schwarze Haufen aus Wellblech, Pappe und Holzverschlägen. Auf den holprigen Bürgersteigen und verstaubten Verkehrsinseln liegen Schlafende, zuammengekauert unter Decken und Plastikplanen, so erschöpft, dass sie nichts mehr zu wecken scheint, nicht der Verkehr, nicht die Moskitos, die Ratten, die räudigen Hunde. Sie haben löchrige Decken und verschlissene Planen wie Leichentücher über sich gezogen. Als ob es nur noch ein kleiner Schritt bis zum Tod ist, sodass man sich schon zum Sterben betten muss.

Ich bin bestürzt wie jedes Mal, wenn ich in Bombay ankomme. Traurig starre ich aus dem Wagen, sprachlos darüber, dass es immer noch so ist wie beim letzten Mal – oder ist es gar noch schlimmer? Es kommt mir fast so vor. Aber vielleicht ist es nur die krasse Diskrepanz zu der so sauberen, braven, ordentlichen Welt, die ich erst vor zehn Stunden verlassen habe. Nein, ich habe mich trotz zahlreicher Besuche nicht an den Anblick des nächtlichen Bombay gewöhnt. Es trifft mich jedes Mal wieder wie eine Ohrfeige, die mich verstummen lässt.

Die Fragen des Taxifahrers, woher ich komme, beantworte ich wortkarg. Dann verstummt auch er. Wer nachts durch Bombay fährt, dem ist nicht zum Plaudern zumute.

Unser Wagen kurvt in ein dunkles Stadtviertel. Ich erkläre dem Fahrer den Weg, bedeute ihm schließlich zu halten, und steige aus. Stille. Im faden Licht der spärlichen Straßenlampen stehen hölzerne Karren am Straßenrand, eng zusammengedrängt. Auf den alten Karren, auf dem aufgerissenen Gehweg und in den Hauseingängen schlafen Männer unter schweren Decken und Sackleinen. Morgen ist hier wieder Markt, lautstarkes Getümmel und farbenprächtiges Treiben. Jetzt ist es still, nur ab und zu keuchendes Husten.

Ich schiebe mich zwischen den Karren durch und klopfe an eine dunkle Glastür. Es dauert einen Moment und dann öffnet ein junger Mann, gähnt, lächelt plötzlich und erkennt mich. Wir flüstern unwillkürlich. Ich bezahle den netten Taxifahrer und die beiden Männer schleppen mein Gepäck in das winzige Hotel.

Durch eine Tür erkenne ich das kleine Restaurant, dunkel, so spät in der Nacht. Auf zwei Tischen haben sich Männer zum Schlaf zusammengerollt. Der Mann, der uns die Tür geöffnet hat, bringt mich sofort hinauf in den ersten Stock. Auf dem spärlich beleuchteten Gang flitzen beängstigend große Kakerlaken davon – einige Gäste haben auf dem Zimmer gegessen und die schmutzigen Teller auf dem Flur abgestellt.

Mein Zimmer ist winzig, die Luft stickig. Ich sinke auf das Bett und bitte den jungen Mann noch schnell um ein Handtuch, ein Bettlaken, Toilettenpapier und eine Plastikflasche Wasser. Neben mir röhrt eine klapprige Klimaanlage.

Ich bin glücklich. Endlich angekommen. Und ich bin zufrieden mit diesem kleinen Hotel, meinem spartanischen Zimmer. Ich kann nicht mitten in all der Armut und Trostlosigkeit Bombays nach einem Adoptivkind aus dem Heim suchen und immer wieder in ein Luxushotel mit Marmorbad und Swimmingpool zurückkehren. Ich will mich bewusst in eine gewisse Kargheit zurückziehen, mich konzentrieren, nicht ablenken lassen. Wie sonst kann ich eintauchen in diese Welt und von den Menschen hier lernen und sie verstehen?

Ich beschließe, ohne Moskitonetz zu schlafen und schalte das Licht aus. Draußen auf der Straße bekommt jemand einen Hustenanfall. Es ist erdrückend schwül. Ich lausche auf die Stadt, das Husten, das Hundebellen und das Geheul der Züge.

Ich kann in der schweren Hitze nicht einschlafen. Dennoch bin ich wie erlöst. Ich schwebe zwischen den Welten. Am Morgen wird meine Suche nach einem Heim und einem Kind beginnen. Ich werde mein Schicksal endlich selber in die Hand nehmen. Ich habe mich in den letzten Monaten so ohnmächtig gefühlt.

Seit vielen Wochen diskutieren wir mit Sarah die Adoption. Sie ist unsere Sozialarbeiterin, wirre blonde Haare, strahlende blaue Augen und immer etwas zerzaust. Sie macht den Sozialbericht, befragt uns und trinkt dabei literweise schwarzen Tee. Sarah erweckt stets den Eindruck, als verstehe sie uns – vielleicht tut sie es wirklich. Die intime Fragerei ist ein tiefer Eingriff in die Privatsphäre. Andreas und ich haben uns immer wieder darüber aufgeregt. Aber wir müssen pragmatisch ein. Wir wissen, dass wir die Prüfung durch die Sozialarbeiter über uns ergehen lassen müssen, wenn wir ein Kind adoptieren wollen. Aber es ist trotzdem schwer. Es ist so theoretisch, über eine Adoption zu reden, wenn man gar keine Vorstellung von dem Kind hat, nicht einmal weiß, ob man überhaupt ein Kind zugewiesen bekommt.

Ich werde wieder unruhig, stehe auf und starre durch das verstaubte Fenster meines Hotelzimmers auf die Bahngleise. Sie liegen direkt vor dem Hotel. Nachts schlafen Familien auf den breiten Bahnsteigen, zusammengekauert auf dem Boden, zugedeckt, alle im Tiefschlaf, egal wie viele Züge den Bahnsteig erzittern lassen, egal, wie sehr die Scheinwerfer den Bahnhof in gleißendes Licht tauchen.

Ich denke an zu Hause. Dort habe ich die Absagen der indischen Kinderheime fein säuberlich abgeheftet. Monate vorher hatte ich einen ganzen Stoß von Briefen an Waisenhäuser in Bombay, Kalkutta und Neu-Delhi verschickt. In den Briefen hatte ich uns vorgestellt, Andreas und mich, die gern ein indisches Kind adoptieren wollen. Ich hatte extra betont, dass wir bereits von den Sozialarbeitern für eine Auslandsadoption überprüft werden. Aber nach und nach trafen die Antwortschreiben der indischen Waisenhäuser in unserem Briefkasten ein, insgesamt fast zwanzig mit Schreibmaschine getippte Briefe: »... sind wir erfreut über Ihren Wunsch, adoptieren zu wollen. ..., müssen wir Ihnen aber leider absagen« oder »... können wir Sie leider nur auf eine Warteliste setzen. Danach kann ein Kinderwunsch frühestens in zwei bis drei Jahren erfüllt werden ...«. Ich wollte das nicht einsehen. Bei dieser erdrückenden Armut in Indien musste es doch genügend Kinderheime geben, die erleichtert waren, wenn jemand ein Kind adoptieren wollte. Aber jetzt werde ich es ja selber sehen, tröste ich mich. Und ich werde ein Heim finden. Das habe ich mir fest vorgenommen.

Und vielleicht ein Kind. Ich habe es zum Schluss nicht mehr ausgehalten. Vor allem, nachdem Sarah mit dem Fragebogen bei uns gewesen war. Sie war wie immer nett und vernünftig. Dieser Fragebogen sei Teil der Unterlagen, die jedes Elternpaar vorbereiten und ausfüllen müsse. Wir sollten ankreuzen, ob wir auch ein blindes Kind adoptieren würden oder ein sehbehindertes Kind? Würden wir ein taubes Kind akzeptieren? Ja oder Nein? Ein hörgeschädigtes? Ein Kind mit offenem Rücken? Ein Kind mit Aids? Ein geistig behindertes? Wie weit würden wir gehen? Bitte ankreuzen. Multiple Choice. Es war so zynisch, kalt und berechnend. Welche Kinderschicksale entschieden sich da auf dem Formular?

Andreas und ich haben bei jeder Frage überlegt, wie weit wir bereit sind, unser Leben umzukrempeln. Da kroch unser Egoismus in die Kreuzchen, eigentlich ein »normales Leben« führen zu wollen, keine zu großen Einschränkungen in unserem Leben hinnehmen zu müssen. Ein sehbehindertes Kind? Ja. Das könnte operiert werden und eine Brille tragen. Ein blindes Kind? Nein. Da scheuten wir das Risiko, die Unannehmlichkeiten, die Konsequenzen.

Sarah verstand uns. Sie hatte sogar Sorge, dass wir uns aus lauter Barmherzigkeit und Kinderliebe in ein Abenteuer stürzten, das wir letztlich nicht meistern konnten. Sie hat uns von der Adoption eines behinderten Kindes abgeraten. Und ich bin ihr dankbar dafür. Aber jedes Nein von uns war eine Entscheidung gegen ein Kind, mit der Konsequenz, einem besonders hilfsbedürftigen Wesen die Hilfe zu verweigern. Dieser Fragebogen ließ uns keine Wahl. Er ließ uns mit einem schlechten Gewissen zurück.

Deshalb bin ich hier, tröste ich mich und lege mich wieder auf das Bett. Ab morgen werde ich nicht mehr nur warten, sondern auf eigene Faust suchen. Ich bin bisher immer weiter gekommen, wenn ich die Dinge selbst in die Hand genommen habe, sage ich mir.

Ich werde wieder zuversichtlich und taste im Dunkeln nach dem Schalter für den Ventilator. Vorsichtig drehe ich an der Schraube, bis die Flügel über mir gleichmäßig und rhythmisch rotieren, gerade so, dass ein leiser Windzug über meinen Körper streicht. Ich beschließe, ohne Klimaanlage zu schlafen, und schalte sie aus.

Die Slums von Bombay

Eine monotone Frauenstimme weckt mich. Unentwegt kündigt sie über einen scheppernden Lautsprecher die Vorstadtzüge an, die jetzt in der Rushhour nach Bombay hineinfahren. Vom Hotelfenster blicke ich auf ein buntes Menschengewimmel auf den Bahnsteigen. Von den schlafenden Familien keine Spur mehr. Mehrere Züge fahren gleichzeitig ein, die Schnellzüge halten nicht, sondern donnern mit hoher Geschwindigkeit durch den Bahnhof Richtung Bombay Central. In den Türöffnungen hängen Pendler im kühlen Fahrtwind, oft sind diese waghalsigen Klimmzüge für sie die einzige Möglichkeit, überhaupt mitgenommen zu werden.

Ich gehe hinunter in das kleine Foyer des Hotels. Die abgestellten Teller auf den Gängen sind fortgeräumt. Duft von frischem Sandelholz zieht langsam durch das Hotel. Der junge Mann hat vor dem Hausaltar zu Ehren des Elefantengottes Ganesh Räucherstäbchen angezündet. Als er mich sieht, winkt er zwei emsigen Zeitungsverkäufern im Hoteleingang zu. Sie sollen mich vorbeilassen. Sie nutzen den schattigen Platz auf den Treppenstufen und sortieren dort ihre Zeitungen und Beilagen.

Ich mache einen Sprung über die Stufen und stehe am Straßenrand. In der Sonne ist es jetzt schon heiß, obwohl es noch früh am Morgen ist. Geblendet von dem Trubel auf der Straße bleibe ich stehen. Das Hotel liegt in einem belebten Stadtviertel im Norden Bombays, breite, staubige Straßen unter Schatten spendenden, mächtigen Tropenbäumen. In der Nähe wachen einige Mönche, so genannte Sadhus, in ihren orangefarbenen Roben über einen winzigen Tempel an einem knorrigen, verzweigten Banyan-Baum. Die Gebets- und Opferstätte liegt versteckt zwischen den Luftwurzeln dieses heiligen Baumes. Auf der Straße drängen sich um diese Uhrzeit Arbeiterkolonnen. Sie warten in der Nähe des Bahnhofs, um für einen Tag angeheuert zu werden. Die Männer sind von der gleißenden Sonne schwarz gebrannt, ausgemergelt von der harten Arbeit in der Hitze. Viele haben nichts anderes in der Hand als ihre Arbeitsutensilien, zum Beispiel eine Säge. Sie hocken in Gruppen am Straßenrand und warten geduldig auf ihren Einsatz.

Ich muss mich erst sammeln, bevor ich es wage, in das Gewühl einzutauchen. Ich bin allein hergeflogen, Andreas konnte nicht mitkommen. Er muss arbeiten. Er hat nicht so viel Urlaub und die Wochen, die er sich noch frei nehmen kann, wird er brauchen, wenn wir nach Indien zurückkehren und tatsächlich ein Kind adoptieren sollten. Es ist schade, dass er nicht hier sein kann und selbst die Heime sieht. Schließlich ist es eine wichtige Entscheidung, ob wir aus Indien adoptieren und von welchem Waisenhaus. Ich werde unsere Erkundungen alleine machen müssen und ihm abends über knisternde Telefonleitungen davon berichten.

In dieser Gegend Bombays sind fast nie Europäer zu sehen. Die Männer auf der Straße mustern mich daher verwundert, diese westliche Frau dort im Hauseingang, zwar mit indischen Pumphosen und Kaftan, dem so genannten Salwar Kameez bekleidet, aber ansonsten so europäisch, kurze Haare, Brille, weniger feminin als die Inderinnen es sind.

Ich erinnere mich an eine Autofahrt, die ich vor Jahren einmal allein durch Rajasthan machte. Damals trug ich noch lange Hosen und keinen Salwar Kameez. Die Kinder in den einsamen Wüstengegenden fragten mich, ob ich eine Frau oder ein Mann sei. Frauen, die mit kurzen Haaren und Hosen Auto fuhren, kannten sie nicht.

Langsam tauche ich in die Menschenmenge ein und schiebe mich durch das Gedränge der Arbeiterkolonnen auf die andere Straßenseite, zum Teestand. Hier brodelt der Gewürztee in großen Aluminiumtöpfen. Ich liebe den Duft des mit Zimt, Nelken und Kardamom angereicherten Tees, schwer und süß, mit Zucker und Milch aufgegossen. Der junge Koch lässt den Tee noch einmal in hohem Bogen von einem Topf in eine Kanne schießen, wie ein metallener Strahl, der in der Sonne glitzert. Dann schenkt er mir ein Glas ein, hellbraun, dampfend. Er zögert, nickt mir zu und setzt das Glas in ein zweites Glas. Damit ich mir bloß nicht die Finger verbrenne.

Wieder dränge ich mich durch die Arbeiterkolonnen, dieses Mal mit dem dampfenden Tee, und kaufe mir an einem Stand Bananen. Der Verkäufer unterbricht seine Rasur. Auch er hat die Nacht auf der Straße geschlafen. Ich deute auf einige Bananen, er betastet sie und verzieht das Gesicht. Nicht gut genug. Er gibt mir andere. Nebenan frage ich nach einer *Times of India*. Ich bezahle. Der Händler zieht eine *Times* aus dem Stapel, lässt die obere Zeitung zum Schutz gegen den Straßenstaub und Dreck liegen. Ich bekomme eine saubere Zeitung und kehre in mein Zimmer zurück, schlürfe den Tee und blättere durch die *Times*.

Dann ist es Zeit für meinen ersten Besuch in einem Waisenhaus in Colaba, einem Stadtteil an der Südspitze Bombays. Ein Termin, den ich telefonisch von zu Hause aus arrangieren konnte. Ich beschließe, den Zug zu nehmen, denn mit dem Taxi ist die Fahrt zu weit.

Als ich erneut auf die Straße trete, sind die Arbeiterkolonnen verschwunden. Im Straßengewühl gehen Schulmädchen, die Haare geölt, schwere Zöpfe auf dem Rücken, frischer Jasmin in die Flechten gesteckt. Um die Ecke ist Markt. Die Händler haben ihre Waren unter den Bäumen auf dem Boden und neben ihren Karren ausgebreitet. Viele Früchte und Gemüsesorten kenne ich nicht einmal, alles herrlich frisch, duftend und sorgsam zu ansprechenden Haufen aufgeschichtet. Korianderbüschel und Minze liegen im Schatten und fast jeder Händler hat irgendwo ein Räucherstäbchen angezündet. Die Händler sind stolz auf ihre Ware und handeln mit Frauen, die den Morgen zum Einkauf nutzen, bevor die Hitze jegliche Arbeit zur Tortur werden lässt.

Ich kaufe ein Ticket für den Vorstadtzug und gehe auf die Brücke über die Gleise, um zum richtigen Bahnsteig zu gelangen. Plötzlich höre ich eine Frau schreien, wütend, kreischend und völlig außer sich. Dann entdecke ich sie zwischen den Bahngleisen. Sie schreit, gestikuliert und starrrt auf eine Stelle auf den Bahngleisen, offenbar in ein Loch zwischen den Gleisen. Ein kleiner Junge zerrt an ihrem halb zerrissenen und verdreckten Kameez. Warum hat seine Mutter kurz geschorene Haare? Fast alle Inderinnen tragen ihr Haar lang, meist zu stattlichen Zöpfen geflochten. Ich bleibe stehen, dränge mich an die Brückenwand, denn die anderen Pendler hasten weiter zu den einfahrenden Zügen. Langsam erkenne ich, dass ein Mann halb in das dunkle Loch unter den Gleisen gekrochen ist. Plötzlich kommt er mit einem Behälter voller Wasser wieder hoch. Offenbar verläuft unter den Gleisen eine undichte Wasserleitung.

Erst jetzt fallen mir die zwei großen Kanister auf, die der Junge neben sich stehen hat. Seine Mutter schreit den Mann an, wie verrückt, durchgedreht. Hysterisch und kreischend klettert sie in das Loch hinunter. Der Junge reicht ihr einen Kanister und sie verschwindet halb in dem Dunkel. Währenddessen fahren auf den anderen Gleisen die Vorstadtzüge an ihr vorbei, oft nur einen Meter entfernt auf dem Nebengleis. Plötzlich springt die Mutter hoch, ist mit einem Satz aus dem Loch und rennt zur Seite. Der Junge rettet sich ebenfalls wenige Meter nach rechts und Sekunden später rollen die schweren Räder eines Vorstadtzuges über die Wasserstelle. Die Mutter schreit und schimpft, wie geistesgestört. Der Junge zerrt wieder an ihrem Kameez, als ob er sie beruhigen wollte. Kaum ist der letzte Waggon über die Wasserstelle gewalzt, krabbelt die Frau wieder unter das Gleis. Schließlich ist der Kanister noch nicht voll. Immer wieder muss sie das Wasserschöpfen unterbrechen und aus der Versenkung herauskrabbeln. Sie und der Junge kennen das schon.

Jetzt kommen andere Bewohner von den nahe liegenden Slums. Auch sie wollen an die Wasserstelle und bilden einen

Kreis um die Mutter und den Jungen. Aber wieder schreit sie so hysterisch und nervtötend, dass alle Abstand halten und abwarten. Bestürzt verfolge ich die Szene.

Gleich darauf höre ich die monotone Ansage für meinen Zug und renne die Treppen zum Gleis hinab. In dem Gewühl der Menschen entdecke ich den Bereich des Bahnsteigs, wo die Frauen auf ihren Waggon warten. In Bombay sind die Züge in Waggons für Männer und Frauen aufgeteilt. Mein Zug fährt ein und schon springen die ersten Pendler von dem noch rollenden Zug auf den Bahnsteig. Ich muss aufpassen, nicht von ihnen umgerannt zu werden. Direkt an meiner Stelle kommt der Erste-Klasse-Waggon für Frauen zu stehen. Schon schieben sich die Pendler aus der Türöffnung und noch bevor die letzten Männer und Frauen aus dem Waggon gesprungen sind, klettern die Pendler vom Bahnsteig in den Zug. Wer nicht schnell genug ist, kommt gegen diesen Ansturm nicht mehr aus dem Waggon heraus. Ich werde von den Frauen hinter mir automatisch in den Waggon hinein geschoben. Durch ein Gitterfenster sehe ich das Gedränge im Abteil der Männer. Sie sind schweißgebadet eingepfercht, haben keine Chance auf einen Sitzplatz.

Ich ergattere noch einige Zentimeter auf einer Sitzbank am Gang – die luftigen Plätze an den offenen Gitterfenstern sind besetzt. Die bunten Saris und Dupattas der Frauen flattern im Fahrtwind. Während der Fahrt verständigen sich die Frauen darauf, wer als nächste ans Fenster darf. Viele Frauen lesen, einige hängen ihren Gedanken nach und starren auf die Stadt, die langsam an uns vorbeischaukelt, auf die gedrängten Slums am Bahndamm, endlose, kilometerlange Reihen von Holz, Papp- und Plastikverschlägen. In jeder Hütte hocken mehrere Erwachsene, davor Kleinkinder, die im Dreck spielen. Zwischen den Hütten schimmert immer wieder brackiges Wasser, bläulich, schal und abgestanden. Plastikflaschen und Fässer dümpeln auf der Brühe. Oft wurden die Hütten direkt auf dem Müll gebaut. Kinder und Jugendliche ziehen Plastikfetzen aus dem Abfall und stopfen sie in Säcke, die sie langsam über die Kippen tragen.

Mitunter reichen die Slums so nah an den Bahndamm heran, dass die Mütter zwei bis drei Meter neben den vorbeirollenden Zügen kochen und Kleinkinder direkt neben den Gleisen spielen. Den Bahndamm entlang verrichten Männer und Frauen ihre Notdurft und der Gestank von Fäkalien und Chemie beißt selbst uns im Zugabteil in der Nase. Auf den Mauern, die bald den Zugdamm eingrenzen, prangen blauweiße große Lettern an den Ziegelwänden – eine Kampagne zur Aufklärung über Aids.

Am nächsten Bahnhof springt ein kleiner Junge zu uns ins Abteil, nur mit einer abgetragenen Hose bekleidet, mit verstaubten, verfilzten Haaren und schwieligen verkrusteten Füßen. Er lässt sich auf die Knie fallen und beginnt mit einem dreckigen Lappen den Boden des Abteils zu wischen. Die Frauen würdigen ihn keines Blickes. Eine Dame rafft langsam ihren Sari beiseite. Der Junge sieht hoch und mustert die Damen der ersten Klasse mit fiebrigen Augen. Dann wienert er einige Momente weiter. Als die Frauen immer noch nicht reagieren, steht er auf und streckt bettelnd seine verstaubte Hand aus. Keine Reaktion. Die Frauen starren aus dem Fenster. Eine Dame mir gegenüber schüttelt unwirsch ihren Kopf. Diese Geste reicht. Der Junge wendet sich mir zu. Ich bringe es nicht übers Herz, ihn abzuweisen, werde weich. Wer weiß, wer ihn geschickt hat, ihn beschimpft, wenn er mit leeren Händen wiederkehrt. Unter den missbilligenden Blicken der Frauen krame ich Nüsse hervor und gebe sie ihm. Kein Geld. Seine Enttäuschung ist nicht zu übersehen. Er steckt die Nüsse wortlos in seine zerrissene Hosentasche und bettelt bei anderen Frauen weiter. Auch dort kein Glück. Beim nächsten Halt springt er wieder raus.

Ich komme zu früh in Colaba an. Mein Termin mit dem ersten Kinderheim ist erst in einer Stunde und so schlendere ich langsam zum Gateway of India und von dort den Kai entlang. Das hier ist das Postkarten-Bombay, Relikte aus der Kolonialzeit der Engländer, gleichermaßen beliebt bei westlichen wie indischen Touristen. Drüben vor dem Luxushotel *Taj Mahal* fahren Chauffeure vor. Ich lasse das Hotel mit seiner kolonialen Glitzerpracht, den Antiquitätengeschäften, Sariboutiquen und dem Swimmingpool für die Hotelgäste hinter mir liegen. Mein Kind wird kaum aus einer Familie kommen, die im *Taj Mahal* köstliche Banketts für die Hochzeit ihrer Tochter ausrichtet und vorher bei Spitzengynäkologen in der Stadt sichergestellt hat, dass der freudige Anlass nicht durch eine unpassende Schwangerschaft verpatzt wird.

Wie oft spielt Armut eine Rolle, wenn eine Frau ihr Kind fortgibt, wenn sie einfach nicht mehr weiter weiß, resigniert hat? Nur wenige Straßenzüge weiter öffnet sich vor mir der Blick auf Slums, die sich am Rande der Bucht entlangziehen. Ich beschließe, langsam in die Slums hineinzugehen. Ist es diese Welt, in der die Mutter meines künftigen Kindes lebt? Ich zögere zunächst, denn als Touristin gehöre ich nicht hierher. Ich habe ein schlechtes Gewissen. Aber dann lasse ich mich einfach treiben, schlendere weiter, geradewegs hinein in das Gewirr der Hütten, Baracken und Verschläge aus Plastik und Holz. Meine Kamera habe ich in einer Plastiktüte versteckt.

Sobald ich in die Slums eintauche, surren von überall Fliegen und Moskitos. Auch hier steht schales Dreckwasser zwischen den Hütten, die Luft ist stickig und feucht und der Gestank verschlägt mir den Atem. Aus jeder Hütte blicken Familien verwundert hinter mir her und setzen dann ihre mühsame Arbeit fort. Nur die Kinder springen aufgeregt um mich herum, mit ihren schwieligen Füßen im Dreck. Ich bin über den Ernst ihrer Gesichter überrascht, den traurigen, manchmal verbitterten Zug um den Mund – und über ihre Krankheiten, die fiebrigen Augen, die schlecht abgeheilten Wunden oder gar Narben auf ihrer Haut, die Verletzungen, Allergien und immer wieder sehe ich Kinder mit geistiger oder körperlicher Behinderung. Wie lange gibt es Impfungen gegen Kinderlähmung, frage ich mich, als ich zwischen den Hütten ein Mädchen beobachte, das sich mit seinen gelähmten Beinen nur auf allen Vieren fortbewegen kann.

Einige Frauen haben ihre abgetragenen Saris um die Hüften hochgebunden und hocken breitbeinig am Rinnstein, dünn, ausgemergelt, verbrannt von der Sonne. Sie waschen und sortieren Fisch und Garnelen. Der Fischgeruch vermischt sich mit dem Geruch der Fäkalien. In der Nähe verrichten kleine Kinder ihre Notdurft zwischen den Hütten, die Erwachsenen tun dies drüben direkt auf dem mit Müll übersäten Strand der Bucht. Von sanitären Anlagen keine Spur. Einige Kinder schwimmen johlend in der fahlen Brühe, die an den Strand schwappt.

Ich gehe zielstrebig weiter, tue so, als ob ich wüsste, wohin. *Lepra ist heilbar* prangt es von einer Bretterwand in großen Buchstaben. Ich bleibe schockiert stehen und erinnere mich an einen Besuch in Ägypten. Damals war ich ebenso nichts ahnend durch einen Ort geschlendert und in die Nähe der Slums geraten. Ich wollte gerade umkehren, als ich neben mir in einem Müllhaufen etwas rascheln hörte. Es war ein schwer Leprakranker, der in dem Müllhaufen kniete und sich mit seinen Fingerstümpfen bemühte, Essensreste in seinen Mund zu schieben. Das war schwierig, denn jemand hatte ihm eine Pappmaske über sein Gesicht gebunden, vielleicht, damit man seine entstellte Nase und seinen Mund nicht sah. Ich stand wie angewurzelt vor Entsetzen da und starrte ihm für Sekunden direkt in die Augen. Ich wusste nicht, was ich machen sollte. Ihm Geld geben? Ihm aufhelfen? Und das, obwohl mich in der Nähe sitzende Nachbarn schon misstrauisch und abweisend musterten? Erst allmählich begriff ich, dass ich nur störte und gehen musste. Der Kranke wendete sich ab. Er wollte so nicht gesehen werden. Ich ging, fühlte mich elend. Ich ärgerte mich über mich selbst. Warum hatte ich im Leben nicht gelernt, in solchen Situationen zu helfen? Ich war so unfähig.

Bei solchen Erlebnissen packt mich die Wut. Ich schaffe es nicht mehr, meine Welt zu Hause mit der Welt hier zu verbinden. Ich kann in diesen Momenten einfach nicht mehr verstehen, warum wir zu Hause in einem solchen Luxus leben und hier so ein Elend herrscht. Mir fallen schlichtweg keine einleuchtenden Gründe dafür ein, warum wir einen immensen Überfluss auskosten dürfen und hier die primitivsten Hilfsmittel fehlen. Wie oft habe ich es in meinem wirtschaftswissenschaftlichen Studium und meinen Beruf als Wirtschafts- und Finanzjournalistin erlebt, dass es viele geschichtliche und volkswirtschaftliche Erklärungen für diese Armut und unseren Reichtum gibt. Aber es ist so theoretisch. Hier in den Slums stehe ich wieder sprachlos zwischen den Hütten und verstehe nichts mehr. Ich begreife einfach nicht, warum wir beim Fleischer fünfundzwanzig Wurstsorten haben müssen und hier eine solche Armut herrscht. Warum finden wir im Westen immer so viele Erklärungen und Rechtfertigungen dafür, dass es dieses Elend gibt? Natürlich hat sich volkswirtschaftlich in Indien in den letzten Jahren sehr viel getan. Aber hier in den Slums kann ich all dies nicht mehr nachvollziehen, verstehe ich mein Leben zu Hause nicht mehr und entfremde mich von mir selbst.

Ein Motorradfahrer will an mir vorbei und ich weiche aus. Ich zucke zusammen, trete mit einem Fuß in die stinkende Kloake und der schwarze Dreck quillt zwischen meinen Zehen heraus. Ich habe nur leichte Sandalen an und beherrsche mich, um mir den Ekel nicht anmerken zu lassen. Dann wische ich die Soße mit einem Papierstück von meinen Zehen. Plötzlich hält mir ein kleiner Junge eine Blechdose mit Wasser vor die Nase. Seine Mutter lächelt mir mitleidig aus ihrer Hütte entgegen und ich nicke ihr dankend zu.

Ich der quälenden Mittagshitze stolpere ich weiter durch die Slums, bis ich plötzlich vor einer Landschaft mit herrlichen Bergen stehe. Ein in der Sonne glitzernder Fluss fließt kühl an Schatten spendenden Bäumen vorbei. Eine gemalte Traumlandschaft auf einer Ziegelwand. Die Erinnerung an das Paradies. Hier muss man wirklich daran erinnert werden, denke ich frustriert.

Kurz bevor ich mich wieder auf den Weg zum Waisenhaus mache, ruft mir ein Mann zu:

»Madam, Sie gehen in die falsche Richtung.«

Er will mich zurück zum *Taj Mahal* lotsen. Ich hingegen deute in die entgegen gesetzte Richtung, tiefer in die Slums hinein und frage, wo es dort hingehe. Er schüttelt resigniert den Kopf. »Da gibt es nichts mehr, Madam.« Und er fügt hinzu: »Da ist sowieso alles und jeder am Ende.«

Hilfe zur Selbsthilfe

Auf dem überfüllten Schulhof toben Kinder. Es sind genau die wilden Kinderstimmen, die ich durch das Telefon gehört habe, als ich mich mit der Heimleiterin, Mrs. Sudha, von zu Hause aus verabredete. Gespannt suche ich den Eingang zum Büro des Heims. Ich setze große Hoffnungen auf dieses Waisenhaus. Schließlich ist es das einzige, das uns von Freunden empfohlen wurde. Sie haben vor Jahren ein Kind von hier adoptiert. Für keine der anderen Adressen auf meiner Liste habe ich eine persönliche Empfehlung. Nach all den schriftlichen Absagen setze ich fast all meine Hoffnung auf Mrs. Sudha. Schließlich war sie bereit, mich in Bombay zu empfangen, wohl wissend, dass wir adoptieren wollen.

Sie ist mir sofort sympathisch. Eine kleine zierliche Dame mit dunkler Brille in einem schlichten Baumwollsari. Sie arbeitet in einem winzigen Büro. Zwei junge Frauen sortieren Briefe und bitten mich, kurz zu warten, Frau Sudha sei am Telefon. Das Büro ist zu klein, als dass sie mir einen Stuhl anbieten könnten. Es passen gerade drei Schreibtische und Stühle in den Raum, den ein stürmischer Tischventilator so abfächert, dass die Papiere fast vom Tisch flattern. Nichts hier lässt auf Adoptionen schließen, nur ein kleiner Reim hängt eingerahmt an der Wand.

Not flesh of my flesh,
not bone of my bone,
but still miraculously my own.

Never forget
For a single minute
You didn't grow
Under my heart
But in it.

Frau Sudha strahlt bei unserer Begrüßung und ich bin darüber so erleichtert, dass ich ihr – wie schon am Telefon – von unseren Adoptionsplänen erzähle. Ich informiere sie, dass unser Sozialbericht vorbereitet wird, und erkundige mich dann vorsichtig nach dem Heim.

»Wir haben kein Heim«, sagt sie und strahlt immer noch. »Wir geben die Kinder zu Pflegeeltern hier in der Gegend. Aber nur, wenn es anders absolut nicht mehr geht.« Ich bin überrascht, lasse mir aber nichts anmerken. Wir setzen uns. Eigentlich hatte ich gehofft, ein Heim mit schreienden Babys zu sehen. Sie scheint meine Ratlosigkeit zu spüren.

»Wissen Sie, die Menschen hier sind so arm. Aber wir müssen ihnen helfen, es selbst zu schaffen. Und mit ein wenig Hilfe geht das auch«, sagt sie zuversichtlich. Ich denke an meinen Gang durch die Slums nur wenige Straßen von hier entfernt. Genau dort leistet dieses Büro mit medizinischen Mitteln Unterstützung, zahlt die Schulausbildung vieler Kinder und versucht alles, damit die Familien zusammenbleiben.

»Es gibt viele Frauen, die von ihren Männern verlassen werden und ihre Kinder kaum durchbringen können. Manche Frauen wollen diese dann weggeben.« Mrs. Sudha seufzt, als ob sie jedes Mal wieder davon überrascht wird. Aber sie verurteilt nicht.

»Wir versuchen das natürlich immer zu verhindern«, sagt sie und bietet mir ein Glas Wasser an.

»Viele Frauen können ihre Kinder behalten, wenn wir ihnen nur medizinisch und bei der Ausbildung der Kinder helfen. Sobald die Kinder lesen und schreiben können, schaffen sie es, sich und die Eltern da rauszuholen.« Sie macht eine Handbewegung Richtung Slums.

Sie erklärt mir die Sozialprogramme, die dort umgesetzt werden, und ich erinnere mich an die nervenkranke Mutter mit den kurz geschorenen Haaren. Trotz ihrer Krankheit und trotz ihrer erdrückenden Armut hatte sie ihren Jungen noch bei sich, und er war bestimmt fünf oder sechs Jahre alt. Ich bewunderte die Frau plötzlich, dass sie es geschafft hat, ihren Jungen all die Jahre durchzubringen.

Wie viele solch verzweifelter Mütter muss es geben, wie viele traumatisierte Kinder?

»Selbst wenn Kinder ausgesetzt werden, geben wir sie zunächst indischen Zieheltern hier in der Nähe. Die Kinder müssen in ihrem sozialen Umfeld bleiben«, betont Frau Sudha. »Das machen wir auch bei verwahrlosten Kindern so.«

»Nur wenn die Mutter die Kinder unter keinen Umständen behalten möchte, suchen wir indische Adoptiveltern«, erläutert sie weiter. Dasselbe geschehe mit den Säuglingen, die von jungen, unverheirateten Mädchen bei ihnen abgegeben würden. Ich wisse ja sicherlich, dass es für die jungen Mädchen hier katastrophal sei, wenn sie vor der Ehe plötzlich schwanger würden. »Mit einem Kind kann hier kein Mädchen mehr heiraten. Da ist es aus. Kein Mann, keine Versorgung und Schande über die Familie. Leider sehen viele Eltern das heute immer noch so.« Sie sagt, dass immer wieder junge Mädchen die Babys heimlich zu Welt bringen würden und dann sofort zur Adoption freigäben.

Sie muss unser Gespräch unterbrechen und einen Telefonanruf entgegennehmen. Bisher stimmen ihre Erklärungen mit dem überein, was ich über indische Adoptionen gehört habe. Gibt eine junge Mutter ihr Baby an ein Heim zur Adoption frei, müssen einige Monate verstreichen – falls die Mutter ihre Meinung ändert. Während dieser rechtlichen Frist kann die Mutter das Kind ohne Angabe von Gründen wieder zurückfordern. Erst nach Ablauf dieser Wartefrist darf ein Heim Adoptiveltern suchen, und zwar zunächst nur indische. Nur wenn alle Versuche fehlgeschlagen sind, indische Eltern zu finden, darf das Heim eine Genehmigung für ausländische Eltern beantragen. Die Kinder, die für die Auslandsadoption infrage kommen, sind daher überwiegend kranke Kinder.

Ich akzeptiere, dass die kleine energische Dame diese Politik so zielstrebig verfolgt und zunächst alles tut, den Familien und Kindern in ihrem Umfeld zu helfen. Von hier könnten wir eigentlich guten Gewissens adoptieren, sage ich mir. Es wäre dann sicher, dass das Kind keine andere Chance gehabt hätte. Wir möchten kein Kind adoptieren, das in Indien ebenso gut oder sogar besser hätte Eltern finden können. Wir möchten kein Kind ohne guten Grund aus seiner Kultur reißen. Ich halte dies nur für gerechtfertigt, wenn das Kind keine andere Hilfe bekommen konnte. Aber wie krank wird so ein Kind sein? Auf was werden wir uns einlassen müssen?

Ich warte gespannt auf das Ende ihres Telefonats.

»Sehen Sie, wir sind stolz, dass wir auf diese Art fast allen Kindern hier helfen können. Es gibt nur sehr wenige Einzelfälle, für die wir ausländische Adoptiveltern suchen«, verkündet Mrs. Sudha stolz. Ich pflichte ihr bei, aber mein Mut sinkt. Sie merkt es.

»Wir haben eine Warteliste. Wir können Sie auf die Warteliste setzen und Sie dann informieren, wenn wir ein Kind für Sie haben«, meint sie. Ich stimme zu.

»Wir lange wird es etwa dauern?«, frage ich vorsichtig.

»Oh, unter zwei Jahren werden Sie hier kaum ein Kind bekommen«, höre ich sie sagen. Es seien noch andere Eltern vor mir auf der Warteliste. Sie sieht mich ernst an und weiß, welche Enttäuschung das für mich ist.

Ich kann es kaum fassen. Zwei Jahre warten! Noch einmal zwei Jahre warten! Ich habe schon Jahre gewartet – erst auf eine natürliche Schwangerschaft, dann auf eine Schwangerschaft mit Hormonpräparaten, danach sogar auf eine Schwangerschaft nach künstlicher Befruchtung. Und jetzt einfach so noch mal zwei Jahre warten. Ich bin so enttäuscht. Ich hatte wirklich gehofft, dass ich gerade hier eine Chance hätte.

»Sie sollten sich vielleicht noch bei anderen Stellen erkundigen«, rät Frau Sudha freundlich. Sie meint es ernst. »Wir müssen nämlich auch noch auf die Erneuerung unserer Lizenz warten. Die ist ausgelaufen. Und ohne Lizenz können wir sowieso keine Adoptionen durchführen«, erklärt sie. Ich stelle mir die Monate und Jahre vor – ohne Kind. Nein, ich will nicht warten.

Ich verabschiede mich höflich und bitte sie, mich auf die Warteliste zu setzen. Aber wir beide wissen, dass es zu nichts führen wird.

»Wir haben keine Kinder!«

Eigentlich ist es ganz egal, welches Heim ich als nächstes aufsuche. Ich hätte mir denken können, dass ich nicht bei der erstbesten Adresse ein Kind auf dem Silbertablett angeboten bekomme.

Die Adressen der Heime stehen auf einer Liste, die das indische Familienministerium für interessierte Adoptiveltern erstellt hat. Nur diese Waisenhäuser haben die Lizenz, Auslandsadoptionen abzuwickeln. Eine Kopie der Adressenliste trage ich ständig bei mir. Die Namen der Waisenhäuser, die mir auf meine Briefe hin sofort eine schriftliche Absage erteilten, habe ich bereits durchgestrichen. Aber es bleiben noch genug Adressen übrig. Referenzen, Empfehlungen oder Beziehungen habe ich leider keine. Ich kann lediglich unangemeldet bei den Waisenhäusern vor der Tür stehen und um ein Gespräch bitten. Also setze ich auf eine Agentur, die ich zwar angeschrieben habe, die mir aber nie geantwortet hat.

Es wird eine einstündige Fahrt mit dem Taxi durch erstickenden Verkehr – eine Tortur in glühender Hitze. Wir schieben uns hinter dröhnenden Lastwagen oder Bussen her. Mein geduldiger Taxifahrer und ich husten in den Dieselabgasen. Wenn ich nicht auf eine bedrohliche Stoßstange starre, die sich wenige Zentimeter neben mein Fenster schiebt, dann ist es ein qualmender Auspuff oder der tropfende Tank eines Lastzugs. Ich versuche, den schalen Geschmack auf der Zunge mit Trinkwasser aus einer Plastikflasche hinunterzuspülen. Aber es dauert nicht lange, und das Wasser schmeckt wie abgestandene Brühe.

An den Ampeln quetschen sich hustende Kinder mit verfilzten Haaren zwischen die Autos, klopfen mit ihren verstaubten Händen an die Windschutzscheibe und betteln, angestachelt von ihren Müttern, die lethargisch auf den heißen Bürgersteigen hocken, Babys auf dem Schoß. An einer Ampel steht ein Kleinkind, vielleicht drei Jahre alt, auf der Fahrbahnmarkierung, die die Fahrtrichtungen voneinander trennt. Der kleine Junge hält Selbstgespräche mitten im tosenden Verkehr, gestikuliert mit seinen Händchen, völlig unbekümmert über Sattelschlepper und Busse, die nur wenige Zentimeter an ihm vorbeidröhnen. An der nächsten Kreuzung schiebt ein Mann bettelnd seinen Armstumpf durch das Fenster in unser Taxi. Seine Augen schimmern – eine Mischung aus Demut und Verbitterung. An beiden Händen fehlen ihm sämtliche Finger, abrasiert, vielleicht abgetrennt bei einem grausamen Unfall.

Mich packt das schlechte Gewissen und ich gebe ihm Geld. Er quetscht den Geldschein zwischen beide Armstümpfe und hebt sie dankend an die Stirn. Der Taxifahrer beobachtet mich dabei und scheint wenig erbaut. Dann kurbele ich das Fenster hoch und sage mir, dass ich nicht ganz Bombay durchfüttern kann, und ignoriere die Bettelnden an der nächsten Kreuzung.

Eine Stunde und etliche Hustenanfälle später stehen wir vor einem schäbigen Hochhaus. Der Taxifahrer mustert mich fragend, ob ich eigentlich wisse, wohin ich wolle. Doch nach einigem Suchen und drei dunkle, abgeblätterte Stockwerke höher stehe ich in der Tat vor dem »Heim«. Es ist ein kärgliches Büro und ich komme offenbar zur falschen Zeit an den falschen Ort. Das Gespräch mit einer ziemlich blasierten Inderin verläuft auf dem Niveau »Sie haben mir gerade noch gefehlt«.

Als ich mich höflich vorstelle und mein Anliegen vortrage, reagiert sie zunächst überhaupt nicht. Als ob sie mich nicht gehört hätte. Dennoch bin ich mir ziemlich sicher, dass sie gut Englisch spricht. Sie sortiert demonstrativ ihren Schreibtisch, tut geschäftig.

»Wir haben keine Kinder«, platzt es schließlich aus ihr heraus.

»Wissen Sie, wir geben unsere Kinder nicht einmal Spitzeneltern wie Ärzten aus Irland oder Schottland.«

Ich überlege, warum gerade Ärzte aus Irland oder Schottland so tolle Eltern sein sollen. Außerdem wusste ich nicht, dass Eltern kategorisiert werden. Ich rätsele, in welche Kategorie wir wohl fallen.

Ich setze noch mal an, aber sie fährt mir über den Mund. Nein Danke. Für Sie? Wir haben keine Kinder.

Ich erwähne meinen Brief, den ich ihr vor einiger Zeit geschickt habe.

»Ich bekomme zwei Briefe pro Tag aus dem Ausland«, raunzt sie mich an und tut wieder geschäftig. »Ich habe lange aufgehört, sie zu beantworten.«

»Sie wollen ein Kind? Ich kann Ihnen ein Kind mit einem Loch im Herzen oder einem Klumpfuß anbieten«, herrscht sie mich an. Ich überlege, ob ich auf das Kind mit Loch im Herz eingehen soll. Aber dann zögere ich. Sie will einfach nicht. Es hat keinen Zweck. »Der indische Staat gibt keine Kinder mehr ins Ausland. Damit ist es vorbei«, schimpft sie.

Da erst verstehe ich. Ich spüre ihr Ressentiment, ihre Ablehnung, fast Wut über diese arrogante Europäerin, die einfach daherkommt und meint, sie könne sich hier ein Kind abholen. Ausbeutung und Neokolonialismus auf eine andere Art. Früher war es die Baumwolle, heute sind es die Babys, die ihr haben wollt. Und ich kann sie fast verstehen. Ich selbst habe die Anzeigen im Internet gesehen. Man braucht nur »Adoption« in der Suchmaschine Google eintippen, und Listen von Adoptionsagenturen tauchen auf, die Kinder aus der ganzen Welt anbieten. Ich erinnere mich daran, wie ich zu Hause auf einer Website surfte, die von potenziellen Adoptiveltern frequentiert wird. Manchen Ehepaaren geht es offenbar nur darum, wo man am schnellsten ein möglichst kleines, gesundes Baby herbekommt – und billig soll die Adoption natürlich auch sein. Es ist diesen

Eltern wirklich völlig egal, ob das Kind aus China, Vietnam, Russland oder Indien kommt. Hauptsache, ein Baby.

Diese Eltern interessiert weder, ob ein Kind vielleicht in seinem eigenen Land eine Chance gehabt hätte, noch bedeutet ihnen der kulturelle Hintergrund des Kindes etwas. Und es ist auch offensichtlich, dass sie nicht wahrhaben wollen, inwiefern eine Adoption eine erhebliche psychische Belastung für das Kind bedeutet. Solche Eltern sind kaum bereit, sich auf die Herausforderungen einer Auslandsadoption einzustellen. Alles sichere Anzeichen für unvermeidliche Desaster.

Aber ich habe nicht die Kraft und Energie, der Inderin vor mir zu erklären, dass ich nicht so bin. Ich kann mich und meine Zukunft nicht jemandem anvertrauen, der mich innerlich ablehnt. Ich lasse sie weiter ihre Papiere sortieren und verabschiede mich höflich. Sie antwortet nicht einmal.

Ich gehe und streiche unten im Taxi die Adresse auf meiner Liste dick durch. Der Taxifahrer merkt meine Enttäuschung.

Ich erkläre ihm, warum er mich durch ganz Bombay kutschiert. Vielleicht lehnt er mich ja jetzt auch ab, überlege ich. Aber er ist von meiner Idee begeistert. »Das ist so gütig, was Sie vorhaben. Einem Kind helfen. Das ist das Höchste, was man in seinem Leben machen kann«, lobt er in seinem radebrechenden Englisch. Ich blocke ihn ab. Ich mag diese Lobeshymnen nicht und bin keine heilige Samariterin. Nein, es ist schon eine gute Portion Egoismus dabei, dass ich hier nach einem Kind suche. Ich betone gegenüber dem Taxifahrer, dass Andreas und ich schließlich auch glücklich werden mit dem Kind.

»Ich helfe dem Kind und das Kind hilft uns. Wir werden alle glücklich. Es beruht doch auf Gegenseitigkeit«, erkläre ich ihm. Er stimmt zu und ist wild entschlossen, mir zu helfen. Ich merke ihm den Familienvater an. Er schlägt vor, mich zu einem »richtigen« Heim zu fahren. Von dort könnte ich bestimmt adoptieren. Ich habe Lust, ein »richtiges« Heim zu sehen, und gehe auf seinen Vorschlag ein.

Es ist wieder in der »Nähe«, also wieder eine Stunde dröhnender Verkehr, an Baustellen vorbei, Slums, Brücken, Märkten, Saris, Tempeln und Kühen. Das »richtige« Heim ist wieder ein Bau, von Feuchtigkeit, Hitze und Monsun schwarz angelaufen und abgeblättert. Der Direktor sei oben im ersten Stock, wird mir angedeutet. Der Taxifahrer geht mit. Das Treppenhaus und das Büro oben sind so dunkel, dass ich kaum etwas erkennen kann.

Aber der Direktor strahlt mich an, ein großer, hagerer Mann, höflich, still. Er erklärt bescheiden, dass ich in ein Heim für Straßenkinder gekommen sei, für Jungen, die verloren gegangen oder aufgegeben worden seien. Er dreht sich um und tritt an die Brüstung zum Innenhof. Vom Büro können wir hinabsehen auf einen asphaltierten überdachten Hof. Mehrere Jugendliche spielen mit einem Fußball. Andere Jungen hocken am Rand oder schlafen oder spielen. Sie sind sauber, aber ärmlich gekleidet, alle sehr mager. Ich sehe kein Spielzeug. »Niemand weiß, woher all die Kinder kommen«, sagt der Heimleiter sorgenvoll. Aber ich merke ihm seinen Stolz an, dass er für die Jungen sorgen kann. »Hier sind sie aufgehoben, können schlafen, bekommen zu essen und wir sind in der Lage, ihnen sogar eine Grundausbildung zu geben.« Ich wage nicht, nach der Ausbildung zu fragen. Das Heim wirkt bitterarm und es ist offensichtlich, dass der Heimleiter froh ist, die Kinder überhaupt durchfüttern zu können.

Plötzlich klammert sich etwas um mein rechtes Bein. Wir unterbrechen unsere Unterhaltung und ich blicke in das Gesicht eines kleinen Jungen. Seine großen schwarzen Augen glühen etwas fiebrig. Sein Gesicht ist hager, ernst und überraschend alt. Er lächelt schüchtern und umschlingt mein Bein mit seinen beiden Händchen. Er muss etwa drei Jahre alt sein. Der Junge schaut so hoffnungsvoll, dass ich einen Kloß im Hals bekomme. Ich streichle ihm über seine kurzen schwarzen Haare. Er ergreift sofort meine Hand. Der Direktor scheint meine Gedanken zu lesen. »Er wurde vor einem Jahr auf dem Bahnhof gefunden. Wir wissen nicht einmal, ob er überhaupt aus Bombay ist. Vielleicht kommt er aus einer anderen Stadt und ist im Zug mitgefahren. Er selbst weiß es auch nicht.«

Ich erinnere mich an das Gewühl am Bahnhof, die Hast an den Haltestellen, das Gedränge der Menschen, das Rennen und Schieben. Langsam leert sich der Bahnsteig und plötzlich fällt einigen Erwachsenen der kleine, weinende Junge auf. In dem Chaos kann man im Nachhinein nicht einmal mehr sagen, mit welchem Zug der Junge angekommen ist, geschweige denn, wo die Eltern sind.

Der Direktor führt mich weiter durch die spärlichen Räume des Heims, die Schlafsäle mit den Matten, Decken und einigen Pritschen. Der Junge klammert sich an meine Hand. Er schaut so stolz, als ob er sein Glück kaum fassen könne. Ich frage vorsichtig, was aus dem Jungen wird. Wieder errät der Direktor meine Gedanken. »Der Junge bleibt hier. Wir können ihn nicht zur Adoption freigeben. Das können nur seine Eltern. Aber die wissen ja nicht, wo er ist. Vielleicht haben sie ihn auch ausgesetzt.«

Ich verstehe die Logik nicht. Der Junge ist bereits ein Jahr in dem Heim und die Eltern haben ihn nicht gefunden. Der Direktor setzt nach. »Wir müssen davon ausgehen, dass vielleicht irgendwo die Eltern nach ihm suchen. Deshalb können wir ihn nicht zur Adoption freigeben. Das geht rechtlich nicht. Auch wenn die Eltern ihn vielleicht nie finden oder gar nicht nach ihm suchen, muss er hier bleiben.«

Wir sind mittlerweile wieder in dem Büro des Heimleiters angelangt. Noch immer hält der Kleine meine Hand. Ich mag die kleine schüchterne Hand kaum loslassen. Immer wieder schaut der Junge mich bittend an, fast, als hoffe er, nach dem Gespräch mit mir mitkommen zu dürfen. Ich bekomme ein schlechtes Gewissen. Ich frage, ob sie hier kein Spielzeug haben, keine Teddys. Teddys? Der Heimleiter fragt eine junge Frau des Personals, was ein Teddy sei. Ich starre den Heimleiter an.

»Teddy«, wiederhole ich. »Ein Teddy zum Spielen.« Der Heimleiter und die Frau schauen mich unsicher an. Sie entschuldigen sich. Sie kennen das Wort Teddy nicht. Ich kann es kaum fassen.

Der Kleine spürt, dass unser Gespräch endet. Er klammert sich an meinen Salwar Kameez und hält meine Hose fest. Ich starre auf den Innenhof, die viel älteren Fußball spielenden Jungen, die dunklen Gänge und grübele, wie der Junge hier jahraus, jahrein leben soll. Ich frage noch mal vorsichtig, ob der Junge keine Chance auf Adoption habe.

»Nein.« Der Heimleiter schüttelt den Kopf. Er erklärt mir, dass das Heim nicht einmal eine Lizenz zur Adoption habe, nicht einmal für die indische Adoption.

Ich ahne, dass es in Indien vielleicht Tausende dieser Heime gibt, in denen Kinder aufgelesen werden, die ihre Eltern verloren haben. Die Kinder werden notdürftig versorgt. Aber aus rechtlichen und organisatorischen Gründen haben sie keine Chance auf ein anderes Leben.

Ich bin frustriert. Da ist das Kind und sucht eine Mutter. Und ich bin eine Mutter und suche ein Kind. Wir halten einander die Hand und das ist es. Aus der Traum. Ich kämpfe mit den Tränen, als ich seine Händchen von meiner Kleidung löse. Ich wage kaum, ihm in die Augen zu sehen. Der Heimleiter hält den Jungen fest. Ich höre, wie der Kleine weint, als ich die dunkle Treppe nach unten verschwinde. Im Wagen rollen mir die Tränen über die Wangen. Wie hatte mich die arrogante Heimleiterin im Büro vorhin angeschnauzt? Es gäbe keine Kinder.

Der Taxifahrer beobachtet mich betreten im Rückspiegel. »Zurück zum Hotel«, höre ich mich sagen. Benommen starre ich auf die Baracken der Slums, die sich an der Straße entlangziehen. Im Schritttempo kriechen wir durch den Berufsverkehr. Ich kann in fast jede Hütte schauen, so langsam rollt der Wagen und so nah sind die Verschläge an den Rinnstein gebaut. Zwischen den Hütten und dem Straßenverkehr bleiben vielleicht drei Meter Abstand. Diese drei Meter sind die ganze Welt, wo die Frauen mit ein oder zwei Konservendosen voll Wasser zu kochen versuchen – wenn sie denn überhaupt kochen.

Ich erinnere mich an Ashok, einen Straßenjungen, der mich einst durch Old Delhi führte. Er lehnte ab, als ich ihm ein Mittagessen bezahlen wollte. Er esse nur dreimal die

Woche, sagte er mir damals. Er unterdrückte seinen Hunger mit Betel, dessen ausgekauten roten Saft er gekonnt in die Hausecken spuckte. Er konnte es nicht fassen, wie viel ich bei einer Mahlzeit aß – und das dreimal am Tag.

Und noch immer ziehen sich die Slums an der Straße lang. Auf den drei Metern zwischen Hütten und Verkehr spielen die Kinder mit alten Blechdosen und Plastikflaschen, ruhen die Alten ihre gebrechlichen Glieder auf hölzernen Pritschen aus, eingenebelt von Dieselabgasen. Auf diesen drei Metern schlafen die Männer wie tot, ausgelaugt von Tagesjobs, die nie genug einbringen, um die Familie zu ernähren.

Ich starre auf einen dickbäuchigen, kleinen Bengel am Straßenrand, der wütend schreit, als seine Mutter ihn mit dem Wasser aus einer Konservendose abwaschen will. Und ich denke, wie relativ das Glück doch ist.

In der Nähe meines Hotels entdecke ich die kurz geschorene Frau wieder. Sie liegt zusammengekauert mit ihrem Jungen unter einem Plastikverschlag am Straßenrand. Die beiden schlafen so fest und ineinander verschlungen, dass sie nicht einmal merken, wie ihnen die Nachmittagssonne auf den Kopf prallt.

Die Teddys im Fenster

Als ich am nächsten Morgen aus dem Hotel komme, ist der Verschlag der kurz geschorenen Mutter verlassen. Mir fällt erst jetzt auf, wie verwahrlost ihre Hütte ist. Eigentlich liegt außer einigen Plastikplanen und Decken nichts darin. Wenige Meter neben ihr steht ein weiterer Verschlag. Der etwa zwei Quadratmeter große Raum ist eingerichtet wie ein winziges Wohnzimmer. Er ist mit Holz und Plastikplanen wie all die anderen Hütten direkt an die Mauer gebaut, die die Schienen von der Straße trennen. Auf diesem wenige Meter tiefen Streifen ist gerade genug Platz für ein paar Behausungen. In der winzigen Hütte hängt ein Bild von Ganesh an der Mauerwand. Der Verschlag und der Meter davor sind sauber gefegt. In einer Ecke sind zwei blanke Töpfe aufeinander gestapelt und eine Zwiebel thront auf dem oberen Topf. Ansonsten ist die Hütte leer.

Ich gehe in den kleinen Basar in der Nähe des Hotels. Für den nächsten Heimbesuch kaufe ich drei kleine Teddys. Ich will nicht noch einmal mit leeren Händen vor einem traurigen Kind stehen – auch wenn es nur ein kümmerlicher, falscher Trost ist. Und doch bin ich nicht richtig darauf vorbereitet, was mich an diesem Tag noch erwartet, als ich das nächste Heim auf meiner Liste aufsuche.

Diesmal ist es ein geräumiges altes Haus in einer Seitenstraße Bombays. Herrliche alte Akazien überschatten die Straße. In dem großzügigen Büro drehen sich wuchtige Ventilatoren an der Decke. Und drei ältere, beleibte Inderinnen in Saris unterbrechen ihr Gespräch, als ich eintrete. Ich komme unangemeldet und erkläre wie immer, wer ich bin, dass ich adoptieren will, und frage, ob ich mich hier über eine Auslandsadoption informieren darf. Die Frauen reagieren gelangweilt, vollkommen desinteressiert. Eine der Matronen schlurft vor mir einen Gang entlang und weist ein junges Mädchen an, sich mit mir zu unterhalten. Die etwas schüchterne junge Frau beschreibt mir in groben Zügen den Gang einer Auslandsadoption, hat aber offenbar selbst nichts mit der Abwicklung zu tun. Und ich höre es wieder: »Wir haben nur selten kranke Kinder, die wir ins Ausland schicken«, sagt sie in ihrem Schulenglisch.

Ich habe das Gefühl, dass sie das lediglich erwähnt, um mich abzuwimmeln. Ich spüre, dass sich die Frauen mit mir nicht auseinander setzen wollen. Ich frage das junge Mädchen direkt, ob ich mir das Heim ansehen darf, und sie hat nichts dagegen.

Sie deutet mir an, ihr zu folgen, und wir gehen eine dunkle Treppe hoch in den ersten Stock. Ich zögere und stutze bei dem plötzlichen Gestank. Es ist ein beißender Geruch von Urin. Die junge Frau führt mich scheinbar unbekümmert einen Gang entlang an eine Türöffnung. In den Türrahmen ist ein Brett eingeklemmt. Dahinter sind etwa zehn Kinder in einem vergitterten, dunklen Raum. Die mächtigen Akazien vor dem Haus nehmen das gesamte Sonnenlicht weg. Ich brauche einige Zeit, um in dem dunklen Raum etwas richtig erkennen zu können. Er ist groß, aber völlig kahl. Steinfußboden, Steinwände, vergitterte Fenster.

Drei kleine Mädchen rütteln an dem Brett in der Tür, kleine dunkle Gesichter, die mich hoffnungsvoll anstrahlen.

»Das hier sind die Zwei- bis Vierjährigen«, höre ich die junge Frau hinter mir sagen. Kinder werden also auch kategorisiert, schießt es mir durch den Kopf.

Die kleinen Mädchen bekommen meine Hände zu fassen und zerren so sehr daran, dass ich über das Brett zu ihnen in den Raum steige. Die Mädchen klammern sich an mich. »Mama, Mama«, plappert eine der Kleinen. Ich zwinge mich, nicht die Fassung zu verlieren. Ich habe mir indische Kinderheime bescheiden und einfach vorgestellt, aber auch nicht so.

Während die Kleinen an mir herumzerren, sehe ich mich langsam in dem dunklen Raum um. Erst jetzt erkenne ich, dass an einem Ende etwa sieben kleine Kinder liegen, alle halb nackt und alle auf dem Steinfußboden. Nur drei Kinder haben es geschafft, einen Zipfel einer zu kleinen Babydecke zu ergattern. Die anderen liegen zusammengekauert in Embryonalstellung auf den bloßen Fliesen, einige direkt in ihren Urinlachen. Es stinkt erbärmlich. Ob die Kinder schlafen? Ich weiß es nicht. Sie wirken völlig apathisch. Bei zwei Kindern bin ich mir sicher, dass sie einfach nur an die Zimmerdecke starren. Ich komme nur schwer mit der Situation zurecht.

Ich umarme die kleinen Mädchen, die verzweifelt auf meinen Schoß kriechen wollen, und beobachte derweil die schlafenden Kinder. Eines wippt im Schlaf rhythmisch mit den Füßen. Ich schaue mich um und suche Spielzeug. Nichts. Ich rede auf die Kleinen ein, sie reißen an meinen Sachen, wollen spielen. Ich warte auf Personal, auf jemanden, der für diese Kinder zuständig ist und vielleicht nur gerade den Raum verlassen hat. Aber es kommt niemand und langsam begreife ich, dass die Kinder ihre Zeit hier allein verbringen, abgesehen von einer minimalen Routineversorgung.

Da erinnere ich mich an meine drei Teddys und krame sie hervor. Im selben Moment warnt mich die junge Frau aus dem Büro in strengem Ton: »Spenden müssen unten abgegeben werden,« Ich verstecke die Teddys wieder. Mir ist klar, dass die Kinder aus irgendeinem Grund kein Spielzeug erhalten und auch meine Teddys nie sehen werden. Beklommen löse ich mich von den Kleinen und steige wieder über das Brett. Ich lasse mir nichts anmerken, spiele die gerührte, etwas naive westliche Touristen-Mama.

Und so führt mich die junge Frau weiter. Wir kommen in die Neugeborenen-Abteilung. Stille, fast Regungslosigkeit hängt über diesem Raum. Ich dachte, Babys würden häufig schreien. Aber diese tun es nicht. Oder nicht mehr? Hier reihen sich im Neonlicht Wiegen aneinander, die Körbchen aus metallenen Gitterstäben, eine Decke darin. Nur wenn ich direkt an die Wiegen herantrete, erkenne ich die winzigen Köpfchen, die aus den straff gezogenen Bündeln hervorschauen. Einige Säuglinge schlafen, andere starren vor sich hin, einige sind mit den Köpfchen an die Gitterstäbe gerollt. Keine Reaktion.

Eine freundliche Alte strahlt mich an und deutet stolz auf die Babys. Aber sie ist wohl nur für Füttern und Windelwechseln zuständig. In der Mitte des Raumes liegt zerknüllte Babykleidung auf einem Tisch.

Ich streichle einem Winzling über die Wangen. Das Baby ist gerade aus dem Krankenhaus gekommen, sechs Tage alt, wie mir die junge Frau aus dem Büro erzählt. Irritiert öffnet es die Augen. Ich wusste nicht, dass man mit sechs Tagen schon so misstrauisch gucken kann. Die Kinder wissen offenbar gar nicht, was Streicheln ist. Mich packt das schlechte Gewissen. Wie behandelt unsere Welt ihre Kinder?

Hier landen die Säuglinge also, wenn ihr Heimleben beginnt. Wie winzig sie sind. Sie können noch nicht einmal richtig gucken und sind im Leben anderer schon zu viel, schon ungeliebt und werden abgeschoben. Was ist so furchtbar, dass ein solches Bündel nicht auch noch durchgefüttert werden könnte?

Nebenan ist die Abteilung für Babys bis zu drei Monaten. Ich stehe vor mehreren Reihen kleiner Gitterbettchen, in denen wieder zusammengeschnürte Pakete liegen, nur dieses Mal größer, die Köpfchen runder. Ein einziges Baby schreit. Sonst keine Reaktion, desinteressierte Blicke. Zwei Frauen unterhalten sich in einer Ecke des Raumes.

Ich trete an das Bettchen des schreienden Kindes, das sich in seiner Verpackung offenbar vor Schmerzen krümmt. Vielleicht hat es Koliken, denke ich. Keine der beiden Frauen kümmert das. Ich beuge mich über das schreiende Köpfchen und streichle seine Wangen, spreche es an – es stutzt, lauscht, kann das alles nicht einordnen und schreit weiter. Ich bin hilflos, überwältigt von der Anzahl der Kinder, der Trostlosigkeit dieses Ortes und versuche, nicht die Fassung zu verlieren. So krass hatte ich es nicht erwartet.

Erst dann sehe ich hinten im Raum einen Laufstall mit zwei kleinen Jungen darin, vielleicht zwei Jahre alt. Sie sitzen in dem Laufstall ohne Spielzeug, ohne Decke. Ich gehe hin und streichle einen der Jungen. Er greift meine Hand und strahlt, ihm gehen die Augen über vor Stolz. Er nimmt meine Hand und hält sie an seine Wange, hält sie fest wie eine Trophäe. Es ist für ihn wie Weihnachten und Geburtstag zusammen – nur mal eine Hand halten zu dürfen. Er genießt die Berührung meiner Hand an seiner Wange, er kann es kaum fassen und lacht mich an. Ich presse meine Lippen zusammen und schaue an die Decke, um nicht zu heulen. Da sehe ich die Teddys, noch verschweißt in durchsichtiger Plastikverpackung. Man hat sie oben an die Gitterfenster gebunden.

Die junge Frau lotst mich in den nächsten Raum, den Bereich für Babys, die älter als drei Monate sind, etwa zwanzig Kinder. Sie liegen alle halb nackt in Embryonalstellung auf dem Steinfußboden oder auf einer Decke, einige in ihrem eigenen Urin. Der Gestank brennt in meiner Nase. Manche der Kinder schlafen, andere starren reglos an die Decke oder in die Luft – Apathie, Stille. In einer Ecke des Raumes liegen zwei ältere, schwer körperlich und geistig behinderte Kinder auf dem Boden, halb nackt.

Am meisten irritieren mich die zwei hageren Frauen des Personals, die in der Nähe stehen und fast stolz die Kinder präsentieren, überzeugt davon, dass das alles so seine Richtigkeit hätte und normal sei. Eine dritte Frau, die mich etwas betroffen und hilflos ansieht, tätschelt einem schwer kranken Kind auf dem Boden den Rücken. Es ist leichenblass, hat einen faden müden Ausdruck in den Augen, regt sich nicht. Das Kind müsste ins Krankenhaus, schießt es mir durch den Kopf. Aber ich sage nichts, kommentiere nicht. Ich will nicht maßregeln, ich kenne die Verhältnisse hier schließlich nicht und es ist so leicht, aus der westlichen Sicht zu verurteilen.

Mir werden zwei Kinder gezeigt, die für eine Auslandsadoption infrage kommen. Eines der Kinder hat einen aufgeblähten Bauch und eine dicke Wölbung am Nabel. Beide Kinder liegen – ähnlich wie die anderen – trostlos auf dem gefliesten Fußboden.

In einem Laufstall erblicke ich ein kleines Mädchen mit einem zerbrochenen Spielzeugauto. Sie brabbelt vor sich hin. Ich gehe wie benommen an den Laufställen und Gitterbetten vorbei.

Plötzlich bleibe ich stehen. Ein kleines Kind schaukelt stumpfsinnig auf seinen Knien vor sich hin. »Rocking« oder »Selfsoothing« nennt man das im Fachjargon, wir haben so herrlich wissenschaftliche Begriffe für die Selbstberuhigung in völliger Einsamkeit. »Hospitalismus« ist ein anderes dieser Wörter. Ich tätschele dem Mädchen den Rücken. Nichts. Sie schaukelt ihren Körper weiter in Trance. Ich stoße sie leicht an. Wieder nichts. Keine Reaktion. Ich beuge mich zu ihrem Kopf, streichle ihre Arme und rede auf sie ein. Einige Zeit später hebt sie den Kopf, ihre Augen erwachen wie aus einem Nebel. Sie sieht mich verwundert an und hört auf zu wippen. Sie betastet meine Hand und meine Uhr. Ich rede weiter auf sie ein und sie strahlt. Sie ist so überrascht und glückselig, eine menschliche Hand zu ertasten. Nur eine Hand, nicht etwa eine Puppe oder Schokolade oder Gummibärchen. Nein, nur eine Hand. Ich merke, wie mir die Tränen in die Augen schießen.

Sie lächelt mich an. Sie weiß schon lange, was Einsamkeit und Verzweiflung ist. Ich würde sie so gern festhalten und davor bewahren, wieder in die Leere zu fallen, in ihren Nebel zurück zu gleiten. Als ich gehe, setzt sie sofort ihr monotones Schaukeln fort. Ich weine. Nicht nur um die Kleine, sondern weil ich Angst habe, dass es vielleicht viele, sehr viele solcher Heime und Kinder gibt. Ich habe Angst, dass dieses Heim kein Einzelfall ist.

Als ich das Haus verlasse, sehe ich im Büro unter einem Tisch einen Plastiksack, prall gefüllt mit Spielzeug, Rasseln, Teddys. Die Matronen stehen immer noch im Büro und halten einen Plausch. Ich gebe meine Teddys nicht ab, sondern nehme sie wieder mit.

Im Taxi überfällt mich das schlechte Gewissen. Nicht wegen der Teddys, sondern wegen der Kinder. Eigentlich müssten wir natürlich genau von hier adoptieren, sage ich mir. Von hier, wo es die Kinder wirklich schlecht getroffen haben, wo sie vernachlässigt werden und in ihrer Einsamkeit und ihrem Kummer krank werden, ihre Seele verkümmert. Aber so konsequent bin ich nicht, nicht so mutig, nicht so ehrlich. Ich weiß, dass aus diesem Heim nur Kinder kommen, bei denen die Zeit hier tiefe Spuren in ihrer Psyche hinterlassen hat. Sie werden lange, vielleicht immer mit den Folgen dieser traumatischen Erfahrung zu kämpfen haben. Ich habe Angst, dass mit einer Adoption von hier schon die Tränen, die Sorgen, die Verzweiflung vorprogrammiert sind, dass ich von Anfang an gar keine Chance habe.

Abends telefoniere ich lange mit Andreas, erzähle, weine am Telefon, schütte meinen Kummer aus und werde mit den Bildern aus dem Heim nicht fertig. Aber letztlich teilt Andreas meine Einschätzung des Heims. Ich streiche also auch diese Adresse auf meiner Liste durch. Erst Jahre später begreife ich, dass ich die Erinnerungen an diese Kinder nicht aus meinem Gedächtnis löschen kann und dass ich vielleicht mutiger hätte sein sollen.

Bitte ein Baby-Boy

Er hat nicht einmal eine Hütte. Der gebrechliche Mann sitzt unter einem der Tropenbäume in der Nähe des Bahnhofs. Ich sehe ihn jedes Mal, wenn ich das Hotel verlasse. Er hockt zusammengekauert am Straßenrand und starrt vor sich hin, dürr, ausgezehrt. Er scheint weder das Menschengewühl auf der Straße zu registrieren noch die an ihm vorbeiknatternden Motorrikschas, die hupenden Autos noch das rhythmische Rumpeln der Züge über die Bahnschwellen.

In der Nähe seines Baumes beginnt die Reihe der Slumhütten, die sich dicht an die Mauer zwischen Straße und Bahngleisen drängen. Der Verschlag der kurz geschorenen Mutter ist wieder leer, aber ihr Junge hockt mit einem anderen Kind vor der sauberen Hütte der Nachbarin. Zwischen den Kindern steht eine Schale Reis, aus der sie abwechselnd essen. Genüsslich lecken sie sich jedes Mal die Finger ab, wenn sie sich einen Klumpen Reis in den Mund geschoben haben. Die Mutter aus der sauberen Hütte füttert ein Baby auf ihrem Schoß, ebenfalls mit dem Reis. Zwischendurch trinken sie Wasser.

Ich laufe nur einige Meter an den Hütten die Straße entlang zu einem katholischen Kinderheim, das direkt neben dem Hotel liegt. Es ist die nächste Adresse auf meiner Liste der Waisenhäuser – eine Woche quäle ich mich jetzt bereits kreuz und quer durch Bombay.

Ich müsse noch eine Viertelstunde warten, sagt mir der Pförtner durch das Tor, das er auf mein Klopfen hin einen Spalt weit geöffnet hat. Die Nonnen würden noch beten.

In der Hitze entschließe ich mich, einfach nur auf der anderen Straßenseite vor einem winzigen Getränkeshop zu warten. Ich kaufe eine Zitronenlimonade und will mich gerade in den Schatten setzen, als eine junge Inderin mich zu sich winkt.

»Setzen Sie sich neben mich«, sagt sie in gebrochenem Englisch, strahlt mich mit einem bezaubernden Lächeln an und klopft neben sich auf die Bank. Sie ist ausgesprochen hübsch, hat perlweiße Zähne, stolze dunkle Augen, einen dicken schweren Zopf und einen einfachen, aber sauberen giftgrünen Baumwollsari an, der zu ihrer tiefdunklen Haut einen herrlichen Kontrast abgibt. Auf ihrem Schoß schläft ein strammes, kleines Baby. »Mein Baby-Boy«, erklärt sie. »Ich bin zu dunkel, aber er ist heller«, fügt sie stolz hinzu.

Sie ist hier offenbar mit ihrer Schwester, einer nicht so hübschen, ärmlichen, aber ebenso gepflegten jungen Frau. Die Schwester schaut ernster, verschlossener und achtet auf ein vielleicht zweijähriges Mädchen, das in einem gelben Rüschenrock an einem Erfrischungsgetränk nuckelt.

Die Schöne fragt recht direkt, warum ich bei dem Heim geklopft habe. Behutsam erkläre ich unsere Situation und sage, dass wir adoptieren wollen. Ich füge allerdings schnell hinzu, dass wir als Ausländer wohl ein krankes Kind bekommen werden.

»Wir wollen auch adoptieren. Nein, sie will adoptieren«, sagt die Schöne und deutet auf ihre Begleiterin.

»Aber einen Jungen.«

»Warum unbedingt einen Jungen?«, frage ich vorsichtig.

»Weil die Familie ihres Mannes sonst untergeht und der Name der Familie ausstirbt,« erklärt sie und übersetzt ihrer Schwester etwas von unserem Gespräch. Ich frage noch einmal nach.

»Meine Schwester hat bisher nur eine Tochter«, erklärt sie und deutet mit dem Kopf auf das kleine Mädchen, das immer noch mit der Flasche spielt. »Wenn sie heiratet, geht sie zu den Schwiegereltern und verlässt das Haus.« Ich erinnere mich daran, dass manchen Mädchen in Indien heute noch anerzogen wird, sie seien nur Gast bei ihren Eltern. Ihr wirkliches Zuhause werde später das Haus und die Familie ihres Ehemannes sein.

»Wenn die Tochter geht, bleibt niemand, der das Haus, die Familie und den Namen ihrer Eltern weiterführt. Eine andere Familie würde dann alles übernehmen, höchstwahrscheinlich die Familie der Schwiegereltern oder andere Verwandte«, erklärt mir die Schöne.

Ihre Schwester schaut uns fragend an. Sie kann unserer Unterhaltung nicht folgen.

»Wenn man einen Sohn hat, ist das anders«, sagt die Schöne und streicht ihrem Jungen über den Kopf. »Er wird heiraten und seine Ehefrau mit zu uns nach Hause bringen und alles geht weiter. Deshalb brauchen wir auch einen Jungen für meine Schwester.« Sie erläutert mir leise, dass ihre Schwester nach dem kleinen Mädchen kein Kind mehr bekommen kann.

»Wollen Sie auch einen Jungen?«, fragt mich die Schöne. Ich habe diese Frage erwartet.

»Nein, ein Mädchen. Also, eigentlich ist es egal. Aber ein Mädchen ist auch toll«, betone ich. Ich will nicht als die reiche arrogante Frau aus dem Westen erscheinen, die sich hier einen Babywunsch auf Kosten der einheimischen Bevölkerung erfüllt.

»Wieso denn ein Mädchen?«, fragt sie verwundert. Aber sie wartet die Antwort nicht ab, sondern übersetzt ihrer Schwester etwas. Daraufhin lächelt mich diese erleichtert an.

»Das Kind kann auch dunkle Hautfarbe haben«, lege ich nach. Wieder Erleichterung auf ihrer Seite. Wir sind also keine Konkurrenz.

Dann aber beklagt die Schöne, dass das Heim alles so kompliziert mache und so viele Fragen stelle. Da will jemand nach Hause kommen und nachschauen, wie sie wohnen, meint sie entsetzt. Und die würden dann einen Bericht schreiben. Das sei zu viel Fragerei und dauere zu lange. Die Adoption würde fast ein Jahr in Anspruch nehmen. Das alles will sie nicht hinnehmen.

Dann eröffnet mir die Schöne ihren recht pragmatischen Plan.

»Sehen Sie das Eingangstor zum Heim da drüben?«, fragt sie mich und deutet mit dem Kopf auf das blaue, immer noch verschlossene Tor.

»Es geht gleich wieder auf. Wir sitzen hier den ganzen Tag und warten einfach, bis eine Frau kommt, die ihr Baby im Heim abgeben will«, erklärt sie. Es kämen immer wieder mal Frauen, die ihre Säuglinge dort zur Adoption freigeben wollten.

»Wir warten einfach, bis eine Frau mit einem Baby-Boy kommt. Dann kaufen wir der Frau das Baby ab, bevor sie es im Heim abgibt«, sagt sie und schmust mit ihrem kleinen Jungen, der gerade wach wird und verschlafen um sich blinzelt.

Ich bin fassungslos, vor allem über die nonchalante Art, mit der sie mir ihre Vorstellung von Babyhandel darlegt.

»Und wie viel wollen Sie für das Baby bezahlen?«, frage ich herausfordernd.

»Tausend bis zweitausend Rupien, je nachdem, in welcher Verfassung er ist«, kommt es prompt. Ich rechne nach. Das sind etwa dreißig bis fünfzig Dollar für ein Kind.

»Gestern war sogar eine arme Frau da und wollte uns ihr kleines Mädchen kostenlos überlassen«, lacht die Schöne mitleidig. »Aber wir wollen doch kein Mädchen«, meint sie. Die Frau habe das Kind dann im Heim abgegeben.

Ich traue meinen Ohren nicht und frage noch mal nach, ob sie wirklich für ein Baby zahlen würde.

»Natürlich«, bestätigt sie. »Wie viel zahlen Sie denn?«

Ich sehe an ihrem besorgten Blick, was sie erwartet. Als reiche westliche Touristin bestimmt sehr viel.

»Gar nichts. Ich zahle gar nichts. Ich wandere sonst ins Gefängnis«, entgegne ich etwas schroff. Sie wird stutzig und fragt nach, meint, sie habe mich nicht richtig verstanden. Ich wiederhole, dass man nicht für ein Kind bezahlen dürfe, das sei Kinderhandel, egal ob in Indien, Europa, Amerika oder sonstwo. Sie runzelt die Stirn und diskutiert mit ihrer Schwester.

»Aber Sie wollen doch ein Kind. Ein Kind macht doch so viel Freude und rettet die Familie. Dafür müssen Sie doch zahlen. Das kann man doch nicht einfach umsonst verlangen«, wirft sie mir vor. Man müsse doch für alles bezahlen.

Auf so viel Logik weiß ich nichts zu antworten. Ich rede von Menschenwürde und Kinderhandel und internationalem Recht. Aber sie hört mir nicht zu. Ich habe bei ihr alle Achtung verloren. Reiche westliche Frau will hier in Indien etwas kostenlos abkassieren, und noch dazu ein Kind.

Ich wechsle das Thema. »Kennen Sie denn jemanden, der auf diese Art ein Baby bekommen hat?«, frage ich neugierig. Ich will wissen, ob ihr Plan, hier vor dem Heim ein Kind zu kaufen, bei anderen schon zum Erfolg geführt hat.

»Ja, ja«, sagt sie. Die Zuversicht und Selbstverständlichkeit, mit der sie hier wartet, scheinen das zu bestätigen.

Gegenüber öffnet sich die Tür des Heims. Wir schauen uns an. Die Schöne lächelt und nickt mir aufmunternd zu. Ich stehe auf, und als ich mich nach wenigen Schritten umsehe, lächelt sie mir fast mitleidig hinterher.

Ich gehe auf das Tor zu, zwänge mich durch den Spalt, den die schweren eisernen Türen freigeben, und stehe in einer anderen Welt. Lärm, Dreck und Tumult der Straße liegen hinter mir. Vor mir liegt ein sauber gefegter Hof, auf den Steinmauern reihen sich Blumentöpfe mit tropischen Zierpflanzen, zwischen einigen Palmen und Büschen am Rand des Hofes stehen sogar eine alte Schiffsschaukel, eine Rutsche und ein klappriges Karussell.

Ich hebe den Kopf zu dem Kindergeschrei, das mir aus dem oberen Stockwerk durch die vergitterten Fenster zufliegt. Der Bau ist rosa gestrichen. Aus den unteren Räumen dringt das Geschrei von Kleinkindern und Babys auf den Hof. In einer Ecke des Gebäudes entdecke ich zahlreiche verbogene und abgenutzte Dreiräder und Laufgestelle für Kleinkinder. Vor dem Bürogebäude steht eine große Statue der Mutter Gottes in einem kleinen Ziergarten.

Der Pförtner deutet mir an, in das Büro zu gehen. Dort warte ich einige Zeit. An den Wänden hängen Bilder von

Jesus mit Heiligenschein und vom Papst. Und dann sehe ich an einem Büroschrank die Fotos. Sie sind mit Tesafilm an die eiserne Schranktür geklebt: kleine indische Kinder im Garten, am Swimmingpool, am Strand in Frankreich oder im Schnee in der Schweiz, im Schlafanzug mit Teddy im Bett, mit kleinem Geschwisterchen auf dem Teppich einer europäischen Wohnung, auf einer Schaukel, im Plantschbecken. Neugierig, überrascht, amüsiert starren die Kinder in die Kameras.

Ich betrachte noch die Fotos, als eine korpulente, indische Nonne in das Büro tritt – Schwester Lena, wie sie sich vorstellt. Sie trägt einen sauberen, gestärkten Baumwollsari mit einem silbernen Kreuz an der Schulter. Nachdem sie mich freundlich in gutem Englisch begrüßt hat, setzt sie sich und hört mir ernsthaft zu.

»Wissen Sie, die meisten Kinder hier vermitteln wir an indische Eltern. Fast neunzig Prozent der Kinder bleiben in Indien. In das Ausland kommen nur Kranke und Kinder, die sehr dunkle Hautfarbe haben. Die haben hier kaum eine Chance«, sagt sie. »Und es sind fast immer Mädchen.«

»Ich weiß. Ich würde aber auch ein krankes Kind adoptieren oder auch eines mit dunkler Hautfarbe«, betone ich. Ich weiß, dass dies meine einzige Chance ist. Die Nonne nickt versonnen und überlegt.

»Wird über Sie in Europa ein staatlicher Sozialbericht angefertigt und sind die Papiere bereit?«, fragt sie.

Ich fingere aufgeregt das Schreiben unserer Sozialbehörde zu Hause hervor. Darin wird bestätigt, dass unser Sozialbericht bereits fertig ist, die Adoptionsvorbereitungen also auf der europäischen Seite gut voranschreiten. Ich schiebe ihr den Brief zu und sie liest.

»Wir geben eigentlich alle Auslandsadoptionen in die Schweiz, nach Frankreich oder Italien. Wir haben uns das mit den anderen Heimen aufgeteilt«, meint die Schwester. Sie denkt dabei offenbar an die anderen Heime des katholischen Ordens. Aber die Schwester ist nicht ganz abgeneigt, nicht so abweisend und unfreundlich, wie ich es bereits in anderen Heimen erlebt habe. Sie zögert.

»Ich muss erst mit Kalkutta sprechen, ob wir Ihren Fall hier annehmen dürfen«, meint sie und gibt den Brief an mich zurück. »Wollen Sie in einigen Tagen wiederkommen?«

»Ja, natürlich«, bekräftige ich höflich. Ich schöpfe Hoffnung. Vielleicht erlaubt die Zentrale in Kalkutta, dass die Nonnen hier in Bombay unseren Fall annehmen. Ein Kind aus Bombay. Ich lasse mir nichts anmerken. Ich darf mir nicht zu große Hoffnungen machen, rede ich mir ein.

»Darf ich mir das Heim einmal ansehen?«, frage ich vorsichtig.

»Ja, natürlich«, sie lacht und deutet mir an, mitzukommen. »Sie müssen die Schuhe ausziehen«, sagt sie und zeigt auf meine Schlappen.

Ich gehe barfuß hinter ihr her. Sie führt mich in einen Trakt des Heimes. Es ist ein schattiger, dunkler Gang, durch den aus vergitterten Fensteröffnungen ein warmer Luftzug weht. Schwester Lena bittet eine jüngere Nonne, Schwester Maria, mir das Heim zu zeigen. Schon hier auf dem Gang ist das Geschrei der Kinder beträchtlich. Die junge Nonne ist klein, zierlich, strahlt aber eine große innere Ruhe und Zuversicht aus. Auch sie ist freundlich, offensichtlich stolz auf ihre Arbeit.

Sie führt mich an die Tür zum Raum der Neugeborenen. Durch das Fliegengitter erkenne ich dicht an dicht kleine Wiegen, in einer Ecke sogar einen Brutkasten. In jeder Wiege liegt ein Säugling, trotz der Hitze warm eingepackt in Decken. Das Bettzeug ist frisch, der Raum einfach, aber sauber. Es stinkt nicht. Im Gegenteil. Auf einem Tisch pudert eine Frau des Personals einen Säugling und wickelt ihn neu. Neben ihr sitzt eine andere Frau, hält zwei Säuglinge im Arm und schaukelt sie rhythmisch auf ihrem Schoß. Ich dürfe aus hygienischen Gründen nicht in den Raum hineingehen, erklärt mir Schwester Maria.

Stattdessen lotst sie mich in das nächste Zimmer, aus dem das Kindergeschrei am lautesten tönt. In dem Saal stehen die Bettchen für die Kleinkinder bis sechs Monate. Auch hier sind die Betten direkt nebeneinander aufgereiht, aber mit frischem Bettzeug, in jedem liegt ein kleines Spielzeug oder eine kleine Rassel. In die Fenster sind Fliegengitter eingespannt, an der Decke bewegen sich Mobiles im warmen Luftzug und an den Wänden hängen Bilder von Plüschtieren, Katzen, Teddys und romantischen Berglandschaften. In jedem Bettchen liegt ein Baby, schreiend, jammernd, schlafend, spielend oder in wütendem Gebrüll. Auf dem Boden hocken zwei junge Mädchen. Sie halten jeweils zwei Kleinkinder auf ihrem Schoß und geben ihnen die Flasche. Dabei schaukeln sie die Kinder rhythmisch und reden auf sie ein. Die Mädchen, offenbar Personal der Schwestern, wirken trotz des Lärms und Geschreis gelöst und lächeln mir fröhlich zu.

Auf einem langen Tisch sind frische Baumwolltücher, Puder, Cremes, Babyöl und Medizin aufgereiht. Eine junge Frau steckt gerade ein kleines Mädchen in ein frisches Kleid. Neben dem Tisch stehen Plastiktonnen, in denen die Schmutzwäsche gesammelt wird. Welch ein krasser Unterschied zu dem verwahrlosten Heim zuvor, denke ich und hoffe, dass jenes trostlose Heim vielleicht doch ein Einzelfall ist.

Schwester Maria führt mich eine Treppe hoch, vorbei an einem Mutter-Gottes-Bild, in den ersten Stock. Eine kräftige Nonne, Typ Urmutter, beschäftigt sich dort mit etlichen kleinen Kindern. Sie lacht uns mit ihren herrlichen perlweißen Zähnen an. Mehrere Kleinkinder reißen und zerren an ihrem Baumwollsari. Schwester Martha ist zuständig für die Kinder, die in Kürze wohl von ausländischen Eltern adoptiert werden, und einige Kinder, die nicht vermittelt werden können. Auch in diesem Raum stehen etwa zwanzig Gitterbetten, direkt aneinandergereiht in mehreren Reihen. Der Saal und die Betten sind himmelblau gestrichen. Auch hier sind Fliegengitter in allen Fenstern und große Ventilatoren halten die Luft kühlend in Bewegung.

In fast jedem Gitterbett hockt oder steht ein Kleinkind. Ein Junge hat noch eine rote Narbe von seiner jüngst operierten Hasenscharte auf der Oberlippe. Einige der älteren Kinder sehen kränklich, einige behindert aus. Ein Kind mit missgebildeten Beinen spielt mit einem Ball. Zwei junge

Mädchen des Personals wickeln Babys und beziehen die Betten neu. Auch hier herrscht trotz der Kinderanzahl kein Gestank. Alles wirkt sauber, wenn auch einfach, fast ärmlich, stelle ich fest. Ich schöpfe mehr Hoffnung. Das hier wäre das richtige Heim, denke ich.

Draußen auf dem Gang fallen mir zwei Kinder auf, die offenbar Polio hatten und sich in hölzernen Gehschienen unbeholfen an den Fenstern entlangtasten. Hinten sitzt eine Frau an einer Singer-Nähmaschine und näht. Einige ältere Kinder, vielleicht zwischen drei und sechs Jahre alt, spielen auf dem Gang, stürzen aber auf uns zu, als sie uns entdecken. Auch sie zerren an der Kleidung von Schwester Martha, schmiegen sich an die Nonne, hängen an ihr. Die Schwester lacht, nimmt die Kinder in den Arm, verteilt Butterkekse. Sie wirkt wie eine Mutter inmitten der Kinderschar und genießt ihre Rolle sichtlich.

Sie erklärt mir, dass das Heim ständig etwa einhundertzwanzig Kinder versorge und die Kinder nicht nur aus Bombay, sondern auch aus anderen Teilen des Bundesstaates Maharashtras kämen, zum Beispiel aus Amravati, einer Stadt im Inneren des Landes.

Ich frage vorsichtig nach, wer die Kinder im Heim abgibt.

»Sie werden fast alle als Neugeborene von ihren Müttern hierher gebracht. Sie sind einige Tage oder Wochen alt, wenn sie hier abgegeben werden«, sagt Schwester Maria und führt mich wieder das Treppenhaus hinunter zu dem Neugeborenen-Raum.

»Sie wissen ja, für die Mädchen ist es hier schlimm, wenn sie ein Kind bekommen und noch nicht verheiratet sind. Dann finden sie keinen Mann mehr, können nicht mehr heiraten. Also bringen sie die Babys hierher. Es ist selten, dass Kinder nur wegen der Armut zur Adoption freigegeben werden.«

»Wie alt sind die Kinder, wenn sie neuen Eltern übergeben werden?«, frage ich vorsichtig. Sie errät meine Gedanken und sagt:

»Die Kinder für die Auslandsadoption sind ein bis zwei Jahre alt. Die indischen Fälle gehen schneller und die Kinder sind jünger.« Die älteren Kinder, die bereits einige Jahre alt waren, als sie in das Heim gegeben wurden, seien Einzelfälle, meist von der Polizei aufgefunden.

Ich wechsle das Thema.

»Stimmt es, dass mitunter eine Mutter versucht ihr Kind zu verkaufen?«

Sie schaut mich überrascht an.

»Natürlich. Aber wir geben keine einzige Rupie für ein Kind. Wir sagen, das Kind kommt von Gott und wir geben es Gott zurück.« Sie seufzt. Wir gehen wieder auf den Hof, rüber in den Schatten unter die Bäume. Es ist brütend heiß in der Nachmittagssonne.

»Aber die Mütter können sich zwei Monate überlegen, ob sie ihr Kind nicht doch behalten wollen. In der Zeit können sie ihr Baby ohne Angabe von Gründen wieder aus dem Heim holen«, sagt die Nonne.

»Manchmal bekommen die Mütter spitz, dass ihnen von einigen Krankenhäusern Geld für einen Säugling gezahlt wird. Dann kommen sie zu uns und wollen ihr Baby wiederhaben. Wir müssen es dann zurückgeben, obwohl wir wissen, dass die Mutter es nur an das nächste Krankenhaus verkauft«, sagt Schwester Maria und verzieht verbittert den Mund.

»Manche Krankenhäuser zahlen hundert Dollar für ein Baby. Das ist natürlich verboten«, fügt sie hinzu. Wieder bin ich erstaunt, wie offen hier dieses Thema angesprochen wird.

Ich möchte mich von der älteren Nonne, Schwester Lena, verabschieden, aber sie begrüßt gerade ein junges indisches Ehepaar und bittet es in ihr Büro. Ich verspreche Schwester Maria, die mich durch das Heim geführt hat, in einer Woche wiederzukommen. Als ich über den Hof gehe, winken mir die älteren Kinder durch die Gitterfenster oben im ersten Stock nach.

Ich zwänge mich wieder durch den Spalt in dem großen blauen Tor und laufe auf der Straße direkt in die Arme der Schönen, die gerade mit einer hageren, ausgezehrten Frau verhandelt. Ich traue meinen Augen nicht. Die Frau hat einen winzigen Säugling im Arm. Ich verstehe von der Konversation kein Wort. Nur das Wort »charge« fällt. Ich bin zu neugierig und schlendere wieder auf die andere Straßenseite und warte. Schließlich kommen die Schöne und ihre Schwester zu mir. Beide unterhalten sich aufgeregt. Dann wendet sich die Schöne mir zu: »Die Frau ist arm und kann das Kind nicht durchbringen. Sie will das Kind aber nicht weggeben, sondern nur Geld und Hilfe von dem Heim.« Beide Schwestern wirken etwas enttäuscht. Zehn Minuten später verlässt die Frau mit dem Säugling das Heim und verschwindet. Die Schöne und ich verabschieden uns, wünschen uns gegenseitig Glück, beide auf unserer so unterschiedlichen Suche nach einem Kind. Meine wird mich morgen nach Neu-Delhi führen, denn in meinem Gepäck ist ein Brief, der mir ungewöhnliche Versprechungen macht.

Das Tausend-Dollar-Kind

Greifvögel kreisen langsam am dunstigen Morgenhimmel über Neu-Delhi. Auf dem Rasen des Hotel *Imperial* sind die spitzen Schreie der Vögel gut zu hören. Ein Kellner mit Turban schenkt mir dampfenden Tee in eine zierliche Tasse. Ich frühstücke draußen auf dem noch feuchten Rasen. Die Gärtner wässern die Zierpflanzen in den Beeten und die Blumen in den Messingtöpfen auf der Terrasse. Schon jetzt ist es sehr warm, aber ein grün-weißer Schirm schützt mich vor der brennenden Sonne.

Ich genieße die koloniale Pracht des Hotels, den gepflegten weitläufigen Garten, überschattet von eleganten Königspalmen. Ich bin nach der Tortur in Bombay nun doch froh, mich einmal im Luxus ausruhen zu können. Am Swimmingpool stellt das Personal weiße Liegen auf. Es ist eine Oase der Ruhe, während auf der anderen Seite der Grundstücksmauer der Lärm einer der größten Verkehrsstraßen von Neu-Delhi vorbeibraust, eine der breiten Avenuen, die vom Connaught Circle ausgehen, dem zentralen Kreisverkehr der Stadt.

Ich bin erschöpft von dem Aufenthalt in Bombay. Dort habe ich mir in den letzten Tagen noch weitere Heime angeschaut, immer mit dem Taxi im hektischen Verkehr, verstaubt, verdreckt. Zuletzt plagte mich immer wieder ein Reizhusten von den Dieselabgasen. Die Besuche waren alle gleichermaßen trostlos, die Heime recht ähnlich und die Antwort immer dieselbe: keine Adoption, wenn überhaupt, nur über Warteliste in zwei bis drei Jahren.

Es passte alles zu den Absagen, die ich zu Hause schon enttäuscht aussortiert hatte. Nur ein Brief hatte mich stutzig gemacht, als ich ihn zu Hause aus dem Briefkasten nahm. Er war aus Neu-Delhi gekommen – ein Antwortschreiben einer Ärztin, die ich von einigen Monaten angeschrieben hatte. Ihre Adresse hatte mir ein Ehepaar gegeben, das ich über einen Verband von Adoptiveltern ausfindig gemacht hatte. Das Ehepaar hatte von der Ärztin hier in Neu-Delhi ein Baby adoptiert. »Sie wollen doch ein Baby – ein kleines Baby. Dann müssen Sie sich an diese Ärztin wenden«, hatte mir die Ehefrau bei einem Telefongespräch ans Herz gelegt.

Der Brief liegt jetzt vor mir auf dem Frühstückstisch. Er ist handgeschrieben, ohne formalen Briefkopf, eben von dieser Ärztin eines Krankenhauses in Neu-Delhi. »Sicherlich werden Sie überglücklich sein, dass wir für Sie bereits ein Kind ausgesucht haben«, lese ich und traue noch immer meinen Augen nicht.

Da wird mir ein Kind angeboten, obwohl unser Sozialbericht und unsere Papiere nicht einmal fertig waren, als ich sie anschrieb, geschweige denn, dass die Papiere dem Heim oder den indischen Behörden vorgelegen hätten. Damals hatte ich meinem Brief nicht einmal eine Bestätigung von meinen Sozialarbeitern beifügen können. Die Ärztin des Krankenhauses weiß nicht einmal, wer wir sind. In ihrem Brief werde ich im Übrigen gebeten, Whiskey, Skiunterwäsche (im Winter wird es in Neu-Delhi nachts recht kalt), Rouge und Lippenstift mitzubringen. Die Ärztin wolle dafür bezahlen, wenn ich sie besuche, schreibt sie. Ich habe mich entschlossen, aus Neugier diese Ärztin aufzusuchen – und ich kann es gut mit anderen Heimbesuchen in Neu-Delhi verbinden.

Das Krankenhaus liegt mitten in der Stadt. Ein stattliches Gebäude, das auf großen Plakaten am Eingang sein medizinisches Angebot auflistet, unter anderem umfangreiche gynäkologische Untersuchungen. Ganz offensichtlich wird das Krankenhaus gut frequentiert, wie ich an der großen Zahl der Besucher erkenne, und es ist nicht schlecht ausgerüstet. Ich frage mich durch und stehe schließlich vor einer energischen jungen Frau, der Tochter der Chefärztin.

Sie führt mich durch die Gänge des Krankenhauses zu ihrer Mutter, einer älteren, hoch gewachsenen Dame im Sari, die von einer Parfumwolke umgeben ist.

Die Chefärztin begrüßt mich überschwänglich und genießt es, umstehendem Personal Anweisungen zu geben. Dann führt sie mich in ihr Privathaus, das direkt neben der Klinik liegt. Das Wohnzimmer, in dem wir uns auf plüschigen Sofas niederlassen, ist spärlich, wenn auch komplett westlich eingerichtet, bis hin zu einem kitschigen Ölgemälde an der Wand: Schimmel, die in einer Mondnacht am Strand durch die Brandung des Meeres galoppieren.

Ich mache keine Umschweife, sondern ziehe gleich meine Plastiktüte mit dem Whiskey, dem Rouge, Lippenstift und den Skihemden hervor. Sie öffnet die Tüte, inspiziert die Skiunterwäsche und zahlt mir in der Tat meine Auslagen. Mir fallen ihre lackierten Fingernägel auf, wieder das Parfum. Die Atmosphäre ist sehr sachlich und ich habe das unbestimmte Gefühl, dass wir uns beide beobachten, abschätzen, wie Geschäftsleute es tun.

Überraschend schnell bietet die Ärztin mir wieder das Kind an. Auch sie macht keine großen Umschweife. Sie erklärt mir, dass die Adoptionen des Krankenhauses formal über ein Heim in der Nähe abgewickelt würden. Dieses Heim stehe auf der Liste der vom indischen Staat für Auslandsadoptionen zugelassenen Kinderheime. Die Kinder seien alle dort drüben in dem Heim.

»Nur die Kinder für die Auslandsadoption behalte ich hier. Da drüben sind die Verhältnisse nicht so gut. Hier kann ich die Kinder besser versorgen«, sagt sie und holt aus der Tüte den Whiskey hervor. »Ich kann Ihnen das Kind gleich zeigen«, fährt sie fort und wartet auf meinen Freudenausbruch. Aber sie merkt, dass ich zurückhaltend reagiere.

»Von mir adoptieren Eltern aus der ganzen Welt«, sagt sie stolz und holt aus ihrem Schreibtisch einen Brief.

»Lesen Sie. Sie können die Adresse der Eltern aufschreiben und bei ihnen nachfragen. Diese adoptieren gerade ein kleines Mädchen von hier. Das Kind zeige ich Ihnen auch gleich.«

Ich nehme den Brief und beginne, die Adresse abzuschreiben, überfliege dabei aber den Inhalt des Briefes. Dabei stolpere ich über Sätze wie: »… können wir leider unsere Papiere nicht abändern« und »… wäre das Alter für meinen Mann von achtunddreißig Jahren besser als fünfundvierzig Jahre.«

Ich ahne schon jetzt, dass ich von hier nicht adoptieren werde. Aber ich will sehen, wie weit die Ärztin geht.

»Woher kommen die Babys hier?«, frage ich.

»Von jungen Mädchen. Sie sind unverheiratet, bringen ihr Kind in der Klinik zur Welt und lassen das Baby dann hier. Es ist meine Privatklinik«, erklärt sie stolz.

»Zahlen Sie für die Kinder?«, frage ich unverblümt. Sie zögert mit ihrer Antwort, beißt sich auf die Lippen.

»Das kommt auf die finanzielle Situation der Mädchen an. Die Mädchen müssen hier aber nicht für die Entbindung und den Krankenhausaufenthalt zahlen. Das bieten wir ihnen gratis an,« sagt die Ärztin. Aus irgendeinem Grund habe ich das Gefühl, dass sie höchstwahrscheinlich den ganz armen Frauen nichts zahlt, weil diese nur froh sind, das Kind los zu sein. Anderen Familien hingegen, die dreist genug sind, bietet sie vielleicht doch Geld für ein Baby an.

»Müssen die Babys hier nicht erst indischen Adoptiveltern angeboten werden?«, bohre ich nach.

»Ja, aber wir halten die Eltern davon ab und sagen, wir haben keine Kinder oder sie müssen halt warten.«

»Aber die Behörden genehmigen Auslandsadoptionen doch meist nur bei kranken Kindern oder solchen mit sehr dunkler Hautfarbe«, entgegne ich. Sie ist mittlerweile beim Rouge und Lippenstift angelangt.

»Ach, wir sagen einfach, es gibt medizinische Probleme mit dem Kind, auch wenn das nicht stimmt«, sagt sie und macht eine lapidare Handbewegung. Ich bin über ihre Offenheit erstaunt.

»Dann bekommen wir die *clearance*«, setzt die Ärztin nach und meint damit die Erlaubnis, ein Kind ausländischen Adoptiveltern anbieten zu dürfen.

»Wissen Sie, es gibt nur selten Probleme. Manchmal arbeiten in den Behörden junge Mädchen. Die sind dann alle so ehrlich und korrekt«, seufzt sie. Aber normalerweise machten die Behörden keine Schwierigkeiten.«

Ich werde noch mutiger und versuche zu erfahren, wie weit sie gehen würde: »Wie viel soll ich für das Kind zahlen?«

Ich weiß, dass allein die Frage illegal ist. Aber die Ärztin zögert keine Sekunde, sondern antwortet: »Tausend Dollar. Aber Sie zahlen erst, wenn das Kind außer Landes ist. So was können wir nämlich vorher nicht machen.« Sie sagt mit keinem Wort, dass Adoptionen direkt von Krankenhäusern in Indien grundsätzlich verboten sind und ihr Krankenhaus natürlich keine Lizenz für Adoptionen hat.

Stattdessen listet sie mir die Verwaltungsgebühren der Adoption auf, die Kosten des Anwalts, die Kosten der medizinischen Versorgung des Kindes und des Krankenhausaufenthalts. Die Kosten sind im Vergleich zu anderen indischen Heimen exorbitant und belaufen sich auf Tausende von Dollar.

Ich gebe vor, das Kind sehen zu wollen, und so gehen wir wieder zum Krankenhaus zurück. In einem der Räume schlägt die Ärztin eine Arbeitsmappe auf und fährt mit dem Finger über eine Liste von eingetragenen Namen und Geburtsdaten. Dann weist sie eine der Krankenschwestern an, das Kind zu bringen. Als jedoch die Krankenschwester mit einem Säugling auf dem Arm aus dem Nebenraum zurückkommt, gibt es Verwirrung. Sie diskutieren und es scheint, als ob die Frauen ein anderes Baby meinen. Die Krankenschwester verschwindet wieder und kommt mit einem anderen Säugling zurück, ein kleines hübsches süßes Baby – das Tausend-Dollar-Kind.

»Sie ist eine Frühgeburt, sechs Monate alt, aber in Ordnung, hübsch und gesund«, preist die Chefärztin das Kind an. Die Krankenschwester liebkost die Kleine, die aus neugierigen schwarzen Augen aus ihrer Decke blinzelt. Ich kann es kaum fassen, aber mir ist klar, dass es etliche westliche Eltern gibt, die in diesem Moment keine Sekunde zögern würden. So leicht ist das also.

In kleinen Gitterbettchen in den Nebenräumen sitzen fünf weitere Kinder. Sie sind alle für Auslandsadoptionen nach Europa und in die Vereinigten Staaten vorgesehen.

Aber diese Kinder sehen schlecht aus, blass, krank, lethargisch und alle sehr traurig. Sie reagieren kaum, als ich sie anspreche. Die Chefärztin merkt meine Besorgnis.

»Wissen Sie, das Heim da ist nicht so gut. Deshalb hole ich die Kinder für einige Wochen hierher. Aber ich darf sie nicht immer hier behalten, weil die Adoption über das Heim läuft. Also müssen die Kinder die meiste Zeit drüben im Heim verbringen.«

Ich verabschiede mich von der Ärztin, verbleibe sehr vage über das Tausend-Dollar-Kind und schaue »drüben« mal vorbei. Ich stoße dort auf jämmerliche Zustände. Zu viele Kinder sind in zu kleine Räume gepfercht, zu wenig Personal und zu viel Geschrei stresst die Kinder. Ich verstehe jetzt, warum die Ärztin so peinlich berührt war, als ich das Heim besuchen wollte und nach der Wegbeschreibung fragte. Aber es ist mir egal. Zu Hause werde ich ihr ohnehin einen Absagebrief schreiben.

Zu dem Zeitpunkt weiß ich noch nicht, was mir später das Ehepaar, dessen Brief ich überflogen hatte, erzählen würde: Die Sozialarbeiterin und der Anwalt, die bei der Adoption eingeschaltet würden, seien direkte Verwandte der Chefärztin. Und bei der Liste der Auslagen bleibe es nicht. Während der Adoption würden die Ärztin und ihre Verwandten immer mehr Geld verlangen. Dies stets verbunden mit der Drohung, dass sonst das Kind nicht käme. Die Adoption direkt vom Krankenhaus sei ja ohnehin illegal. Aber das erfahre ich erst, als ich das Ehepaar ein Jahr später besuche. Und ich treffe das Ehepaar mit ihrer von der Ärztin vermittelten Tochter auch nur einmal. Sie haben kein Interesse an weiterem Kontakt, werden bei dem Gespräch über die Ärztin sehr einsilbig, und mir ist klar, dass sie damals bewusst nicht mehr Fragen gestellt haben und jetzt auch nicht mehr daran erinnert werden wollen.

Ich klappere meine Adressenliste weiter ab und besuche noch am selben Tag ein Heim der Church of North India. Ein älterer, ernster Inder begrüßt mich und schüttelt müde den Kopf: »Sie müssen hier fast vier Jahre auf ein Kind warten. Ich habe selbst für indische Ehepaare lange Wartelisten«, sagt der Heimleiter und zeigt mir eine Tabelle, die er in sein dunkles Büro an die Wand geheftet hat. Danach müssen indische Eltern, die einen Jungen adoptieren wollen, zwei Jahre warten. Und junge Paare, die ein Mädchen haben wollen, sechs Monate.

»Wissen Sie, das Problem ist, dass immer mehr junge Mütter ihre Kinder einfach auf dem Schwarzmarkt verkaufen, weil sie da Geld für das Kind bekommen. Und hundert Dollar sind viel für eine Frau, die sonst nicht weiß, wie sie über die Runden kommen soll.« Es scheint, als ob er Verständnis für die Frauen hätte. »Das ist viel Geld hier. Und die Frauen sagen sich dann, wenn ich schon mein Kind weggebe, kann ich es auch dorthin geben, wo man mir Geld gibt.« Er wirkt fast resigniert.

»Je mehr Frauen das tun, desto weniger Kinder kommen in die legale Adoption und die Eltern hier müssen nur noch länger warten.« Das Risiko liegt auf der Hand. Je länger die Eltern ausharren müssen, desto öfter werden einige Paare die legale Adoption umgehen und sich einfach ein Kind auf illegalem Wege verschaffen, weil es schneller und unbürokratischer geht.

Er ist ohnehin verbittert über seine Situation.

»Wir bekommen Geld von einer deutschen Hilfsorganisation«, meint er abfällig. »Aber die Verantwortlichen wollen nicht, dass wir das Geld dafür verwenden, Prostituierten und ihren Kindern zu helfen. Dabei ist das hier eines der größten Probleme. Sie sagen, sie würden ihr Geld keinen Prostituierten geben.« Er schimpft über die kirchliche Organisation, die unsinnige Vorschriften mache, wie das Geld verwendet werden solle.

»Dann wollen sie uns auch verbieten, Kinder in die Auslandsadoption zu geben. Alle Kinder sollen in die indische Adoption gehen und hier bleiben. Aber keiner sagt uns, was wir mit kranken Kindern machen sollen, die hier keiner haben will.«

Er hat resigniert, schimpft über unrealistische Projekte, die die deutsche Hilfsorganisation finanzieren wolle. Das

Geld werde auf den Dörfern, auf Festen verpulvert, nur um sagen zu können, es sei bei »Gemeindearbeiten« verwendet worden. Er ist nicht gut auf die deutsche Organisation zu sprechen und hat für sich die Konsequenz gezogen: Die Kinder, die er in die Auslandsadoption geben kann, schickt er nach Holland und Skandinavien, da ihm dort die Politik der karitativen Hilfsorganisationen der Kirchen besser gefällt. »Wer vernünftige Entwicklungshilfepolitik macht und uns mehr Geld gibt, bekommt auch die Kinder«, fügt er stoisch hinzu. Wir unterhalten uns gut, trinken süßen Tee und schließlich gehe ich – ohne, dass wir mich auf die Warteliste gesetzt hätten.

Zurück im Hotel bin ich gerädert. Mein Husten von den Autoabgasen ist schlimmer geworden, ich bin aufgeheizt, eingestaubt – Delhi klebt an meinem Körper. Ich sehne mich nur noch nach einem Swimmingpool unter schattigen Palmen und nach einem guten Tee. Wie erlöst lasse ich mich im Pool reglos auf dem Wasser treiben, tauche ganz den heißen Kopf ein, immer wieder unter Wasser. Ich schwimme einige Züge und lasse mich auf dem Rücken treiben. Durch die hohen Königspalmen schimmert die Nachmittagssonne und noch immer kreisen die Greifvögel am Himmel. Ein Kellner mit Turban stellt mir ein Tablett mit silberner Teekanne neben meine Liege. Eine Schale mit frischen Melonenstücken hat er sorgfältig zugedeckt, sodass die Krähen nicht gleich darüber herfallen. Sie sitzen in den Palmen und auf den Dächern, krächzen und machen sich sofort über die kleinen Beistelltische her, wenn man den Zucker für den Tee offen liegen lässt.

Als ich meine heiße Tasse Tee genieße, sehe ich sie plötzlich am Swimmingpool: ein hoch gewachsenes, älteres, strohblondes Ehepaar mit einem etwa zwölf Jahre alten indischen Mädchen. Die Eltern stehen stolz neben ihren Liegen und Badesachen und beobachten ganz offensichtlich ihre Tochter. Sie hält ein kleines, ebenfalls indisches Mädchen, vielleicht drei Jahre alt, auf dem Arm. Vorsichtig setzt die große Schwester das Kleinkind auf den Rasen. Die Kleine klammert sich an die Hand der Großen und beide gehen langsam zum Swimmingpool. Die Kleine starrt unsicher in das Wasser, klammert sich an die Beine der großen Schwester. Plötzlich ahne ich, dass das Mädchen frisch adoptiert und gerade aus einem Heim gekommen ist. Es ist wohl das erste Mal, das sie einen Pool, Rasen, Palmen, Badeliegen und Badeanzüge sieht. Selbst das Laufen auf dem Rasen ist ihr ungewohnt und fremd. Bisher war sie nur den Steinfußboden im Heim oder einen sandigen Innenhof gewöhnt. Dann plötzlich wendet sich die Kleine ab und läuft langsam aber zielstrebig auf den Ausgang der Hotelanlage zu. Sie sieht sich nicht ein einziges Mal um, obwohl der Vater hinter ihr hereilt. Bevor sie auf die Einfahrt und in Richtung Straße verschwinden kann, hält er sie fest, hebt sie hoch und bringt sie zur Familie zurück.

Die Mutter – sie ist wie ihr Mann aus Schweden – ist erleichtert.

»Sie hat immerhin die ganze Nacht durchgeschlafen«, berichtet sie mir, als ich sie beglückwünsche. Und dann erzählt sie mir, dass die Kleine vor über einem Jahr auf einem Bahnhof gefunden wurde, verlassen, vielleicht ausgesetzt. Sechs Monate hätte das Kinderheim über Anzeigen in Zeitungen und Anschläge in den Bahnhöfen nach den Eltern inserieren und suchen müssen. Nach dieser Frist sei der Adoptionsprozess eingeleitet worden, Bearbeitungszeit fünf Monate. Nach einem Jahr sei dann die Adoption durch die schwedische Familie möglich gewesen. Das Heim arbeite bei der Auslandsadoption nur mit Skandinavien zusammen, berichtet sie mir.

Ich beneide sie, freue mich für sie und frage mich, ob ich jemals so weit kommen werde. Ob ich jemals den Moment erlebe, wo ich meinem Kind zeigen kann, was ein Rasen ist, was Bäume sind.

Kurz darauf sind wir alle zusammen im Swimmingpool, mit den anderen Gästen. Die Zwölfjährige hat es geschafft, die Kleine vorsichtig an das Wasser zu gewöhnen. Sie trägt sie langsam die Treppen hinab zum Pool und steht mit ihr im flachen Teil des Beckens. In der Nähe tobt ein anderes indisches Mädchen ausgelassen im Wasser, spritzt, prustet und taucht. Sie ist eine gute Schwimmerin, platscht kräftig hin und her und ängstigt die Kleine etwas, die sich gerade erst getraut hat, ihre Beine vorsichtig ins Wasser zu stecken.

»Kannst du vielleicht dort schwimmen, wo es etwas tiefer ist? Die Kleine hat noch etwas Angst«, frage ich die Schwimmerin.

Darauf erwidert diese wütend: »Nein. Das kann ich nicht. Da hinten ist Sonne und ich werde nicht dunkel nach Hause zurückgehen.« Sie wirft einen abfälligen Blick auf die Zwölfjährige. Erst da fällt mir auf, dass der Nichtschwimmerteil am Beckeneingang im Schatten der Palmen liegt, der andere Teil des Pools allerdings in der Sonne. Sie hat ganz offensichtlich Angst, in der Sonne zu schwimmen und dann in der Sonne nachzudunkeln, da sie eine relativ hellbraune Hautfarbe hat.

In Indien gilt in weiten Teilen der Bevölkerung noch heute das Schönheitsideal, möglichst hell zu sein. Helle Hautfarbe wird seit jeher bei vielen als Symbol der Schönheit, Reinheit, einer höheren Kaste und des besseren Sozialstatus angesehen. Umgekehrt werden Inder mit tiefdunkler Hautfarbe im eigenen Land noch immer diskriminiert – angefangen bei Adoptionen. Dort gilt sehr dunkle Hautfarbe bei Kindern als ausreichender Makel, sie in die Auslandsadoption zu geben, selbst wenn sie kerngesund sind. Genau so hatte es das Personal in dem Heim in Bombay erklärt. Dies ist eine Facette des subtilen Rassismus innerhalb des Subkontinents. Plötzlich kann ich den abfälligen Blick der Schwimmerin auf die zwölfjährige adoptierte Tochter der Schweden einordnen. Die steht ahnungslos am Beckenrand, sportlich, schlank und schön, und wartet, um mit einem Kopfsprung in den Pool zu tauchen. Auf ihrer tiefschwarzen Haut glitzern die Wassertropfen. Es ist offensichtlich, dass ihr nicht einmal der Gedanke kommt, dass hier in Indien, in ihrer Heimat, jemand etwas an ihrer Hautfarbe aussetzen könnte. Später aalt sie sich auf der Liege in der Nachmittagssonne und schlürft genüsslich einen Milkshake.

In der Wüste

Dürre. Das Land liegt grau, staubig und farblos unter der sengenden Sonne. Ich habe Neu-Delhi verlassen und bin weit hinaus aufs Land gefahren, in die Wüstengegenden im Westen Indiens. Warum nur Kinderheime in den brodelnden Großstädten besuchen?

Manche Landstriche hier sind versteppt, fast wüstenartig, nur Dornbüsche, dann wieder Baumwollfelder, ebenfalls zundertrocken. Die Dürre und der Staub liegen wie ein dunstiger Schleier über der kleinen Stadt am Rande der verdurstenden Landstriche.

Ratlos stehe ich auf einer Straße in der flimmernden Mittagshitze dieser kleinen Wüstenstadt. Meine alte mechanische Kamera ist kaputt, hakt, der Film lässt sich nicht mehr transportieren. Und der alte Händler vor mir in dem winzigen Fotogeschäft schüttelt ratlos den Kopf. Dann malt er mir auf einem Fetzen zerknitterten Papier den Weg zu Mr. Rahoul, der hier Kameras repariert. Ich trotte den Weg in der glühenden Hitze durch kleine Gassen und stehe schließlich vor einer schweren Holztür.

Die Tür steht offen und ich kann in einen sauber gefegten Innenhof schauen, einige Blumentöpfe im Schatten, Stille. Als ich zögernd in den Hof trete, ruft eine Frauenstimme und wenig später begrüßt mich Mr. Rahoul, ein feingliedriger, schlanker, sehr eleganter Mann. Ich zeige ihm meine Kamera und er deutet mir sehr höflich an, ihm über eine wacklige Holztreppe hoch in ein Dachzimmer zu folgen.

Er bückt sich und tritt vor mir in einen relativ dunklen Raum ein. Im Licht zweier Lampen erkenne ich schließlich ein fein säuberlich geordnetes Atelier. Schalen mit kleinsten Werkzeugen stehen auf dem Tisch, mit winzigen Pinseln, Pinzetten, Schraubenziehern. In der Ecke entdecke ich eine Dunkelkammer, mehrere alte Kameras liegen auf einem anderen Holztisch.

Wir sprechen kaum, er ist still, inspiziert ruhig meine Kamera, greift zu einem Monokel und kleinsten Werkzeugen und beginnt, meine Kamera Teil für Teil auseinander zu schrauben. Routiniert und mit Liebe für den Apparat seziert er das Gehäuse und erklärt mir radebrechend, dass rein mechanische Kameras so zuverlässig und wertvoll seien. Irgendwo bellt ein Hund und als jemand am Haus vorbeigeht, hört man noch lange die Schritte nachhallen. Ich genieße die Stille, das schweigsam-konzentrierte Arbeiten des Mannes und lausche draußen auf die Mittagsruhe, die Hitze, die Trägheit des Tages, die Zeit scheint stehen zu bleiben. Ich könnte ihm ewig zusehen.

Irgendwann bemerke ich, wie er die Teile wieder einbaut und schließlich blickt er auf und lässt leise lächelnd den Filmtransporter schnarren. Ich will ihn bezahlen, deute auf meine Rupienscheine in der Hand. Aber er ignoriert sie, lehnt es ab, nickt mit dem Kopf. »Ist schon gut.« Und führt mich wieder über seinen sauber gefegten Hof auf die Straße. Er verbeugt sich würdevoll und bedankt sich, als ob ich ihm einen Dienst erwiesen hätte und nicht umgekehrt. Was haben wir im Westen schon alles verloren, denke ich.

Ich suche einen Rikschafahrer, der mich nach einigem Suchen zu dem Waisenhaus dieser Wüstenstadt fährt. Es ist das schönste Heim, das ich bisher besucht habe, mit lichten, sauberen Höfen, violett blühenden Bougainvilleen und hohen Bäumen. Es gehört keinem kirchlichen Orden an, sondern einer indischen Organisation. Ich trete kaum in den Eingangshof, da schreitet mir eine hoch gewachsene Frau im Sari entgegen, hager, die Haare streng im Knoten, ihre Augen herrlich strahlend hinter ihrer Brille. »Sie sind willkommen hier«, sagt sie mit einem verschmitzten Gesicht. Ich hebe die Hände zum Gruß, sie erwidert das *Namaste* und führt mich dann gleich aus der Hitze in ihr kühles, schlichtes Büro. Über dem Eingang ihres Zimmers hängt ein Bild von Gandhi, das mir besser gefällt als ein Bild vom Papst. Die Dame setzt sich hinter einen winzigen Schreibtisch. Sie ist auch im Alter bildschön. Zwei junge Mädchen bringen uns zwei Gläser Wasser, die wir austrinken.

Dann reden wir und sie sagt mir, dass fast alle Kinder in die indische Adoption gingen und für ausländische Eltern eine Wartezeit von fast drei Jahren angesetzt werden müsse. »Wissen Sie, immer mehr Inder wollen auch selbst adoptieren.«

Sie würde gern mit deutschen Eltern arbeiten, aber sie habe viele Ehepaare auf der Warteliste. Auch hier würden Kinder wegen zu dunkler Hautfarbe, medizinischer Probleme oder Schönheitsfehlern von indischen Adoptiveltern zurückgewiesen, seufzt sie. Die Kinder kämen dann in die Auslandsadoption. Sie macht keinen Hehl daraus, dass sie Inlandsadoptionen bevorzugt.

Sie nimmt mich schließlich mit auf einen Rundgang durch das Waisenhaus. Es ist einfach, aber sauber und viele junge Frauen kümmern sich um die Kinder. Es ist das erste Mal, dass mir die Kinder mit Namen vorgestellt und sogar für ein Foto aufgereiht werden. Die Atmosphäre im Heim ist gelöst, fast lustig, die jungen Frauen lachen, einige Mädchen kommen von der Schule, andere fegen den Hof. Sie wirken fröhlich, fast wie von den blühenden Bougainvilleen angesteckt – oder vielleicht ist es auch die positive Ausstrahlung der Heimleiterin, die alles so friedlich wirken lässt. Die Kinder sind gut angezogen, gesund, spielen und bekommen viel Zuwendung. Das macht vieles wieder wett.

Um uns herum springt ein Mädchen, vielleicht acht Jahre alt, wild und ausgelassen. Immer wieder nimmt die Heimleiterin sie liebevoll in den Arm.

»Ja, für dich finden wir auch noch Eltern, ganz bestimmt«, sagt sie und wieder springt das Mädchen wild um uns herum. Dann lässt sich die Kleine plötzlich in den Staub fallen, dreht und rollt sich übermütig auf dem Boden, springt wieder auf und rennt zu den anderen Kindern.

»Sie sagt, sie sei von einem Bären angefallen worden«, erklärt die Heimleiterin. Erst in diesem Moment begreife ich und starre das Mädchen an. Sie hat keine Arme mehr. Sie tobt, rennt und spielt – ohne Arme.

»Wissen Sie – diese Tanzbären hier auf den Dörfern. Sie ist einfach zu nahe an das Tier herangekommen. Und dann wusste sich ein Arzt mit den Verletzungen wohl nicht mehr zu helfen und hat einfach amputiert. Die Eltern haben sie dann ausgesetzt.« Die Heimleiterin seufzt. Ich schweige. Es ist ein kurzes, betretenes, schweres Schweigen und das schlechte Gewissen lähmt mich. Es bleibt alles unausgesprochen. Sie wechselt das Thema. Sie tut, als ob sie nicht ernsthaft erwartet hätte, dass ich vielleicht das Mädchen adoptieren würde. Wie taktvoll von ihr, denke ich beschämt.

Später frage ich die Heimleiterin, was sie sich wünscht, was sie für das Heim brauchen könnte. Ein Gerät, mit dem mehrere Milchflaschen zugleich abgekocht werden können, meint sie bescheiden. Wieder fahre ich unverrichteter Dinge in mein Hotel zurück. Wieder streiche ich eine Adresse auf meiner Liste durch.

In meinem Hotelzimmer blättere ich resigniert im Reiseführer. Da fällt mir eine winzige Notiz auf. In der Nähe der Wüstenstadt gibt es einen Maharadscha-Palast auf dem Land, quasi ein Hotel – mit Schwimmbad. Das ist das Richtige, schießt es mir durch den Kopf. Ich bin ohnehin erschöpft von der Hitze, der ständigen Fahrerei durch die Städte, von dem Dunst, Dreck und den traurigen Kindergesichtern, die schon viel zu lange auf ein Wunder warten. Ich muss dringend eine Pause einlegen. Ich gehe hinunter zur Hotelrezeption und bitte, mir das Hotel zu buchen. Verstohlen blicken sich die beiden jungen Männer an der Rezeption an. Ja, sie müssten mal sehen, telefonieren, das sei alles nicht so einfach. Meine Frustration steigt weiter.

Ich winke vor dem Hotel eine Rikscha heran und lasse mich in der Dämmerung in den Basar hineinfahren. Die Hitze hat sich gelegt, es ist angenehm warm, weiche verräucherte Luft. Langsam und träge klappert unsere Rikscha Richtung

Basar, rasselnde Schellen hinten an den Radachsen, vor mir heben und senken sich die Schultern des jungen Mannes, der mich durch die Dämmerung radelt, keucht, feste treten muss. Ich habe lange gebraucht, bis ich es wagte, auf eine Rikscha zu steigen. Erst hatte ich das Gefühl, es sei Ausbeutung. Jetzt genieße ich es, langsam durch die staubigen Gassen geschaukelt zu werden, die anderen Menschen, Geschäfte, Gerüche und Stimmungen zum Greifen nah. Denn schließlich bekommt der Rikschafahrer Geld für seine Arbeit, es ist sein Job.

Ich steige im Gewühl aus und lasse mich durch die Gassen mit den Düften und Klängen des ganzen Orients treiben. Jetzt ist Leben in dieser Wüstenstadt, die Straßen und Gassen sind zum Bersten voll mit Frauen, die für das Abendessen einkaufen, Männer, die vor jedem Shop, an jedem Stand feilschen, handeln, Tee trinken, Ware betasten, begutachten – emsiges Treiben in verräucherter Luft. Überall plärrt Filmmusik aus klapprigen Kassettenrekordern und dann ertönt inmitten all des Gedudels und Geknatters der Motorräder und Motorrikschas plötzlich der Ruf eines Muezzin. Es ist Zeit für das Abendgebet und viele Männer gehen in Richtung Moschee.

Ich könnte Stunden in dieser Atmosphäre durch die Basargassen schlendern, mich verlieren, tief eintauchen in diese Welt. Durch einen Zufall mache ich irgendwann in den schmalen Gassen des Basars plötzlich vor einem Geschäft Halt, das Textilien verkauft, nicht Stoffe, Saris oder Salwar Kameez, sondern Wandbehänge, Decken, bestickt, teilweise sogar alte Handarbeiten. Die zwei Verkäufer und ich sitzen bald auf dem Boden des Ladens, dampfenden Tee neben uns, und unsere Hände wühlen durch Stapel alter Textilien, viele Stücke abgenutzt, verschlissen, zerrissen, aber auch einige wenige sehr schöne Handarbeiten. Es sind weitgehend Wandbehänge, Decken und Handarbeiten, die die jungen Frauen in den Wüstengegenden auf dem Land anfertigen und dann als Aussteuer in das Haus ihres frisch angetrauten Ehemannes mitbringen. In den Arbeiten steckt ein schier unbegreifliches Ausmaß an Fleiß und Ausdauer.

Meine Hände gleiten über das Muster einer Chakla, eines quadratischen Wandbehangs. Tausende von winzigsten Glasperlen, früher war es gar Muranoglas, sind auf diesem Wandbehang zu einem Bild zusammengestickt. In der Mitte ein Schimmel, das Pferd, auf dem der Bräutigam zur Hochzeit geritten kommt. Um das Pferd herum sind Tiere gestickt, ein Pfau, der Glücksvogel Indiens, und Pferde, Wasserbüffel und Kamele, vielleicht Vieh, das zum Haushalt des künftigen Ehemannes gehörte.

Was muss diese Braut von Vorfreude, aber auch Furcht erfüllt gewesen sein, als sie dies stickte, denke ich. Viele Mädchen verlassen ihr Elternhaus nie, bis ihre Eltern mit den Eltern einer befreundeten Sippe eine Hochzeit arrangieren. Dabei geht es vor allem darum, dass die Hochzeit der Kaste entspricht. Die Gesetze des indischen Kastenwesens schreiben oft minuziös vor, mit wem die Kinder einer Familie vermählt und mit wem sie nicht vermählt werden dürfen. Noch heute spielt dies eine erhebliche Rolle bei der Auswahl der Ehepartner durch die Eltern und zementiert somit das soziale Netz der tausenden von Kasten, die die indische Bevölkerung in soziale Gruppen und die entsprechende soziale Hierarchie aufteilt.

Eine Hochzeit wird auf dem Land mitunter schon arrangiert, wenn die Mädchen noch Kinder sind. Nach der formalen Hochzeit leben die Mädchen meist bis zum Einsetzen der Menstruation bei ihren Eltern. Dann übernehmen die Schwiegereltern das Mädchen und damit die Verantwortung für ihr Wohlergehen. Für die künftige Braut ist dies oft ein traumatischer Schritt, da sie nun ihre gewohnte Umgebung verlässt und meist einer wildfremden Familie unterstellt wird. Auch dort wird sie ihren Ehemann zunächst kaum zu Gesicht bekommen, sondern unter der Aufsicht der Schwiegermutter im Haushalt arbeiten, oft jahrelang, bis diese irgendwann zulässt, dass das junge Ehepaar zusammenkommt, um Nachwuchs zu zeugen. Erst mit der Geburt von Kindern, vor allem Söhnen, steigt das soziale Prestige der jungen Braut in der Familie und die Schwiegermutter tritt mehr und mehr in den Hintergrund.

Ich kaufe das Chakla und eine alte mit Spiegeln und Knöpfen bestickte Tasche, aus der der Bräutigam am Hochzeitstag Geldstücke unter die Hochzeitsgäste wirft. Nach langem Feilschen entscheide ich mich auch für ein Odhni, ein altes tiefrotes Hochzeitstuch, das die Braut an ihrem Hochzeitstag über ihrem Kopf und Körper trägt. Das Tuch ist aus feinster, hauchdünner Seide gewebt und dann rot gefärbt worden. Vor dem Färben wurden tausende von kleinen Pfefferkörnen mit winzigen Fädchen in das Tuch eingeknüpft. Nach dem Entfernen der Fäden und Körner blieb ein komplexes Muster von Lotusblüten und Blumengirlanden auf dem Tuch zurück. Anschließend hat jemand – vielleicht die Braut – feine Silberfäden durch das Tuch gestickt, sodass es im Zwielicht glitzert, ein hauchdünner, zartroter Schimmer von Seide, Glanz und Glut. Die Arbeit an dem Tuch muss Wochen, wenn nicht Monate in Anspruch genommen haben. Als ich die kostbaren Stücke später auf der Rikscha in Händen halte, frage ich mich, ob jemals der Moment kommen wird, an dem ich meiner Tochter diese Handarbeiten schenken werde – vielleicht sogar zu ihrer Hochzeit.

Zurück im Hotel hält man mir beim Eintreten den Telefonhörer hin. Ein Herr sagt mir in exzellentem Oxfordenglisch, dass es sich bei dem Maharadscha-Palast nicht um ein Hotel handle, ich aber als Gast der Familie des Fürsten im Palast willkommen sei. Ich würde am nächsten Tag zum Lunch dort erwartet. Ich kann gerade noch ein Dankeschön stammeln, da ist das Gespräch auch schon beendet.

»Das ist kein richtiges Hotel«, sagt mir der junge Mann an der Rezeption und lächelt amüsiert. »Aber die Familie nimmt manchmal zahlende Hotelgäste auf. Als Gast kann man dann dort wohnen, mit der Familie essen und den Palast besichtigen. Aber man muss das vorher anmelden«, erklärt er. »Sie werden morgen von einem Wagen des Palastes abgeholt«, erklärt er. Erst da dämmert mir, warum die Rezeption so betreten reagierte, als ich darum bat, mir ein Zimmer im Palast zu buchen.

Im Märchenpalast

Baumwollfelder inmitten der Steppe, so weit das Auge reicht. Dürre und Trockenheit haben das umliegende Land in ein staubiges, knisterndes, welkes Blatt verwandelt. Der Ambassador, die alte indische Limousine, schaukelt rhythmisch über den welligen Asphalt. Der alte Palast-Chauffeur konzentriert sich darauf, den Schlaglöchern auszuweichen. Dornenbüsche, sogar Kakteenhecken säumen die Straße. Seit mehr als einer Stunde fahren wir schon durch die Vormittagshitze, die Straße ist einsam. Selten kommt uns ein Ochsenkarren mit Baumwolle entgegen. Auf manchen Feldern kann ich Frauen und Männer erkennen, die die Wollbällchen mit der Hand pflücken, Tücher um ihre Köpfe gewickelt, weil schon jetzt am Morgen eine Gluthitze brennt.

Nach fast zwei Stunden holpriger Autofahrt taucht vor uns ein winziges Städtchen auf, plötzlich schiebt sich ein mächtiger Palast ins Blickfeld, hoch oben auf einer Anhöhe. Ein Märchenpalast mit Balustraden, Zwiebeltürmchen, Zinnen, ausladenden Dachterrassen und einer ganzen Reihe von Nebengebäuden. Der Chauffeur lenkt unseren Wagen eine geschwungene Straße hoch und macht vor einer schmiedeeisernen Pforte halt. Langsam öffnet der Türwächter das Tor: Vor uns erstreckt sich ein barocker Ziergarten mit Statuen, Springbrunnen und Wasserläufen, Zierteichen und sorgfältig geschnittenen Hecken – aber alles verdorrt, vertrocknet und verstaubt in der Dürre, die Brunnen leer, die

Teiche ausgetrocknet und über den Marmorstatuen liegt ein braunroter Schimmer von Wüstenstaub. Langsam rollt unser Wagen die Auffahrt entlang vor eines der Nebengebäude, meine Suite, wie mir der umtriebige Manager des Palastes, ein älterer Inder, bei der Begrüßung überaus höflich erklärt. Von der Terrasse der Suite kann ich weit bis zum Horizont über das Land sehen, eine dürre, trockene Gegend mit vereinzelten Feldern, Dornbüschen, Dörfern und einem halb ausgetrockneten Flussbett. Ich stehe wie benommen in der Glastür meiner Zimmerflucht. Meine Augen müssen sich nach der heißen Fahrt in der grellen Sonne erst an das Dunkel der Suite gewöhnen. Der Raum ist angenehm kühl, ich habe meine Sandalen ausgezogen und stehe barfuß auf kaltem Steinfußboden. Vor mir stehen zwei monströse Himmelbetten mit weißen Spitzendecken und eingesticktem Wappen »In God is my trust«. Über den Bettpfosten hängen nach oben umgeschlagene schwere, alte Moskitonetze. Das Bett, der Wandschrank, alle Möbel sind aus Teakholz. Fasziniert tappe ich weiter in den nächsten Raum, das Ankleidezimmer, und setze mich erschöpft von der Reise auf den Schemel vor einen Spiegelschrank, einen Schminktisch. Neben mir stehen Handtuchhalter und Garderobenständer aus Teakholz. Im nächsten Zimmer erblicke ich ein geräumiges Badezimmer mit einer alten Dusche. Es ist still. Nur von draußen höre ich die Schreie der Pfaue, die durch den Ziergarten stolzieren.

Ich genieße die wohltuende Ruhe nach all dem Lärm, dem Dreck und der Hitze in den Städten. Dies hier ist das andere Extrem Indiens, eines der letzten Relikte der Kolonialzeit. Ich frage mich, ob die Leute unten im Dorf überhaupt wissen, wie es hier im Palast aussieht. Wie krass ist die Kluft zwischen den Fürsten dieser Paläste und der Bevölkerung in der Ebene. Von hier oben nimmt man die Dörfer nur noch als Teil eines Landschaftsgemäldes wahr, denke ich.

Plötzlich schwingt die Glastür auf und ein Diener bringt mir Handtücher und ein Tablett mit Tee, Zucker und Keksen, alles in altem französischen Porzellan. Er dreht an einem Schalter und langsam setzen sich die wuchtigen Deckenventilatoren in Bewegung. Dann verbeugt er sich und sagt mit einem Blick auf das Bad, wenn ich fertig sei, würde mich der Yuvraj, der Fürst, empfangen.

Eine halbe Stunde später sitze ich auf der Hauptterrasse des Palastes und starre unter den Torbögen der Balustrade in den welken Ziergarten. In der Nähe steigen die Hänge einer Hügelkette an, verdorrt mit vereinzelten Dornbüschen, zur Jahrhundertwende noch Jagdrevier des Maharadschas. Hinter mir kann ich durch eine Glasscheibe im Palast zwei wuchtige Elefantenzähne ausmachen, zwischen denen ein massiger Gong aus Messing aufgehängt ist.

Plötzlich geht die Tür hinter mir auf und der Yuvraj, der Fürst, steht vor mir, ein eleganter Herr Mitte fünfzig, in der Landeskleidung der Männer, weiter Kaftan und große, bequeme Pumphosen, alles aus feiner weißer Baumwolle. Die Kleidung gibt einen herrlichen Kontrast ab zu seiner fast schwarzen Haut. Sein Haar ist streng zur Seite gekämmt. Seine grünen Augen leuchten wohlgefällig, aber auch neugierig. Er begrüßt mich in geschliffenem Englisch und lässt uns von seinem Dienstpersonal kalte Zitronenlimonade servieren.

»Sie wohnen wie im Märchen«, sage ich bewundernd.

»Ach, es ist ein Leben in der Vergangenheit,« entgegnet er und beginnt eine anregende Diskussion über Wirtschaft und Bevölkerungspolitik. Er hat in Cambridge studiert und promoviert, ebenso wie sein Vater, der ehemalige Maharadscha, und sein Großvater. »Die gute Ausbildung haben uns die Briten gegeben, damit wir den Mund halten«, sagt er etwas zynisch – auf die Engländer ist er nicht gut zu sprechen.

Ich habe Mühe, seinen philosophisch-politischen Exkursen standzuhalten. Schließlich war er wie viele Nachfahren der alten indischen Adelsfamilien lange Parlamentarier in Neu-Delhi. Er stellt nicht die üblichen Fragen, kommt gleich auf das Wesentliche zu sprechen und verwickelt mich in kontroverse Debatten, vor allem über Bevölkerungspolitik.

»Wissen Sie, früher haben meine Eltern und Großeltern hier auf der Terrasse gesessen und in der Dämmerung auf die Tiere gelauscht. All die Hügelketten hier waren mit dichtem Wald bedeckt und meine Vorfahren sind hier auf die Jagd gegangen. Jetzt ist alles verdorrt und abgeholzt.«

»Wir machen unser Land kaputt,« stellt er verbittert fest und deutet auf die verdorrten Felder und Hügelketten.

»Was glauben Sie, wie tief hier schon der Grundwasserspiegel gesunken ist! Und immer mehr Menschen leben hier, die Geburtenrate steigt unaufhaltsam. Alles Holz wird sinnlos abgehackt, das Land trocknet aus und der Grundwasserspiegel sinkt immer mehr. Immer tiefer graben sie jetzt, um an Wasser zu gelangen,« meint er resigniert. Die Politiker unternähmen nichts, weil es politisch nicht opportun sei. In sein Schwimmbad, das in einem anderen seiner Paläste in dieser Gegend liege, pumpe er nur noch roten Schlamm.

»Die in China machen das besser. Das gibt es eben nur ein Kind pro Familie. Aber wir haben hier Demokratie und die richtet sich immer nach den Wünschen der Wähler. Im Einparteienstaat könnten ganz andere Dinge durchgesetzt werden«, erklärt er provozierend.

Er ist besessen von der Furcht, dass Indien eines Tages an seiner Bevölkerungsexplosion ersticken werde. In der Tat hat Indien heute schon mehr als eine Milliarde Menschen und in zwanzig bis dreißig Jahren wird es voraussichtlich China als bevölkerungsreichstes Land der Erde überholt haben. Bombay, schon jetzt mit sechzehn Millionen Menschen eine der Metropolen der Welt mit den größten Slums in Asien, wird dann auf eine Größenordnung von mehr als zweiundzwanzig Millionen Menschen herangewachsen sein.

Aber auch das Land wird zunehmend zersiedelt, die Wälder abgeholzt, die Umwelt extrem belastet, und das in Landstrichen, die ohnehin seit Jahren von Dürre geplagt sind.

Es ist Mittagszeit, die Hitze ist unerträglich geworden, unsere Limonade längst ausgetrunken. Ein Diener meldet, dass das Mittagessen fertig sei. Ich folge dem Fürsten, der mich durch die Glastür und den Eingang des Palastes in den großen Saal führt. Wieder müssen sich meine Augen erst an die Dunkelheit gewöhnen. Aber dann stehe ich erschlagen in einer geradezu überwältigenden Halle. Von den Wänden starren die Jagdtrophäen der ehemaligen Maharadschas in den Saal, darunter Nashorn- und Büffelköpfe. Eine Ecke des Saales beherrscht die Trophäe eines ausgestopften Löwen. Die gesamte Halle ist ausgelegt mit alten persischen Teppichen und mehrere Sitzgruppen aus burmesischem Teakholz unterteilen sie. Zwischen den Sitzgruppen liegen mächtige Tigerfelle auf dem Boden. Früher war dies hier ein Revier der Tiger, die die Maharadschas und Engländer auf den gesellschaftlich beliebten Tigerjagden hoch auf den Elefanten aufspürten. Von der Decke der Halle hängen venezianische Kristallleuchter. Überall das Flair altehrwürdiger Pracht, als ob die englischen Kolonialherren erst gestern eine Jagdparty auf diesem Schloss verlassen hätten.

Auf einmal raschelt etwas auf der anderen Seite der Halle und ich erkenne eine große, schlanke Dame im Sari. Als mich der Yuvraj seiner Frau, der Maharani, vorstellt, schmiegt sich ein Labrador an mich, dessen Hecheln uns fortan durch den Palast folgt. Erst zeigt mir der Fürst stolz den majestätischen, silbernen Thron des Maharadschas, seines Vaters. Dann soll ich mich in das Gästebuch einschreiben. Aus den Einträgen entnehme ich, dass manchmal vereinzelte Touristen hier ein oder zwei Tage verbringen. Doch in dieser Einsamkeit kommt das eher selten vor.

Die Diener geben uns ein Zeichen und wir gehen in den anliegenden Speisesaal. Wir sitzen kaum, da geleitet einer der Diener einen sehr alten, gebeugten Herrn in den Saal. Es ist der Vater des Fürsten, der letzte Maharadscha, der den Titel noch trug, bevor dem indischen Adel seine politische Funktion und die Titel des Maharadschas abgesprochen wurde.

Ich kann es immer noch nicht fassen, dass wir hier gemeinsam mitten in der Wüste nett am Mittagstisch plaudern, uns von mehreren Dienern ein Vier-Gänge-Menü auf altem französischen Porzellan servieren lassen, aus Kristallgläsern trinken und ab und zu durch die leicht geöffneten Fenster über die Balustraden der Balkons in das Wüstenlicht blinzeln. Im Hintergrund tönt leise Musik von Schubert. Draußen kocht die Mittagshitze, in der Ecke hechelt der Labrador und wir schlürfen Suppe. Und während die Frau des Fürsten sinniert, wie sie am besten den Art déco-Gästepalast renoviert, starren mich sechs Tigerköpfe und vier Leopardenköpfe an – und das nur auf einer Seite des Speisesaals.

Dies hat kaum noch etwas mit der Realität zu tun. Ich habe das Gefühl, in einen Film der alten Kolonialzeit katapultiert worden zu sein. Selbst meine Suche nach einem Kind scheint jetzt irreal, passt nicht mehr hierhin.

»Was treibt Sie hier in diese verlassene Gegend?« Die Maharani reißt mich aus meinen Gedanken.

»Ich besuche Kinderheime, weil ich adoptieren will.«

»Ach, ja«, meint sie, aber das Thema interessiert sie nicht weiter. »Hier in der nächst größeren Stadt gibt es ein Kinderheim«, hebe ich wieder an und erzähle von meinem Besuch.

»Tatsächlich«, meint sie höflich, aber gleichgültig. Sie geht auf das Gespräch nicht ein. Ich habe sogar das Gefühl, dass es ihr unangenehm ist. Sie wechselt demonstrativ das Thema.

Der Yuvraj schweigt und die Maharani grübelt wieder über ihre Renovierung. Der Fürst sagt, dass er mir den Art déco-Palast nach dem Essen zeigen lasse.

»Dann können Sie auch das Schwimmbad sehen«, meint er und ist wieder bei den Umweltbelastungen und der Bevölkerungspolitik angelangt. Der alte Maharadscha schweigt zu allem und als der Yuvraj weiter über Indien und China philosophiert, steht die Maharani plötzlich abrupt auf und entschuldigt sich. Nach dem Essen lässt sich auch der alte Maharadscha von einem Diener aus dem Saal geleiten.

»Können Sie Klavier spielen?«, fragt mein Gastgeber unvermittelt.

»Ja,« erwidere ich überrascht.

»Dann kommen Sie mal mit«, sagt er und führt mich durch den Speisesaal und durch die große Halle in einen anderen Saal, wieder mit Perserteppichen, Teakholzmöbeln und Tigerfellen. Dieses Mal steht in der Nähe des Fensters ein Steinway-Flügel.

»Spielen Sie mal was«, ermuntert er mich und lässt sich mit einer Tasse Kaffee in einen Sessel nieder. Und so finde ich mich plötzlich mitten in der Wüste an einem Steinway-Flügel wieder und spiele Passagen von Beethoven-Sonaten. Draußen flimmert die Wüstenhitze. Wir sind in einer anderen Welt, haben nicht die geringste Berührung mit der Außenwelt, scheint mir. Wir sind genauso weit entfernt von der Armut, den Slums und den Waisenhäusern, wie ich zu Hause vor dem Kamin. Irgendwann fällt mir kein Klavierstück mehr ein und wir gehen in den Billard-Raum.

»Sie wollen ein indisches Kind adoptieren?«, fragt der Fürst nach und ich erzähle unsere Geschichte.

»Ein Mädchen oder einen Jungen?«

»Ein Mädchen. Das heißt, die Frage stellt sich eigentlich nicht. Es gibt ohnehin fast nur Mädchen zu adoptieren.«

»Ja, ja. Jungen sind bei uns so wichtig«, seufzt er und erzählt mir, wie er als junger Sohn des Maharadschas verheiratet wurde.

»Das war natürlich alles von unseren Eltern arrangiert. Es wurde ein Mädchen von unserer Kaste aus einer bestimmten Familie in einem anderen Ort ausgesucht – alles streng nach Kastenvorschrift. Ich hatte das Mädchen vor der Hochzeit nie gesehen.« Der Fürst nimmt mich in einen weiteren Raum, der wie ein Museum eingerichtet ist. Ich staune uber die Vielzahl herrlicher Textilien, Kostüme und Turbane der alten Maharadschas, alte Säbel, Dolche, Pistolen, Degen und Flaggen, Fahnen und Wappen sowie Stammbäume. Der Yuvraj zeigt mir versilberte Gehänge, mit denen Elefanten bei Prozessionen eingekleidet werden.

»Damit bin ich zu meiner Hochzeit geritten, als ältester Sohn und Erbe des Maharadschas standesgemäß auf einem Elefanten«, erzählt er, doch in seiner Stimme schwingt Verbitterung mit. Die Ehe blieb kinderlos. Und das Schlimmste – es kam kein Sohn, der einmal das Vermögen und den Palast erben würde. Die Großfamilie stand ohne Stammhalter da. Es war ein Desaster, erinnert sich der Yuvraj. Ich denke an das Schicksal der beiden schönen Schwestern vor dem Heim in Bombay.

Den Erwartungsdruck auf ihn empfand er als unerträglich und es wurde immer schlimmer. Die ganze Familie war in Aufruhr und schließlich wurde die Ehe geschieden, ein in diesen Kreisen spektakuläres Desaster.

Während sich der Fürst frustriert in die Politik stürzte, heiratete sein jüngerer Bruder und endlich wurde dessen Frau schwanger. Ein Erbe kündigte sich an und die ganze Familie atmete auf.

»Aber es war nur ein Mädchen«, seufzt der Yuvraj. »Erbrechtlich zählt das nicht. Und das Schlimmste war, dass meine Schwägerin kein weiteres Kind bekommen konnte. Damit wurde entschieden, dass ich noch einmal heiraten musste, um endlich einen Sohn und Erben zu zeugen«, gesteht er. Ich mag kaum daran denken, welch harte Auseinandersetzungen und Diskussionen es in seiner Familie damals wohl gegeben hat.

Wie stark war der Einfluss der Familie, wundere ich mich. Wie groß das Pflichtgefühl und die Verantwortung gegenüber der ganzen Familie, wenn sich ein mittlerweile erwachsener Mann das zweite Mal in seinem Leben bei der Eheschließung nach seinen Eltern richtete. Und das war kein Märchen aus ewig gestrigen Zeiten. Zu Hause hatte ich miterlebt, wie ein Nachbar, ein junger, weitgehend im Westen aufgewachsener Inder, in seine Heimat zurückgekehrt und dort der Aufforderung der Eltern nachgekommen war, einer Hochzeit einzuwilligen. »Das bin ich meinen Eltern schuldig«, hatte er betont.

So heiratete der Fürst noch einmal und dieses Mal kam der Sohn, endlich – dieses eine, so wichtige Kind. Heute wird sein Sohn in England ausgebildet und der Yuvraj bangt, dass er ein würdiger Erbe wird und die Familie vor dem Untergang bewahrt.

Es wird Spätnachmittag und der umtriebige Palast-Manager fährt mich in dem Ambassador noch zu einem Tempel in der Nähe, einer heiligen Gebetsstätte. In dem dunstigen, roten Abendlicht kommen viele Bauern aus den Dörfern herbei. Sie und ihre Frauen beten dort, devot, innig, müde von der Arbeit in der staubigen, trockenen Hitze. Der Monsun ist zwei Jahre ausgeblieben und die Ernte wird wieder spärlich sein.

Der Tempel liegt an einem verwunschenen See und der Manager und ich setzen uns unten auf die Stufen des Ghats, der Opfertreppen des Tempels. Die Hitze hat nachgelassen. Ruhe legt sich über das Wasser. Im Sonnenuntergang beobachte ich die geschmeidigen, schlanken Sari-Silhouetten der Frauen, die am Ufer Wasser in glänzende Messingkrüge schöpfen und die schweren Töpfe dann auf ihre Köpfe heben. Büffel prusten im Wasser. Vom Tempel klingt die Gebetsglocke zum See herab. Schwärme von Papageien kreisen über dem Tempel und langsam schaukeln einige Blumen in einer Opferschale über die Wellen.

»Sehen Sie die Krokodile?«, höre ich den Manager neben mir fragen.

»Wie bitte?«, erwidere ich verwirrt.

»Da. Auf dem See. Sehen Sie die nicht?«, meint er verwundert und streckt seinen Arm aus. Ich sitze wie versteinert da und starre auf das rötlich schimmernde Wasser im Abendlicht. Und plötzlich erkenne ich die auseinander laufenden, sich kräuselnden Wellenringe um die Augen und Schnauzen der Krokodile, die sich ganz langsam durch den See gleiten lassen.

Der verfluchte Schluck Wasser

Die Moskitostiche jucken immer noch. Ich sitze im Flugzeug auf dem Weg zurück nach Bombay. Unter uns zieht sich dunstig die Westküste Indiens entlang. Ich creme mir verstohlen unter dem Sitz meine Knöchel ein. An den Handgelenken haben sie mich auch erwischt und dabei hatte ich mir extra noch beim Abendessen im Palast die Ärmel meiner Tunika ganz weit über die Hände gezogen.

Das Dinner war so köstlich wie grotesk gewesen, untermalt von Beethovens Fünfter Symphonie. Ich habe die Fünfte nie an einem passenderen Ort gehört als in diesem majestätischen Palast mit den bedrohlichen Tiger-, Nashorn- und Büffelköpfen an der Wand. Aber das Essen wurde uns etwas verleidet durch die Schwärme von Moskitos, die sich auf der weißen Damasttischdecke niederließen und unsere Hände und Füße attackierten.

Ich stecke die Creme gegen den Juckreiz wieder weg und greife zur *Times of India*. Wieder einmal bleibe ich bei den Heiratsannoncen hängen. Sie sind aufgeteilt in eine Rubrik, in der die Eltern nach Bräutigamen suchen, und in eine andere, in der Eltern nach jungen Mädchen für ihre Söhne Ausschau halten.

»Eltern suchen für ihren Sohn, ausgebildet in Computer Science (IT), 26 Jahre, sportlich, gut aussehend, Vegetarier, liebt Musik und Lesen, eine junge Braut bis 24 Jahre, Kaste Brahmin, Jain oder Vaishnav, ebenfalls Vegetarierin, hübsch, helle Hautfarbe und mit Sinn für Familientraditionen. Ziel: Heirat. Bitte Bewerbung mit Foto schicken oder E-Mail.«

In langen Spalten beschreiben die Eltern dezidiert, welcher Kaste der künftige Ehepartner ihres Kindes anzugehören hat, welcher Berufsgruppe, dass er Vegetarier sein soll und häufig, dass der Bewerber oder die Braut »fair« sein soll, also hellhäutig.

Mitunter steht in den Anzeigen auch explizit »caste no bar«, was heißt, dass hier die Kastenzugehörigkeit keine Rolle spielt. In einigen Anzeigen steht auch, dass die erste Ehe des Kindes »ohne Verschulden« geschieden wurde und jetzt ein zweiter Versuch unternommen wird. Einige Eltern suchen aus dem Ausland, Singapur oder London, nach geeigneten Ehepartnern für ihre Kinder.

»Warum lesen Sie diese Anzeigen?«, höre ich plötzlich eine Stimme neben mir. Ein indischer Geschäftsmann mustert mich und fragt, woher ich komme. Er las bis jetzt selbst eine Zeitung. Er arbeite bei einer Bank, wie er mir später sagt. Ich erzähle ihm meine Geschichte.

»Ein Mädchen wollen Sie adoptieren? Ich habe eine Tochter. Für die suche ich gerade einen Mann. Einen Kandidaten hat sie schon abgelehnt«, sagt er resigniert und verzieht den Mund.

»Sie lesen also auch diese Anzeigen?«, frage ich.

»Nein, wir suchen privat, über Verwandte, Freunde, Geschäftsbekannte.« Er seufzt. »Ich habe jetzt wieder einen Kandidaten gefunden, der passt ganz gut. Er ist auch Computeringenieur wie meine Tochter. Aber ich habe noch so meine Bedenken.«

»Warum – was für Bedenken?«, frage ich neugierig.

»Meine Tochter wird ihn nicht mögen. Er ist ein wenig pummelig. Und zu dunkel.«

»Zu dunkel?«, frage ich erstaunt und denke an den Yuvraj mit seiner fast schwarzen Haut.

»Ja. Er ist so dunkel. Sie wollen doch auch keinen Schwarzen heiraten, oder?«, fragt er unwirsch. Ich weiß, dass unsere Diskussion rassistisch ist. Aber ich will mehr herausbekommen.

»Wieso, was ist denn so schlecht an dunkler Hautfarbe?«, kontere ich.

»Dunkel ist nicht schön.«

»Wieso?«

»Das verstehen Sie nicht«, erwidert er gereizt. Bin ich für ihn eine moralisierende, naive westliche Touristin? »Im Geschäftsleben ist das alles kein Problem. Aber Sie müssen mal darauf achten. Jedes gute Hotel in Bombay sorgt dafür, dass sie möglichst helle Leute an der Rezeption haben«, sagt er, macht eine hilflose Handbewegung und nimmt wieder seine Zeitung.

Ganz unrecht hat er nicht. Die großen Filmstars von *Bollywood*, Mannequins und die süßlich lächelnden Mädchen in den Werbespots im indischen Fernsehen sind alle so hell, dass sie kaum noch etwas mit dem Aussehen der Durchschnittsbevölkerung auf den Straßen Indiens zu tun haben. Mein Blick fällt auf die Stewardessen, die gerade kleine Snacks und Kaffee austeilen. Hell – allesamt, vielleicht aus Kaschmir, zumindest aber Nordindien. Und gestern hatte ich ein indisches Modemagazin in der Hand, das auf einigen Seiten dunkle Mannequins abbildete, um dies als besonders fortschrittlich anzupreisen. Die subtile Unterscheidung der Braunschattierungen – »fair« für den hellen Typ, »wheatish« für den mittelbraunen und »dark« für den dunklen – schwingt durch weite Teile der indischen Gesellschaft.

Vielleicht war es früher in Europa ebenso, als die Damen der feinen Gesellschaft nur mit Sonnenschirm und langen Handschuhen auf die Straße gingen. War bei uns dunkle Haut nicht auch lange als Zeichen körperlicher Arbeit mit Armut gleichgesetzt worden? Aber in Indien sitzt es tiefer. Viele Soziologen glauben, dass vor dreitausend Jahren Volksgruppen aus Zentralasien, so genannte Arier, bis tief auf den Subkontinent vorgedrungen sind und schnell ein soziales Gefüge errichteten, das ihre Dominanz über die einheimischen, dunkleren Volksgruppen Indiens festschrieb. Die heiligen religiösen Texte der Hindus zementierten dann mit ihrem gottgewollten Kastensystem diese Hierarchie. Und es blieb nicht aus, dass die soziale Rangfolge die

Bewertung der Hautfarbe beeinflusste. Diese Theorie erklärt zum Teil die konstante Diskriminierung gegenüber der dunkleren Hautfarbe in Indien.

Ich erinnere mich an die Schwimmerin im Pool in Delhi. Ihre Mutter musste ihr eingeschärft haben, ihren Teint nicht zu ruinieren – aus Furcht vor geringschätzigen Blicken und letztlich vor Enttäuschungen bei den Hochzeitsplänen.

Besorgt frage ich mich, wie stark die Diskriminierung gegen dunkle Menschen hier in Indien sein mag und wie sehr wir als gemischte Familie Rassismus in Europa und Amerika erleben werden. In den Vereinigten Staaten sind viele Sozialarbeiter grundsätzlich dagegen, dass weiße Eltern farbige Kinder adoptieren. Sie argumentieren, dass Weiße niemals Rassismus erlebten und daher die Kinder in diesem Punkt nicht richtig erziehen könnten, ihnen keine Hilfe anbieten könnten. Ich habe durchaus Respekt vor diesem Argument und wenn ich ehrlich bin, habe ich auch Angst, dass wir mit Rassismus konfrontiert werden und damit nicht umgehen können. Ich habe sogar furchtbare Angst, dass unser Kind seelisch verletzt werden könnte – und ich ohnmächtig daneben stehe.

Andreas und ich haben uns vorgenommen, unser Kind selbstbewusst zu erziehen, damit es mit rassistischen Angriffen umgehen kann, ohne aus dem Gleichgewicht zu geraten. Aber noch habe ich keine Ahnung, wie stark und unerwartet uns rassistische Bemerkungen treffen und wie schlecht vorbereitet wir jedes Mal sein werden, um entsprechend reagieren zu können.

Noch hoffe ich, dass unsere Gesellschaft zunehmend toleranter wird und wir es schaffen, Rassismus zu überwinden. Aber an den Bemerkungen des indischen Bankers merke ich jetzt schon, dass wir unserem Kind Einiges zumuten. Wir werden es zwingen, in einer weitgehend weißen Gesellschaft zu leben und das Kind wird letztlich mit dem Rassismus fertig werden und leben müssen – zusätzlich zu dem Trauma einer fehlenden leiblichen Mutter und eines verschwundenen Vaters. Dies sind Momente, in denen ich unsicher werde und mich frage, ob ich etwas Richtiges tue oder nur meinen eigenen Egoismus auslebe. Will ich unter allen Umständen ein Kind, ohne die Konsequenzen für das Kind zu bedenken? Ist meine verzweifelte Suche unverantwortlich? Ich hoffe so sehr, dass ich bald eine klare Antwort darauf finden werde.

Als ich in Bombay am Flughafen auf mein Gepäck warte, stehe ich neben einer Familie, und wie so oft entwickelt sich ein Gespräch durch die Fragen der Inder: »Wo kommen Sie her? Warum sind Sie hier? Wo wollen Sie hin?« Dieselben immer und immer so unbekümmert, freundlich, neugierig gestellten Fragen und ich erzähle der Mutter erneut unsere Adoptionsgeschichte.

»Unser Sohn ist adoptiert«, sagt sie und deutet auf den zehnjährigen Jungen, der mit ihrem Mann einen Koffer vom Gepäckband zerrt. »Wissen Sie, ich kann keine Kinder bekommen, und meine Schwägerin hat sechs. Da hat sie uns einfach einen Jungen abgegeben. Er gehört jetzt zu uns, ist unser Sohn«, sagt sie, als ob dieser Handel das Normalste der Welt sei. Auch ich habe schon davon gehört, dass dies unter zum Teil sehr kinderreichen und kinderlosen Verwandten in der indischen Gesellschaft durchaus üblich ist. Es ist ja auch so logisch, so einleuchtend und hilft allen, könnte man meinen. Doch ich frage mich, ob es hinterher nie zu Diskussionen und Streit kommt, wohin der Junge nun wirklich gehört?

In Bombay gehe ich wieder in mein kleines Hotel. Beim Ausladen des Gepäcks vor der Eingangstür kann ich die nahe gelegenen Slumhütten sehen. Die Hütte der Kurzgeschorenen ist leer. Auch der Junge fehlt. Nebenan vor der sauberen Hütte sitzt die Frau mit ausgestreckten Beinen auf dem Boden, einen nackten Säugling auf ihren Oberschenkeln. Langsam und rhythmisch knetet und massiert sie das Baby, dessen Haut noch seidig von Massageöl glänzt. Neben der Frau hockt die wohl junge Mutter des Babys. Die Frauen unterhalten sich, während die Hände der Masseurin ruhig und gleichmäßig den Körper des Kindes bearbeiten. Der Säugling schreit nicht, sondern lässt die Massage ruhig über sich ergehen. Der Sohn der Masseurin sitzt im Eingang ihrer Hütte und schiebt sich die letzten Bissen Reis mit der Hand in den Mund. Drüben unter dem Baum wartet immer noch der verwahrloste Alte, reglos, hoffnungslos, im Leben erstarrt, in derselben Position wie immer. Die Reihe der Slumhütten ist etwas näher an ihn heran gekrochen. Ein neuer Verschlag hat sich in den verbliebenen winzigen Zwischenraum zum Baum gequetscht.

Oben in meinem kleinen Zimmer werfe ich mich auf mein Bett, müde, erschöpft und etwas resigniert. Zwei Wochen bin ich jetzt kreuz und quer durch Indien gereist. Nachdem ich all die Kinder in den Heimen gesehen habe und die Armut hier, bin ich nur noch mehr von meinem Vorhaben überzeugt, auf jeden Fall adoptieren zu wollen. Aber ich möchte es legal, korrekt, sauber. Und ich möchte nur ein Kind, das anders keine Chance hat.

Mir ist nach all den Heimbesuchen klar, dass wir – wenn überhaupt – einmal ein Mädchen bekommen werden. Ich habe auf meiner Reise nicht ein einziges Heim gesehen, das einen Jungen für die Auslandsadoption vorgesehen hatte. Das scheint also eher die Ausnahme zu sein. Und es ist ebenfalls ganz offensichtlich, dass weitgehend nur kranke Kinder in die Auslandsadoption kommen. Aber das beruhigt mich schon fast. Wir könnten dann umso sicherer sein, dass das Kind anders keine Chance hätte.

Ich habe nach all den Briefen und der Reiserei jetzt nur noch die Hoffnung, dass das Heim der katholischen Nonnen sich durchringt, uns ein Kind anzuvertrauen. Sonst bleiben uns nur noch die Wartelisten und zwei bis drei Jahre Geduld. Ich bin endlos frustriert bei diesem Gedanken und knipse mit der Fernbedienung den Fernseher an. Fast auf allen Kanälen laufen indische Bollywood-Filme oder Talkshows und Nachrichten auf Hindi, Marathi oder Urdu, was ich nicht verstehe.

Ich wechsle gelangweilt die Kanäle und bleibe bei einem Modesender hängen. Er ist mir schon in den letzten Tagen aufgefallen. Vierundzwanzig Stunden sendet er nur glamouröse Shows vom Laufsteg. Klapperdürre Mannequins, die knapp bekleidet über die Bretter dieser Welt wanken, Bauchnabel frei, tanzende Brüste unter durchscheinenden Tops und die Röcke so kurz, dass die Popos mehr als nur zu ahnen sind. Ich frage mich, wer das hier wohl ansieht. Frauen, die in Indien tunlichst darauf achten, dass man unter dem Sari höchstens den Bauchnabel, nie aber mehr, noch nicht einmal die Achselhöhlen sieht? Oder Männer, die es bereits als ordinär empfinden, wenn Frauen ihre Oberarme, Schultern und Beine zeigen? Oder sind es die Jugendlichen, die ganz fortschrittlich Jeans und T-Shirt anziehen, nach der von ihren Eltern arrangierten Hochzeit aber nur noch Salwar Kameez und Sari tragen?

Es wird Abend. Draußen hört man, wie ein Asthmatiker nach Luft ringt.

Ich bin noch frustrierter, schalte den Fernseher aus und beschließe ins Bett zu gehen. Doch als ich meine Zähne putzen will, fällt mir auf, dass ich keine Flasche Mineralwasser mehr habe. Ich putze meine Zähne in Indien immer nur mit Wasser aus der Flasche. Es ist sicherer. Doch meine letzte Flasche ist leer und ich habe keine Lust mehr, noch einmal runter zur Rezeption zu gehen. Ich will meine Ruhe haben.

Also hole ich die glänzende Thermoskanne aus dem Zimmer und gehe zum Waschbecken meines Badezimmers. Ich zögere. Die Kanne gehört zur Grundausstattung eines jeden Hotelzimmers und enthält Trinkwasser für die Gäste. Aber ich weiß nicht, ob es frisch ist. Normalerweise rühre ich diese Kannen in indischen Hotels nicht an. Aber ich bin zu müde und übel gelaunt. Einmal Mundausspülen wird schon nicht so schlimm sein, denke ich und gieße das Wasser in ein Glas. Ich putze meine Zähne, nehme einen Schluck, spüle meinen Mund und gehe ins Bett. Ein ganzes Jahr lang werde ich diesen Moment und diesen Schluck Wasser verfluchen.

Krishnas Volk

Am nächsten Morgen werde ich von hämmernden Kopfschmerzen geweckt. Es ist schon sehr hell in meinem Zimmer, offenbar spät. Ich setze mich auf und sinke sofort wieder zurück. Meine Glieder schmerzen und eine lähmende Erschöpfung wirft mich zurück auf das Bett. Plötzlich empfinde ich die schwüle Hitze hier in Bombay als unerträglich. Beim nächsten Aufsetzen breche ich in kalten Schweiß aus. Mein Schädel brummt und ich schaffe es nur mühsam zur Toilette. Durchfall. Ich bekomme fast Schüttelfrost auf der Toilette, verfluche den Schluck aus der Thermoskanne und ärgere mich über die Moskitos, die gnadenlos um mich herumsurren. Ich ärgere mich über alles, darüber, dass ich immer nur eine winzige kleine Rolle Toilettenpapier vom Hotel bekomme und darüber, dass ich überhaupt in diesem kleinen Loch in dieser Hitze herumhänge, den Zügen zuhöre und einfach nicht weiterkomme.

Ich brauche lange, um mich anzuziehen, aber nach einer Kopfschmerztablette und dem würzigen Tee geht es etwas besser. Ich habe keinen Appetit, mir ist eher übel. Ich beschließe, heute nichts zu essen, und schlucke ein Mittel gegen Durchfall. Schade, dass ich mich gerade heute so schlapp fühle, denn die Hindus feiern Krishnas Geburtstag, ein wildes Spektakel, das ich mir in Colaba, einem südlichen Stadtviertel Bombays gern ansehen möchte.

Mühsam verlasse ich das Hotel. Es ist eine Tortur, die staubige, lärmende kleine Straße entlangzugehen. Jetzt erst geht mir der Gestank der Fäkalien auf die Nerven. Die Leute aus den Slumhütten verrichten ihre Notdurft im Rinnstein, da es keine öffentlichen Toiletten gibt. Und der Lärm der Autorikschas, der Züge und Ansagen über Lautsprecher dröhnt in meinem Kopf.

Dann bleibe ich perplex stehen. Der verwahrloste Mann unter dem Baum liest die *Times of India*. Ich traue meinen Augen nicht. Er sitzt da mit übereinander geschlagenen Beinen, sein Gesicht konzentriert in die Seiten der *Times* vertieft. Er hat die Zeitung fachmännisch gefaltet, so wie ich es bei den Bankern in der Londoner U-Bahn immer gesehen habe. Es liest interessiert und blättert routiniert die nächste Seite um. Ich gehe ungläubig an ihm vorbei. Was haben diese Menschen alles erlebt, bevor sie hier auf der Straße gelandet sind? Was hat sie in dieses Elend getrieben? Man muss sehr vorsichtig sein mit seinen Urteilen, denke ich.

Ich beschließe, wieder mit dem Zug nach Colaba zu fahren und zu fotografieren. In den Straßen begrüßt mich schon von weitem der ohrenbetäubende Lärm wilder Trommeln, Lautsprecheransagen und Gejohle. Ich schiebe mich durch das Menschengedränge, werde unsanft angerempelt, halte meine Kamera fest und ergattere schließlich einen Platz, von dem aus ich das Spektakel verfolgen kann.

Wenige Meter entfernt ist die Hütte, vor der ich in den Schlamm getreten bin und wo mir der kleine Junge die Dose mit Wasser zum Waschen gebracht hat. Dieses Mal jedoch stehen die Menschen dicht gedrängt in den Eingängen, auf den Straßen und an allen Fenstern und Balkonen der Blocks. Erst kann ich in dem Gewühl nicht ausmachen, was eigentlich los ist. Ich erkenne nur eine Gruppe von fast dreißig jungen Männern, alle in roten T-Shirts, die wild gestikulieren und sich plötzlich dicht aneinander drängen. Sie stehen mit den Köpfen zueinander, umklammern sich an den Schultern und blitzschnell steigen mehrere andere junge Männer auf die Schultern der ersten Gruppe. Auch sie klammern sich aneinander, senken die Köpfe und schon klettern drei weitere Jungen flink auf die Schultern ihrer Vorgänger. Die

Menge johlt und schreit und feuert die Jungen an. Hoch über ihnen ist ein Seil über die Straße gespannt, zwischen die Dächer der Häuser. Ein Tonkrug baumelt am Seil, zwischen Blumengirlanden und Fähnchen. Ein junger Mann schafft es, sicher auf dem Rücken der drei Mitglieder seines Teams zum Stehen zu kommen, und schon zieht sich ein weiterer Junge blitzschnell an den Rücken und Schultern der Pyramide hoch. Die Pyramide wankt und wackelt gefährlich, als er sich gelenkig auf die Schultern des obersten Mannes schwingt und das Seil mit beiden Händen ergreift. Schon droht die schwankende Pyramide einzubrechen, der oberste Junge kann kaum noch das Gleichgewicht halten. Da schlägt er mit Wucht seine Stirn gegen das Tongefäß. Safranrotes Wasser und Reis schießen über seinen Kopf, spritzen über die Schultern der Männer und die Straße tobt vor Vergnügen.

Ich hebe gerade meine Kamera, da schießt mir ein Schwall kalten Wassers ins Gesicht. Ich bin klatschnass und bevor ich begreife, was geschehen ist, ziehen mich zwei Frauen in bunten Saris lachend unter eine Plastikplane. Erst als mein Blick ihren ausgestreckten Zeigefingern folgt, erkenne ich, dass sich die Frauen auf den Balkonen und an den Fenstern einen Spaß daraus machen, mit Wasser gefüllte Plastiktüten auf die Menschenmenge zu werfen. Vor allem haben sie es auf die Männer abgesehen, die sich schon wieder aneinander klammern, um sich unter dem nächsten Topf zu einer neuen Pyramide zu formieren.

Die ganze Straße tanzt zu den Trommelwirbeln und dem Gejohle. Die jungen Frauen ziehen mich mit und so folgen wir dem Tross der Roten, einer Horde von draufgängerischen jungen Männern, die schweißgebadet, nassgespritzt und schlammverschmiert zum nächsten Krug ziehen. Das ausgelassene Treiben soll an Krishnas Kindheit erinnern. Heute ist es eine Lieblingsgeschichte indischer Kinder: Krishnas Mutter spielte einst mit ihrem Sohn, erinnerte sich aber plötzlich an die überkochende Milch in der Küche und ließ den kleinen, hungrigen Krishna sitzen. Der machte sich gekränkt an den Krug mit frischer Butter, den seine Mutter zuvor bearbeitet hatte, naschte von der Butter und zerbrach dabei den Krug. Krishna lief schnell davon, als er seine Mutter hörte. Später bestrafte sie den kleinen Schelm aber dennoch.

Ganz Colaba ist im Krishna-Taumel. Ich bewundere den Zusammenhalt der Teams. Sie haben nur eine Chance, den Krug zu zerschmettern: wenn alle Männer die Pyramide aufbauen, keiner aufgibt, wankt oder das Gleichgewicht verliert. Es kommt auf jeden Einzelnen in der Gruppe und dessen Disziplin an.

Die Roten sind mittlerweile ein Trupp von fast vierzig Männern und Jungen und bereits das dritte Mal versuchen sie, eine Pyramide zu errichten, schwankend, zitternd, klatschnass und wieder von Wasserbomben aus den oberen Stockwerken der umliegenden Häuser malträtiert. Dieses Mal hängen drei Krüge am Seil, ein verlockendes Ziel. Schon steht der untere Sockel der Pyramide von fast dreißig Männern. Sechs Männer balancieren auf deren Schultern und drei weitere klammern sich darüber aneinander. Schnell hangelt sich einer der jungen Roten in die Höhe und dieses Mal darf einer der besonders geschickten Jungen die Spitze bilden. Er zieht sich behände und kräftig an den Rücken und Schultern seines Teams hoch, balanciert kurze Zeit auf den Schultern des obersten Mannes und ergreift mit beiden Händen das Seil.

In diesem Moment verlieren die Männer das Gleichgewicht und die Pyramide bricht zusammen. Doch der Junge hängt bereits mit beiden Händen am Seil, mindestens acht Meter über der Straße. Die Menschenmenge hört auf zu johlen, denn dies hier ist nicht ungefährlich. Der Junge darf nicht fallen, dafür hängt er zu hoch, etwa auf der Höhe des dritten Stockwerks umliegender Häuser. Während sich die Männer unten wieder zu einer Pyramide zusammenschieben, zerschlägt der Junge oben am Seil mit der Stirn den ersten Krug und die rote Brühe schießt über seinen Kopf und seine Schultern. Er hält sich noch immer am Seil fest und hangelt sich jetzt sogar gelenkig zum zweiten Krug. Unter ihm ist die Pyramide wieder zusammengefallen, die Männer kommen immer wieder aus dem Gleichgewicht.

In diesem Moment zerschlägt der Junge den zweiten Krug mit der Stirn und wieder ergießt sich rote Reisbrühe über seine Schultern. Noch einmal versuchen die Männer unten den Sockel einer Pyramide zu bilden. Aber sie schaffen es nicht, die Pyramide in die Höhe zu schieben. Vielleicht versuchen sie es zu hastig, wo doch der Junge oben am Seil hängt und sich kaum noch halten kann. Einige Männer rufen dem Jungen zu, er solle durchhalten. Dieser hangelt sich zu meinem Erstaunen selbst noch bis zum dritten Krug und zerschmettert auch diesen. Wieder schießt ihm die Brühe ins Gesicht, über die Schultern und den Rücken. Dann aber hängt er oben am Seil, erschöpft, klatschnass. Die Männer unten schreien, rufen, gestikulieren. Sie bringen keine Pyramide mehr zustande, die Situation wird brenzlig. Doch plötzlich strecken alle Männer auf der Straße ihre Hände in die Höhe, fast vierzig Männer, achtzig Hände wie ein Teppich unter dem Seil. Und im selben Moment lässt sich der Junge fallen, rücklings, rudert mit den Armen und Beinen in der Luft – und landet mitten in einem Meer aus Händen, die ihn abfedern und wieder auf die Füße stellen. Das Gejohle und Getrommel ist ohrenbetäubend und die Ausgelassenheit über den Triumph ein feuriges temperamentvolles Spektakel.

Begeistert drängen sich die Männer vor meine Kamera: In Siegerpose, ausgelassen, verschwitzt, aber strahlend, johlend, draufgängerisch, den roten Reis im nassen Haar, die roten T-Shirts kleben an den Körpern und ihre Füße sind schlammverschmiert.

Ich sehe in die begeisterten Gesichter der fröhlichen Männer und denke plötzlich an die Adoption. Was nehmen wir einem Kind, einem Mädchen, das wir von hier adoptieren und aus seiner Kultur herausreißen? Es wird nicht hier aufwachsen, all dies nicht miterleben. Wie viel enthalten wir ihr vor? Wie viele Feste, wie viel verträumtes Schlendern auf den farbenprächtigen Basaren, wie viel Musik, Klänge, Blicke, Lächeln und Wärme der Menschen hier? Ich nehme sie fort von den feurigen Feiern, der Farbenpracht, der Mystik der Tempel, fort vom Glauben ihrer Mutter, ihrer Kultur, bringe sie fort aus dem immerwarmen Klima, fort von so vielem, was ich an Indien liebe – und weswegen ich wieder und wieder hierher reise. Und das Gravierendste, ich nehme sie fort von den sie umgebenden Menschen, fort von indischen Freundinnen und Freunden, Lehrern, Arbeitskollegen und den indischen Männern ihrer Zukunft.

Was kann ich ihr davon erhalten? Ich nehme mir vor, unserem Kind so viel von seiner Kultur nahe zu bringen, wie irgend möglich. Wir werden zu Hause viel indische Musik hören und zu indischen Musik- und Tanzveranstaltungen gehen, indische Videos sehen und Currys essen. Ich kann Kinderbücher mit indischen Märchen, den Geschichten des Ramayama, aus dem Leben Krishnas und andere Mythen vorlesen. Wir werden indische Tempel besuchen und das Kind kann Hindi-Unterricht nehmen. Aber alles wird nur ein lauwarmer Hauch, ein leiser Abklatsch dessen sein, was die wahre Tiefe Indiens bieten könnte.

Kleine Indira

Nur noch wenige Meter und ich stehe vor dem Tor des Heims. Letzte Chance, sage ich mir. Immerhin hatte die Schwester ja gesagt, ich solle wiederkommen. Vielleicht kann ich wenigstens mit ihr übereinkommen, dass ich von hier adoptieren darf und es nicht so lange dauert.

Das Tor steht etwas offen und so trete ich ein. Sofort übertönt das Geschrei der Kinder aus den Gitterfenstern den Lärm der Straße. Mitten im Hof steht ein alter Lastwagen, auf den mehrere Schwestern und Frauen mit Hilfe einiger Männer große Kanister aus einem Lagerraum heben. Oben auf der Ladefläche stapelt der kräftige Pförtner die Kanister sorgfältig aufeinander. Eine der Nonnen, Schwester Maria, erkennt mich und winkt mich freudig heran. Sie stellt mich der Oberin des Heimes, Schwester Alissa vor, die die Verladung der Kanister beaufsichtigt.

»Das ist alles für Gujarat«, sagt Schwester Alissa und schüttelt mir die Hand. Ein Unternehmer habe Milchpulver gespendet. Sie deutet mit einem Blick durch ihre dicken Brillengläser auf den Lagerraum, in dem ich bis an die Decke aufgestapelte Kanister erkenne. Die Schwestern packen auch noch prall gefüllte Säcke mit Altkleidern auf den Laster. Der Sattelschlepper soll heute noch in das Erdbebengebiet von Gujarat fahren, sagt Schwester Alissa, und ich erinnere mich an die Zeitungsberichte über das fatale Erdbeben im Februar. Gewaltige Erdstöße von der Stärke 7,8 auf der Richterskala hatten weite Landstriche im Norden des indischen Bundesstaates Gujarat zerstört. Fast zwanzigtausend Tote gab es. Gujarat ist einer der ärmsten Landstriche Indiens. Die oft unkoordinierte Unterstützung der Armee und der Hilfsorganisationen hatte die Bevölkerung dort lange allein ihrem Schicksal überlassen.

»Wir haben mehrere Lager aufgebaut und helfen vor Ort«, berichtet Schwester Maria.

»Ach natürlich. Es wird dort sicher viele Waisenkinder geben und viele Adoptionen«, sage ich. Aber das ist naiv.

»Waisenkinder – ja. Aber keine Adoptionen. Die schriftliche Einwilligung der Mutter fehlt doch«, klärt mich die junge Nonne auf. »Wir sorgen für medizinische Hilfe und ein Lager für die Obdachlosen.«

Dann deutet sie mir an, im Büro zu warten. Sie will Schwester Lena holen.

Ich sitze auf dem Sofa und starre auf das Bild des Papstes, auf ein Kruzifix und lausche dem Geschrei der Babys. Ob ich einmal von hier adoptieren werde? Nach meinem letzten Besuch hoffe ich das so sehr.

Da tritt Schwester Lena ein, begrüßt mich weniger herzlich als das letzte Mal und setzt sich. Sie ist schon älter und auch ihr macht die Hitze offenbar zu schaffen. Mir geht es nach dem Durchfallmittel wieder halbwegs besser.

»Sind hatten also woanders kein Glück?«, fragt sie und schaut auf die Kopie des Briefes von unserer Sozialbehörde.

»Nein. Überall gibt es lange Wartelisten«, gebe ich kleinlaut zu.

»Wissen Sie, wir haben hier auch nicht so viele Kinder zu vergeben«, sagt sie unvermittelt barsch.

»Nein, ich weiß«, sage ich und mein Mut sinkt. Ich hatte so gehofft, dass ihr Gespräch mit Kalkutta vielleicht etwas gebracht hätte, wir vielleicht eine Chance gehabt hätten.

»Welche Hautfarbe soll das Kind denn haben?«, fragt sie plötzlich und mustert mich skeptisch. Ich starre sie an. Ich brauche einen Moment, um mich zu sammeln, um die Situation zu begreifen.

»Das ist egal«, stammle ich. »Völlig egal. Wir adoptieren auch ein Kind mit dunkler Hautfarbe«, setze ich nach.

Überlegt Sie etwa doch? Sie scheint erleichtert und schaut etwas freundlicher.

»Würden Sie auch ein krankes Kind adoptieren?«, fragt sie und sieht mich prüfend an. Mein Herz schlägt plötzlich bis zum Hals. Ich kann es kaum glauben.

»Ja. Ja natürlich«, sage ich. Ein krankes Kind also, schießt es mir durch den Kopf. Ich bekomme etwas Angst. Auf der anderen Seite ist es ja genau das, was wir wollten. Wir wussten doch, dass vor allem kranke Kinder in die Auslandsadoption gehen. »Wenn es nicht behindert ist«, füge ich vorsichtig hinzu.

»Nein, nein«, sagt die Schwester, schaut wieder auf den Brief und denkt nach. Sie zögert und mustert mich. Mein Herz schlägt so schnell, dass ich es fast in den Ohren höre. Ich überlege fieberhaft, was ich zu welcher Krankheit sagen soll. Meine Gedanken überschlagen sich.

»Würden Sie auch ein Kind adoptieren, das Probleme mit den Augen hat? Ein Kind, das schielt und an den Augen operiert werden muss?« Sie schaut mich fast hoffnungsvoll an.

»Ja, ja natürlich«, sage ich erleichtert. Also Probleme mit den Augen, denke ich. Nicht die Beine, nicht der Bauch, nicht gelähmt, kein Loch im Rücken, keine Behinderung, sondern Schielen und Augenoperationen. »Aber das Kind ist nicht geistig behindert?«, frage ich ängstlich nach. Ob die Schwestern ehrlich sind?

»Nein, nein«, winkt sie ab. »Nicht behindert. Sie schielt nur und kann nicht richtig fokussieren«, erklärt sie, deutet auf ihre Augen und macht das Schielen nach. »Und sie ist dunkel. Aber sie ist frei für die internationale Adoption. Sie ist zehn Monate alt«, betont sie und schaut mich wieder prüfend an. Ein Mädchen, schießt es mir durch den Kopf. Eine heiße Welle von Vorfreude ergreift mich und ich werde rot.

Ich bin völlig durcheinander und starre sie an. Bloß jetzt nichts Falsches sagen, denke ich.

»Also würden Sie so ein Kind adoptieren? Soll ich sie holen?«, fragt mich Schwester Lena und will ganz offenbar wissen, wie ernst es mir ist.

»Ja, ja natürlich«, sage ich, und ich bin so aufgeregt, dass ich kaum einen klaren Gedanken fassen kann. Die Schwester steht langsam auf.

»Also gut«, sagt sie und schaut mich ernst an. »Ich hole sie, ja?«

»Ja, ja, bitte«, stammle ich. Und schon verschwindet sie in den Gang, aus dem das Babygeplärre kommt.

Mir schlägt mein Herz bis zum Hals und ich beiße mir auf die Lippen. Das Kind, mit dem die Schwester gleich über die Türschwelle treten wird, ist meine Tochter, hämmert es in meinem Kopf. Es gibt kein Zurück mehr. Wir wollen adoptieren, wir suchen ein Kind und sind bereit, ein krankes Kind zu nehmen. Und hier bietet mir jemand genau so ein Kind an. Welchen Grund soll es da geben, Nein zu sagen? Dass mir vielleicht die Nasenspitze nicht gefällt? Äußerlichkeiten? Nein, ausgeschlossen. Das kann ich weder dem Kind, noch der Schwester antun – und wie sollte ich das vor mir rechtfertigen? Jetzt muss ich konsequent sein, sage ich mir. Dieses Kind wird meine Tochter werden. Was aber, wenn sie hässlich ist, schießt es mir durch den Kopf. Was, wenn ich sie gar nicht mag? Ich hocke ohnmächtig und aufgeregt und verwirrt auf dem Sofa.

Und da steht sie in der Tür. Die korpulente Schwester mit einem kleinen Häuflein auf dem Arm. Ich sehe zunächst nur rosa Tüll- und Rüschenkleid und den schwarzen Haarschopf.

»Indira«, sagt Schwester Lena und strahlt mich erwartungsvoll an.

In dem Moment dreht die Kleine ihr Gesicht in meine Richtung. Ein kleines, feines, aber auch ängstliches Gesichtchen. Eine winzige Nase und sehr fein geschwungene Lippen. Sie ist gar nicht hässlich, fast anmutig zierlich – ich bin erleichtert. Ihre schwarzen Augen suchen unsicher den Raum ab. Ich merke sofort, dass sie nicht richtig sehen kann und ihre Augen keinen Halt finden. Wieder bekomme ich Angst, dass sie vielleicht blind ist oder doch ernstere Augenprobleme hat. Die Kleine ist verwirrt und klammert sich ängstlich an die Schwester.

Ich stehe langsam auf.

»Nein, bleiben Sie sitzen. Ich gebe sie Ihnen«, sagt die Schwester. Sie trägt Indira zu mir und setzt mir die Kleine sanft auf den Schoß. Ich bin überrascht, wie leicht sie ist, wie fein und klein ihre Händchen sind. Indira schaut weg und ich habe Angst, zumal mich die Schwester scharf mustert. Ich finde mich selbst ungelenk, als ich Indira festhalte.

»Sie braucht ein wenig Zeit«, sagt die Schwester. Mich überwältigt das Gefühl, dass dies mein Kind sein soll, ich bin gerührt und mütterlich zu ihr, küsse sie lange auf die Stirn und summe dabei leise. Indira sitzt still und genießt meine Küsse und schaut das erste Mal in meine Richtung.

Zielsicher greift die Kleine plötzlich mit einem Händchen an meine Kette. Sie ist nicht blind, schießt es mir erleichternd durch den Kopf. Ich plappere auf sie ein, dass ich auch eine Brille trage und sie vielleicht auch mal eine tragen muss und wir dann eben alle in der Familie eine Brille tragen. Mein Geschwätz scheint sie aufzuheitern. Ich bin so entspannt, rede drauf los, sogar über Adoption und lache, und da lacht Indira auch und ich entdecke, dass sie im Unterkiefer zwei kleine Zähnchen bekommt. Indira bohrt ihre Finger in die winzigen Spiegelchen, die in meinen Salwar Kameez eingewebt sind. Ich weiß, dass sie sehen kann. Ich sehe deutlich, wie sie schielt. Aber ich bin optimistisch, dass man das vielleicht operieren kann.

Ich beobachte sie verwundert, ihre feinen schwarzen Haare, die sanft geschwungenen Augenbrauen und langen Wimpern, die leichten schwarzen Härchen an ihrem Haaransatz, auf ihrer dunklen, braunen Haut. Die rosa Handinnenflächen. Sie hat große, ungleich abstehende Ohren, fällt mir auf. Plötzlich schießen mir die Tränen in die Augen und Rührung überkommt mich. Ich habe so lange auf diesen Moment gewartet. Ich wische mir die Tränen weg.

»Sie brauchen Zeit. Nehmen Sie sich beide Zeit«, höre ich die Schwester sagen. Sie lächelt und scheint erleichtert, ist jetzt viel freundlicher. Vielleicht hatte sie befürchtet, dass ich als Frau aus dem Westen mal wieder nur das perfekte Kind suche.

Ich streichle der Kleinen übers Haar. Sie hat große kahle Stellen auf dem Kopf, vielleicht, weil sie so viel im Bettchen liegen muss und nicht rauskommt. Plötzlich denke ich wieder an die so langen Reihen der Gitterbettchen und ich schwöre mir, dass dies meine Tochter ist und wir sie adoptieren und dafür kämpfen werden, egal was das nach sich zieht. Was immer mit ihren Augen ist, wir werden es herausbekommen und ihr helfen.

»Und? Nehmen Sie sie?«, fragt mich Schwester Lena. »Sie ist gesund. Sie hat nur das Augenproblem, einige Muttermale, die ungleichen Ohren und sie ist dunkel. Das sind die Gründe in den Papieren für die Auslandsadoption.«

Ich bin aufgeregt, habe Angst. Ich will Indira adoptieren, aber weiß praktisch nichts über sie.

»Wo kommt sie her? Wissen Sie etwas über ihre Eltern?«, will ich wissen.

»Nein. Ihre Mutter hat sie abgegeben – ein uneheliches Kind. Ihre Mutter war jung. Wir wissen nichts über die Familie. Nichts über die Schwangerschaft. Nichts über den Vater,« sagt Schwester Lena. »Das, was wir wissen, ist wenig, und das sage ich Ihnen später, wenn Sie Indira bekommen. Sie erhalten einen medizinischen Bericht von unserem Arzt. Sie ist gesund.«

Ich stehe auf und halte Indira fest in meinen Armen. Eigentlich ist es ein unglaubliches Risiko, ein Kind zu adoptieren, ohne irgendetwas aus seinem Leben zu wissen. Es kommt mir waghalsig vor. Ich weiß nichts über Erbkrankheiten, nichts über Komplikationen in der Schwangerschaft, nichts über die Mutter, nichts über die Geburt, wenig über das Leben danach – zehn Monate grauer Schleier über einem Kinderleben. Aber es ist mir in diesem Augenblick egal. Ich will Indira helfen und ich weiß, dass ich ohnehin keine andere Wahl habe.

Ich finde Indira süß. Wird sie hübsch? Ich weiß es nicht. Sie hat eine hübsche, hohe, gewölbte Stirn, wunderschöne Augen, einen zart geschwungenen Mund, aber auch die ungleich geformten abstehenden Ohren, schütteres Haar und einen irgendwie nicht ganz runden Hinterkopf. Vielleicht, weil sie so viel liegt. Ich habe keine Vorstellung, wie sie einmal aussehen wird. Ich weiß nichts über ihren Charakter. Ich habe nur das kleine Häufchen Elend auf meinem Arm und die Tatsache, dass dieses keine Eltern auf der Welt hat.

»Nehmen Sie Indira?,« höre ich die Schwester wieder fragen. Sie macht keinen Hehl daraus, dass sie mir Indira anbietet und kein anderes Kind, dass ich also keine Wahl habe. Und ich bin ihr dankbar dafür.

»Ja«, sage ich mit fester Stimme und nicke. »Ja, ich nehme sie. Ich kann meinem Mann natürlich nicht vorgreifen. Der muss selbstverständlich zustimmen. Aber ich glaube, das geht in Ordnung. Können wir sie fotografieren?«, frage ich und denke an Andreas, der gerade auf einer Geschäftsreise ist. Ich habe plötzlich furchtbare Angst, dass Andreas Indira ablehnen könnte, sie aus irgendeinem Grund nicht will, dass er sich von mir überrumpelt fühlt. Er konnte mich auf dieser Reise leider nicht begleiten, versteht vielleicht nicht ganz, wie schwer es ist, überhaupt ein Kind zu bekommen.

Schwester Lena und ich treten mit Indira hinaus in den Hof. Der Laster ist mittlerweile auf die Straße gerollt und das Tor wird gerade geschlossen. Die Hitze draußen auf dem Hof ist überwältigend und das Sonnenlicht blendet Indira sofort. Sie blinzelt auf meinem Arm, zuckt, als ob ihr das grelle Licht in den Augen schmerze, und beginnt zu schluchzen. Ich reiche Indira wieder Schwester Lena und sofort beruhigt sie sich, vergräbt ihr Gesichtchen in dem weißen Leinensari der Schwester. Ich bin erleichtert, dass Schwester Lena sich mit ihr fotografieren lässt. Indira auf dem Arm von Schwester Lena.

»Wir bringen sie jetzt wieder zurück. Sie können mitkommen. Dann sehen Sie, wo Indira liegt«, sagt Schwester Lena und ich folge ihr zurück ins Heim, in den Saal der Kinder zwischen drei und zehn Monaten. Und irgendwo, an einem winzigen Bettchen in einer Doppelreihe von Gitterbetten, bleibt die Schwester stehen und legt Indira wieder zurück. Sie fängt sofort an, bitterlich zu weinen, schiebt sich die Faust in den Mund und schluchzt. Mir schießen die Tränen in die Augen. Ich würde sie am liebsten wieder hochnehmen. Aber wir müssen gehen. Wenn wir stehen bleiben, wird es nur schlimmer. Ich drehe mich um und höre sie hinter mir weinen, nicht wütend, nicht trotzig – einfach nur ein tieftrauriges, einsames Weinen. Es ist das traurigste Kinderweinen, das ich je gehört habe – es ist das Weinen meiner Tochter.

Während wir uns von dem Bettchen entfernen, drehe ich mich um und sehe, wie sich Indira auf die Knie rollt und anfängt mit dem Körper zu schaukeln, rhythmisch, monoton. Mich überfällt Panik. Ich starre auf die langen Reihen der Gitterbetten, die schreienden Babys, die dunklen, vergitterten, mit Fliegengittern geschützten Fenster und plötzlich erscheint mir die schleppende Bürokratie unseres Adoptionsprozesses unerträglich langwierig und zermürbend. Die Schwester scheint meine Gedanken zu erahnen.

»Sehen Sie zu, dass Ihre Papiere schnell fertig werden und ankommen«, drängt sie, als wir wieder in dem kleinen Büro sind. »Dann erhalten Sie die Papiere von Indira und den medizinischen Bericht. Das brauchen Sie alles für den Notar. Sie müssen sämtliche Unterlagen vor dem Notar unterschreiben. Danach schicken Sie alles an uns zurück und die Papiere gehen von uns aus zum Ministerium nach Neu-Delhi und dann zum Gerichtshof«, erklärt mir die Schwester.

»Wie lange dauert das alles?«, frage ich beunruhigt. Ich erinnere mich an die letzten Monate, in denen ich Bücher über Adoptionen gelesen habe. Bücher von Eltern, aber auch von Ärzten, Fachleuten der Kinderpsychiatrie und Entwicklungspsychologen. Eine von allen anerkannte Tatsache ist: Je länger ein Kind im Heim war, desto größer ist die Gefahr, dass sein Verhalten und seine Entwicklung darunter gelitten hatten. Manche Wissenschaftler glauben sogar, dass es bereits ein einschneidendes Trauma für ein Kind ist, nach der Geburt von seiner Mutter getrennt zu werden – abgesehen von den Auswirkungen einer unglücklichen Schwangerschaft.

Die meisten Wissenschaftler und Ärzte sind überzeugt, dass ein Säugling mit sehr großer Wahrscheinlichkeit Verhaltensauffälligkeiten zeigt, wenn er nach den ersten Lebensmonaten immer noch im Heim verbleibt. Je länger die Heimzeit andauert, desto traumatischer für das Kind und desto mehr wird sein Verhalten von den oft traurigen Erfahrungen und Defiziten im Heim geprägt.

Ich erinnere mich daran, dass ich nach der Lektüre all dieser Bücher entschieden hatte, kein Baby zu adoptieren, das älter als sechs Monate war. Ich hatte in der Literatur beängstigende Berichte gelesen von Kindern, die zunächst gar nicht in der Lage waren, sich in ein normales Familienleben zu integrieren und Jahre brauchten, bis sie die Folgen ihrer traumatischen Erlebnisse verarbeitet hatten – manche schafften das nie. Dies war vor allem der Fall, wenn die Kinder in ihrer frühesten Lebensspanne mehrmals die Heime und Bezugspersonen gewechselt hatten und von mehreren Personen gepflegt wurden, eine enge Beziehung zu einer Einzelperson also nicht aufbauen konnten. Ein Kind erfährt die Welt eben über eine innige, intime Beziehung zu seinen Eltern oder zu einem liebenden Menschen, der es behütet.

Aber ich weiß, dass mein damaliger Entschluss unrealistisch war, zumindest, wenn ich aus Indien adoptieren wollte. Indira ist schon zehn Monate alt und sowohl auf meiner Seite wie auch auf der indischen Seite steckt der Fall noch mitten in den bürokratischen Mühlen. Komme ich schon zu spät?

»Machen Sie sich mal keine Sorgen«, sagt Schwester Lena ausweichend. »Indira geht es hier sehr gut. Wichtig ist, dass Ihre Papiere fertig werden. Und rufen Sie mich sofort an, wenn Ihr Mann zugestimmt hat.«

Mich überwältigt wieder die Freude über meine endlich gefundene Tochter. Ich schiebe alle Zweifel beiseite. Ich will nicht zögern und nicht zagen. Ich brauche all meine Kraft, meine Energie und meinen Mut, um die Adoption von Indira durchzuziehen. Ich bin entschlossen und erleichtert darüber, dass eine Entscheidung gefallen ist. Endlich ist die Zeit des Zweifelns, des Nichtwissens, des Bangens vorbei. Wir haben ein Kind! Und mit all dem, was jetzt kommen wird, werden wir fertig. Ich bin glücklich. Ich kann es kaum fassen. Ich werde Andreas sofort anrufen – er wird aus allen Wolken fallen.

»Danke«, sage ich zu Schwester Lena. »Sie glauben nicht, was das für uns, für mich bedeutet. Wissen Sie, Sie geben uns ein Kind«, erkläre ich gerührt.

»Gott hat es so bestimmt. Danke, dass Sie Indira helfen wollen«, antwortet sie.

Wir verabschieden uns, ich trete wieder auf den Hof und verlasse benommen das Heim.

Ich stolpere auf die Straße, in das Gewühl der knatternden Autorikschas, vor mir die Slumhütten, drüben heult ein Zug und mitten im Straßengewirr trottet eine weiße Kuh, langsam, unbeirrt von den um sie herumkurvenden Motorrollern. Am Straßenrand kochen die jungen Männer immer noch ihren würzigen Tee. Plötzlich fühle ich mich tief in diesem Land verwurzelt, wie durch einen Pakt, einen Vertrag, verbunden, aufgenommen, verschluckt, ein Teil des ganzen Gewühls. Mein Kind kommt von hier, aus diesem brodelnden Hexenkessel, diesem Moloch, diesem so schrecklich schönen Land. Ich fühle mich unendlich erleichtert. Ich lächle erlöst und frei und strahle, als ich durch den Staub zurückkehre. Wir haben ein Kind, und ich werde alles daran setzen, die Adoption so schnell wie möglich durchzuziehen. Ich hoffe nur inständig, dass Andreas Indira annimmt. Indira soll nicht länger in ihrem Gitterbettchen warten müssen.

Zielstrebig gehe ich in den kleinen Basar. Dort habe ich schon letztes Mal einen Händler gesehen, der indische Kinderkleidung anbietet, schillernd bunt, rot, orange mit kleinen eingestickten Spiegeln, der Kleidung Rajasthans nachempfunden. Ich kaufe zwei Sets, ein Kleidchen und einen winzigen Salwar Kameez sowie kleine Kinderarmreife, die die Mütter ihren Kleinen über die Handgelenke streifen. Für den Anfang.

Im Hotel versuche ich Andreas zu erreichen, aber er ist in Besprechungen. Irgendwann hat er endlich Zeit und ich erzähle ihm alles, sprudele nur so heraus, bin so aufgeregt. Stell dir vor – nicht nur ein Heim, ein Kind – wir haben ein Kind. Ich rede und rede und während ich ihm Indira beschreibe, hoffe ich so sehr, dass er keine Argumente gegen sie anführen wird. Ich habe Angst, dass er sich überfahren fühlt. Aber Andreas reagiert positiv, wenn auch vorsichtig. Er will die Fotos sehen, will sicher sein, dass ich nichts ohne ihn entscheide. Ich merke, dass es für ihn nicht leicht ist, so weit weg zu sein. Aber auch bei ihm spüre ich, dass sofort dieses Verantwortungsgefühl da ist, für Indira zu sorgen, sich um sie zu kümmern, wie ein Schicksalsentscheid, und dass dies viele, viele Fragen und Zweifel beiseite wischt. Ich bin erleichtert und überzeugt, dass Andreas Indira zustimmen wird. Zugleich bin ich dankbar, dass ich einen Mann habe, der all dies mitträgt und mir so sehr vertraut. Es tut gut, dass wir in diesen Fragen übereinstimmen – anders wäre es gar nicht zu machen.

In dieser Nacht liege ich lange wach. Ich lausche auf die Züge, die monotone Ansage über die Lautsprecher, das Geknatter der Autorikschas und das Krächzen der Krähen. Irgendwann klirrt das Rasseln von Getränkekisten durch die Dunkelheit. Das Hotel bekommt eine neue Lieferung. Später sind es nur noch bellende Hunde und wieder das asthmatische Husten der Händler, die sich in ihre Decken eingewickelt haben. Was bekommt Indira davon mit? Sie liegt nur hundert Meter weiter in ihrem Bettchen im Heim. Hört sie die Züge? Das Hundebellen? Das ewige Husten? Oder hört das Geschrei der Babys nie auf? Ich werde unruhig. Wenn sie nachts weint, kommt dann jemand? Und wenn sie tagsüber weint, hört sie in dem Geschrei der anderen Babys überhaupt jemand?

Wieder sehe ich die langen Reihen der Babybetten vor mir und höre ich ihr lang gezogenes, tieftrauriges Weinen. Wie lange wird es dauern, bis ich sie endlich aus diesem Gitterbett herausholen kann? Morgen fliege ich nach Hause. Unser Fall muss noch durch so viele Instanzen und bisher hat es immer wieder Verzögerungen gegeben. Und dann erst in Indien.

Ab morgen werde ich zu Hause alles dransetzen, die Adoption voranzutreiben. Mein fester Vorsatz ist, Indira an ihrem ersten Geburtstag aus dem Heim holen zu können.

2
Banges Warten

Moderne Odyssee

»Schielen«, »Strabismus«, »Squint«, »Ophthalmologie«. Seit fast zwei Stunden sitze ich zu Hause in meinem Arbeitszimmer und gebe diese Suchbegriffe immer wieder in meinen Laptop ein. Es ist spätabends. Tagsüber habe ich wegen meines Jobs keine Zeit, im Internet zu surfen. Aber jetzt, nachts, taste ich mich weiter durch die Verästelungen der Websites.

Eine ungeahnte Vielfalt an Seiten tut sich vor meinen Augen auf, von Augenkliniken aus der ganzen Welt, von Forschungszentren und Augenärzten, die im Internet Fragen besorgter Patienten beantworten. Es gibt sogar Websites, auf denen sich Eltern schielender Kinder über die besten Behandlungsmethoden unterhalten. Ich blättere durch die noch warmen Seiten, die sich aus meinem Drucker herausschieben. Es ist eine ganze Sammlung von Fachartikeln über Kinderschielen und Behandlungsmethoden.

Das Surfen im Internet beruhigt mich. Ich kann endlich aktiv werden, bin nicht mehr so gelähmt wie vor der Reise.

Mein Blick fällt auf das Foto von Indira. Ich habe es vor mir auf dem Schreibtisch liegen: Die schütteren Haare kleben in der Hitze an ihrem schweißnassen Kopf, die schielenden schwarzen Augen sind unter den langen dunklen Wimpern kaum zu erkennen.

Andreas beanstandete ihre Ohren, aber das war sein einziger Protest dagegen, dass ich ihm ein Kind per Foto in den Schoß legte. Jetzt findet auch er sie süß und drängelt, wir sollten noch einmal gemeinsam nach Bombay fliegen, um sie zu sehen. Schwester Lena habe ich schon angerufen und ihr gesagt, dass wir Indira nun tatsächlich gern adoptieren möchten. Auch Andreas sei dafür. Sie bereitet jetzt die Unterlagen von Indira für uns vor.

Unserer Sozialarbeiterin Sarah habe ich am Telefon von Indira erzählt. Sie beglückwünschte uns zwar, meinte aber zurückhaltend, wir sollten die medizinischen Berichte von Indira vorlegen, sobald wir sie hätten. Und ich sollte mich emotional noch nicht zu sehr an Indira binden – wer weiß. Noch war sie rechtlich nicht unser Kind.

Ich wage es in der Tat noch nicht, ihr Foto zu rahmen und unten ins Wohnzimmer zu stellen. Das könnte ein böses Omen sein. Ich will damit noch warten, bis wir vor dem Notar die Papiere für die Adoption unterschrieben haben. Dennoch bin ich erleichtert, dass meine innere Zerrissenheit der letzten Jahre verflogen ist und wir endlich, endlich eine Entscheidung haben. Wie recht hatte Andreas gehabt, als er sich zuletzt gegen unsere jahrelangen Versuche sträubte, mit medizinischer Hilfe ein Kind zu bekommen! Wie viel Zeit haben wir vertan! Wir hätten viel früher den Weg der Adoption einschlagen sollen.

Dabei hatten wir uns schon vor Jahren mit dem Gedanken an eine Adoption befasst. Uns ließ der Anblick von Sunnita nicht los. Nach meiner ersten Indienreise hatte ich bei den SOS-Kinderdörfern nachgefragt, ob ich ein kleines Mädchen in Indien unterstützen könnte. Und prompt wurde ich gebeten, ein neugeborenes Mädchen in einem indischen Städtchen als SOS-Patenkind anzunehmen. Ich werde nie den Moment vergessen, als ich den Brief öffnete und bestürzt auf das Schwarz-Weiß-Foto starrte. Es war nur ein Porträt des winzigen Säuglings: bis auf die Schädelknochen abgemagert, verschlossene Augen in riesigen Augenhöhlen. Sie war von der Polizei gefunden worden, ausgesetzt – oder eher fortgelegt am Straßenrand. Seither bekam ich jedes Jahr zu Weihnachten ein Foto von Sunnita, immer noch kränklich, zierlich und zaghaft, aber am Leben, in ein braves Sonntagskleid gesteckt und stumm in eine Reihe gestellt neben ihre anderen neun Geschwister, ebenfalls Vollwaisen. In der Mitte des Fotos, umrahmt von den Kindern, steht die Kinderdorfmutter dieser zehnköpfigen Familie.

Eines Tages standen wir auf einer unserer Indienreisen unangemeldet an der Rezeption des SOS-Kinderdorfes und baten, Sunnita sehen zu dürfen. Ob es sie überhaupt gab? Ja, natürlich, sagte der Leiter des Dorfes und mit einer schüchternen Geste führte er uns zu dem Häuschen der Mutter. Und dort war Sunnita. Ich erkannte sie vom Foto: wieder krank, fiebrig, aber beschützt eingemummelt auf dem Arm der SOS-Kinderdorfmutter und betüddelt von einem ihrer neun Geschwister. Damals hatte uns der Leiter des SOS-Kinderdorfes gesagt, dass sie nicht alle Kinder annehmen könnten. Es gäbe so viele ausgesetzte Säuglinge. Einige müssten halt in »normale« Heime. Das hatte uns tief berührt und wir hatten uns geschworen, wenn wir einmal Kinder haben sollten, zusätzlich ein Kind aus einem indischen Waisenhaus zu adoptieren.

Aber dann machte ich es uns so schwer. Ich hatte Angst vor einer Adoption und ich verbohrte mich in den Gedanken, dass eine Schwangerschaft klappen müsse. Ich hatte in meinem Leben bisher keine Rückschläge hinnehmen müssen, weder in der Schule, im Studium, in meiner Karriere noch in der Ehe. Ich konnte und wollte nicht begreifen, dass mein Körper nicht funktionierte.

Ich wurde ungeduldig. Ich hatte hart gearbeitet und war bisher immer für meine Leistungen belohnt worden. Ich empfand es als ungerecht, dass ich kein Kind bekam. Ich bildete mir ein, einen Anspruch auf Nachwuchs zu haben und so ärgerte ich mich über alle Frauen mit dickem Bauch, die ich sah.

Ich wusste, dass diese Gedanken irrational waren und schwanger werden nichts mit Leistung zu tun hatte. Im Gegenteil: Als ich zu meinem Gynäkologen ging, fragte der mich direkt, ob ich etwa einen Karrierejob hätte, viel Stress, und ob ich unter Zeitdruck hohe Leistungen erbringen müsse. Dann nickte er nur noch viel sagend und musterte mich mit einer Miene, die bedeutete: »Noch so ein Fall«. Er meinte, schwanger werden und Stressjob unter Zeitdruck gingen nicht gut miteinander. Aber ich sah seinen Fingerzeig nicht.

Ich versuchte, meinen Körper zu zwingen. Ich weiß nicht mehr, wie viele Monate ich morgens Temperatur maß, um den Eisprung und somit die fruchtbarsten Tage herauszufinden. Meine Temperaturkurven beruhigten mich. Sie waren den Charts der technischen Analyse im Investmentbanking so ähnlich: Die Ungewissheit konnte in Zahlen erfasst, in Bandbreiten eingegrenzt werden, und ich erkannte sogar recht schnell den typischen Verlauf der Temperaturkurve. Ein Stückchen Sicherheit und Rationalität – bis zur nächsten Regel, Charts und Kurven hin oder her.

Und dann ließ ich mich langsam auf einen Reigen von Neugier, Hoffnung und Enttäuschung ein, den ich mit den Gynäkologen tanzte, die mir versprachen, was ich hören wollte: dass ich schwanger werden könnte. Es bedürfe nur ein klein wenig medizinischer Hilfe. Das Instrumentarium dieser Hilfe war unerschöpflich. Ein Ende des Weges war nicht in Sicht. Über Jahre hörte ich auf die Gynäkologen, die mir den Erfolg so zum Greifen nah vor Augen hielten – nur noch eine Untersuchung, nur noch einige Wochen Hormone, nur noch einmal Blut abnehmen, nur noch einige Tests – und dann sei es sehr wahrscheinlich, dass ich schwanger werde. Es spräche nichts dagegen. Ich solle mich freuen, ganz entspannt sein. Das sei wichtig. Alles werde gut.

Andreas und ich diskutierten immer wieder, wie weit wir auf diesem Weg gehen wollten. Das Thema ließ uns nicht mehr los. Es war auch für uns Neuland. Andreas war eher bereit zu akzeptieren, dass es bei uns mit Kindern eben nicht klappte. Ich jedoch war von dem Gedanken besessen, dass es funktionieren müsse, dass der Erfolg ja ganz nahe liege. So viele unserer Freunde hatten doch auch Glück damit gehabt.

Andreas stand zu mir, folgte mir in der Odyssee durch die Sprechzimmer der Gynäkologen mit all den Hoffnungen, Enttäuschungen und Tränen, die uns dabei über mehr als vier Jahre begleiteten.

In all dieser Zeit erwähnte keiner der fünf Gynäkologen, die ich aufsuchte, das Wort Adoption auch nur ein einziges Mal. Dies war nicht ihr Bereich. Den Schritt von der Welt der Gynäkologen in die der Adoptionen mussten wir allein finden und allein gehen.

Erster Schritt der Odyssee: Laparoskopie, eine gynäkologische operative Untersuchung der Organe des Bauch- und Beckenraumes im Krankenhaus. Ein kleiner, problemloser Eingriff, so der Gynäkologe – Routine sozusagen. »Es ist alles bestens. Völlig gesund. Sie werden schwanger. Warten Sie nur ab.« Der Arzt strahlte mich an. Es war eine optimistische Fehldiagnose.

Ich wurde nicht schwanger, auch nicht, als wir es mithilfe von Hormongaben versuchten. Nächster Schritt auf dem Wege zu einer kompletten Familie: Ich bekam Hormone, damit die Eier besser, schneller, schöner und fruchtbarer reifen würden. Wir nahmen es mit Humor und hofften – bis die nächste Regel kam.

Nachdem all diese Methoden über viele Monate versagt hatten, folgte die nächste Technik: künstliche Befruchtung. Wieder diskutierten wir uns die Köpfe heiß, ob dies sinnvoll sei oder ob wir aufgeben und adoptieren sollten. Aber der Erfolg schien so nahe. Freunde von uns hatten mit einer solchen Methode auch Kinder bekommen.

Mit dieser Technik wird der Pfad der natürlichen Empfängnis endgültig verlassen. Die Zeugung eines Kindes wird vom Schlafzimmer zu Hause in den sterilen Operationssaal der Klinik verlegt – und nichts mehr dem Zufall überlassen. Die Spermien des Mannes werden der Frau mit einem Instrument direkt in die Gebärmutter geleitet. Keine Empfängnis mehr in den Armen des Mannes, sondern auf dem gynäkologischen Stuhl unter dem Scheinwerferlicht des Operationssaals, kontrolliert von dem Monitor des Ultraschalls. Alles, was als Relikt der Natur dabei noch mitspielt, ist eher störend, weil nicht berechenbar und nicht beeinflussbar.

Ich musste mir zunächst Hormone spritzen lassen. Die Spritzen bekam ich meist in der Arztpraxis unseres Hausarztes. Ich empfand es als peinlich. Ich wusste nicht, was die Ärzte und Sprechstundenhilfen dort über mich dachten. Vielleicht meinten sie: Wieso muss die es erzwingen, Kinder zu bekommen? Warum lässt sie es nicht einfach? Oder dachten sie: Es wird sowieso nichts und waren nur höflich und sagten nichts? Es war so gezwungen, auf technischem Weg schwanger werden zu wollen. Ich fühlte mich grenzenlos unwohl und am Tag der künstlichen Befruchtung wurde ich mit der Situation nicht fertig.

Ich bestand darauf, dass Andreas gegen seinen Willen ins Büro fuhr und ich allein in den Operationssaal ging. Das war ein Fehler. Als mich die netten Krankenschwestern in den Vorraum des Operationssaales baten, schossen mir die Tränen in die Augen. Ich fing an zu heulen. Ich fand die Situation so traurig, dass ich auf diese Weise ein Kind empfangen sollte, allein, im Operationssaal, umgeben von Technik, den Ärzten, auf dem OP-Tisch. Die Krankenschwester, eine liebe Inderin, fragte, warum ich so traurig sei. Ich sagte, es läge an dieser Situation. »Ich weiß, ich weiß.« Sie nickte und griff meine Hand. Der Arzt tröstete mich. »Allein das Ergebnis zählt.« Ich ließ alles über mich ergehen, stumm, über mich selbst entsetzt. Wie konnte ich so verzweifelt sein, dass ich mich dieser Prozedur aussetzte?

Das Element des Spielerischen, des Menschlichen und Natürlichen war wie fortgeblasen. Es blieb ein Gefühl der Demütigung, sich so der Technik auszuliefern. Und als der Bluttest zwei Wochen später ergab, dass ich nicht schwanger geworden war, bestätigte das nur meine pessimistische Vorahnung.

Von da an war Andreas gegen jegliche weiteren medizinischen Versuche. Ich glaube, er konnte es nicht mehr mit ansehen, wie ich psychisch, aber auch körperlich litt. Zudem war es auch für ihn emotional zermürbend. Er war eher bereit zu akzeptieren, dass wir keine Kinder auf natürlichem Wege bekommen konnten. Ich hingegen hatte das Gefühl, zu versagen, meiner Funktion als Frau nicht gerecht zu werden. Das schwächte mein Selbstbewusstsein.

Darüber hinaus hatte ich noch eine undefinierbare Angst davor, ein fremdes Kind in mein Leben aufzunehmen. Erst später begriff ich, dass dieses Gefühl erst weichen würde, wenn ich mich intensiver und genauer mit dem Thema Adoption auseinandersetzen würde. Aber noch ließ ich mich einschüchtern: von Erzählungen aus dem Bekanntenkreis, wo Adoptionen »schief gelaufen« waren, wo uns so oft angedeutet wurde, dass es mit »eigenen Kindern« weniger Probleme gäbe. Und für mich gab es keinen Zweifel, dass Sozialarbeiter, Fachleute der Psychiatrie, Fachärzte für behinderte oder lernbeeinträchtigte Kinder, Sonderschulen und Drogenberater nichts in unserem Leben zu suchen hatten. All diese Themen subsumierte ich unbewusst unter »schief gelaufen«. Sie stellten ein Risiko dar, das ich nicht eingehen, nicht in meinem Leben haben wollte, ohne mich damit überhaupt auseinandergesetzt zu haben. Ich hatte Angst, dass ich mir ein Leben lang Vorwürfe machen würde.

All diese Unsicherheiten und Ängste führten dazu, dass ich, nach monatelanger Pause, Andreas dazu drängte, wenigstens ein einziges Mal eine In-Vitro-Fertilisation (IVF) zu versuchen. Dabei werden die Eier der Frau während einer Operation entnommen und im Reagenzglas mit den Spermien des Mannes befruchtet. Nach der begonnenen Zellteilung werden einige der so gezeugten Embryos der Frau wieder eingesetzt.

Dieses Mal waren unsere Meinungsverschiedenheiten zu Hause größer. Andreas wollte keine In-Vitro-Behandlung.

»Wenn das nicht klappt, stehst du vor der Wand, hast keine andere Wahl mehr. Ich will nicht, dass eine Adoption bei uns nur eine Notlösung ist. Ich möchte, dass wir diesen Weg freiwillig gehen, dass wir uns bewusst für ein adoptiertes Kind entscheiden und nicht nur adoptieren, weil es anders nicht mehr geht.«

Ich verstand sein Argument und freundete mich ebenfalls immer mehr mit der Idee der Adoption an. Aber ich traute mir selbst noch nicht ganz über den Weg. Was, wenn die Adoption schief lief? Wenn die medizinische Hilfe jetzt nicht zum Ziel führte, war ich vielleicht gefeit davor, später einem leiblichen Kind nachzutrauern. Andreas willigte ein, aber er sagte mir klipp und klar, dass er dies nur einmal mitmachen würde und kein zweites Mal.

Doch mit den Vorbereitungen auf die In-Vitro-Operation wuchsen unsere Zweifel. Warum krampfhaft eine Schwangerschaft erzwingen und ein Kind zur Welt bringen, wenn es tausende von Kindern in Heimen gab, die keine Eltern hatten? Auf diese Frage fanden wir nie eine überzeugende Antwort und es wurde unser stärkstes Argument, uns immer mehr mit einer Adoption zu befassen. Wir empfanden trotz aller Angst vor einer Adoption die künstliche Befruchtung als Verrat an einem Heimkind. Irgendwo auf der Welt gab es ein Kind, das keine Eltern hatte oder länger würde auf Eltern warten müssen, weil ich das Risiko scheute und weil ich mich nicht entscheiden konnte. Ich nahm vor mir selbst Reißaus und die Technik der Gynäkologie half mir dabei. Innerlich hoffte ich fast, dass die In-Vitro-Operation nicht klappen würde und dass mir somit die Entscheidung abgenommen würde.

Ich griff wieder zu den Adoptionsbüchern, saß nachts vor meinem Laptop, surfte im Internet und bestellte via *amazon* mehr Fachliteratur über Adoptionen. Nirgendwo sonst gibt es eine so breit gefächerte, interessante und professionelle Literatur über das Thema wie in den USA. Und je tiefer ich mich in die Bücher verkroch, desto überzeugter wurde ich von der Adoption, wenn ich auch begriff, dass ein Heimleben niemals spurlos an einem Kind vorbeigeht und Kind und Eltern ein Leben lang mit den Folgen leben müssen.

Die Vorbereitungen zur künstlichen Befruchtung liefen weiter. Ich wurde zunächst massiv mit Hormonen voll gepumpt. Die Nebenwirkungen waren zermürbend. Ich hatte Kopfschmerzen, war ständig müde, war unkonzentriert und konnte kaum meinem Job nachgehen.

Langsam beschlich mich das Gefühl, dass ich nicht schwanger werden sollte. Ich bin nicht sehr religiös, aber ich sehnte mich nach einer Erklärung. Ich hatte das Gefühl, verbotenerweise in meinen Körper einzugreifen. »Und führe mich nicht in Versuchung«, hämmerte es in meinem Kopf.

Ich hatte Angst, dass Gott nicht mehr auf unserer Seite stand, wenn es ihn denn gab, dass er uns nicht mehr half.

Anders konnte ich die ständigen Fehlschläge nicht mehr erklären. So fuhren wir an einem verlängerten Wochenende aufs Land, um uns zu erholen. Zu spät erkannte ich, dass ich nicht genug Ampullen für die Hormonspritzen mitgenommen hatte. In der Dorfapotheke gab es die Medikamente nicht und in der nahe gelegenen Klinik hörte ich, dass ich wegen einiger Notfälle drei Stunden auf die Spritzen warten müsse. So mussten wir unser Wochenende abbrechen und ich fuhr durch einen dichten Verkehrsstau zurück nach Hause. Dort wartete ich nochmals eine Stunde auf den Dienst habenden Arzt. Ich verlor die Nerven, bekam einen Schreianfall, tobte und heulte. Ich konnte nicht mehr. Ich war erschöpft, enttäuscht und fühlte mich allein gelassen.

Je mehr die Operation sich näherte, desto größer wurde meine Angst, Gott könnte uns mit einem behinderten Kind bestrafen. Ich wusste, dass diese Gedanken absurd waren, und Andreas lachte darüber. Aber ich stand nicht mehr hinter der Operation. Ich verkroch mich in die Adoptionsbücher und das half mir. Ich wurde plötzlich ruhig. Eine Adoption war eine immense Aufgabe. Aber sie war ein Ziel. Eine Alternative.

Ich hatte Angst vor der Operation, Angst vor der Narkose, Angst vor allem. Es war gut, dass Andreas dieses Mal dabeiblieb. Nach der Operation kam die schlechte Nachricht: Der Gynäkologe eröffnete mir, dass ich unter Endometriose leide, einer medizinischen Fehlsteuerung, die die Erfolgschancen der Befruchtung drastisch reduziere. Wir sollten mit der In-Vitro-Behandlung dieses Mal fortfahren. Aber wenn sie nicht klappe, was wahrscheinlich sei, müsse ich erst operiert werden. Nur dann könnten weitere Versuche der In-Vitro-Behandlung vielleicht eine Schwangerschaft erzeugen. Im ersten Moment war ich enttäuscht, schockiert. Aber dann empfand ich die Diagnose als Bestätigung dafür, dass ich einfach nicht schwanger werden sollte. Ich war fast erleichtert, denn nun zeichnete sich endlich eine Entscheidung zugunsten der Adoption ab.

Schon am nächsten Tag sagte man mir morgens in der Klinik, dass meine Eier im Reagenzglas befruchtet worden seien. Am Nachmittag flötete mir dann eine Sprechstundenhilfe begeistert durchs Telefon, dass sich drei Embryonen gebildet hätten. Es konnte losgehen. Ich war jedoch skeptisch, wusste, dass es voraussichtlich ohnehin nicht funktionieren würde.

Vielleicht war ich deshalb dieses Mal ruhiger. Unsere Situation war nicht ausweglos. Ich hoffte schon fast, dass die In-Vitro-Operation nicht erfolgreich sein würde.

Andreas war in der Klinik dabei und mittlerweile kannte ich das Personal und im Prinzip auch das Prozedere. Die Ärzte empfahlen uns, alle drei Embryonen einsetzen zu lassen. Die Wahrscheinlichkeit, dass ich überhaupt schwanger würde, lag bei zwanzig bis fünfundzwanzig Prozent. Angesichts des Risikos von Fehlgeburten lag meine Chance, ein gesundes Kind zur Welt zu bringen, ohnehin nur bei zwölf bis fünfzehn Prozent (ohne meine Endometriose zu berücksichtigen). Sie setzten also alle drei Embryonen ein. Wir durften sie uns vorher sogar ansehen: drei glasige Doppelblasen unter dem Mikroskop.

Die Ärzte wussten von unseren Adoptionsplänen nichts, machten uns daher wieder Mut auf eine Schwangerschaft. Ich hingegen wollte mir keine Hoffnungen mehr machen, wollte keine Enttäuschungen, keine Unsicherheit mehr. Zu Hause sagte ich zu Andreas: »Mach dir nicht so viele Hoffnungen.« Andreas hingegen spielte den Optimistischen: »Mach ich auch nicht. Ich weiß nur, dass es klappt.« Kurz zuvor hatte er selbst gesagt: »Schade – die Adoption von indischen Mädchen wäre viel spannender gewesen.«

Die nächsten Tage waren unerträglich. Ich war todmüde und mir war flau. War ich vielleicht schwanger? Langsam kroch wieder Hoffnung in mir hoch. Doch einige Tage später bekam ich Bauchweh und mir war nicht mehr übel. Es war, als ob meine Regel jeden Moment einsetzen und einfach über die Schwangerschaft hinwegwalzen würde. Ich war zu erschöpft, um zu heulen. Ich war nur schockiert, einfach stumm.

Die letzten Wochen erschienen uns wie ein furchtbar schlechter Witz. Ich war von einer Schwangerschaft so weit entfernt wie zuvor. Andreas war enttäuscht, sagte aber nichts. Er hatte so sehr gehofft, mehr noch als ich.

Schließlich kam der Tag, an dem ich die Klinik wegen eines Bluttests anrufen konnte. »Es tut uns so Leid, aber der Test ist negativ«, säuselte die Sprechstundenhilfe am Telefon. Sie bemühte sich um einen mitleidigen Ton, im Hintergrund bimmelten andere Telefone. »Vielen Dank«, sagte ich freundlich, verbarg meine Enttäuschung und legte auf.

Mein Gott, wir waren so nah dran gewesen! Wir hatten die Embryonen schon unter dem Mikroskop gesehen. Es hätten drei Kinder werden können. Ich wusste nicht, warum ich so verdammt unfruchtbar war. Ich weinte. Und dieses Mal weinte ich bitterlich. Ich stand in der Küche und starrte raus in unseren kleinen Garten. Beim Aufräumen meines Schreibtisches war mir zuvor ein Kinderbild von Andreas in die Hände gefallen, aus den Sechzigerjahren. So ein kleiner grinsender Bengel, Schalk in den Augen, Grübchen in den Wangen. Und ich sah ihn schon im Garten spielen.

Ich war froh, als das Jahr vorbei war. Was hatte das alles an Energie gekostet! Irgendjemand hat einmal gesagt, man stirbt, wenn das Potenzial an Lebensenergie ausgeschöpft ist. Die letzten Wochen hatten mich viel Potenzial gekostet und meine Lebenserwartung mit Sicherheit reduziert, bildete ich mir ein. Aber ich war letztlich erleichtert. Das Thema war durch. Ich würde mich nicht operieren lassen und auf dem gynäkologischen Weg nicht weitermachen. Das nahm mir zu viel Zeit, Kraft, Mut und Energie – Dinge, die ich für die Adoption brauchte.

Jetzt blicke ich auf das Foto von Indira und bin froh, dass wir diese zermürbende Zeit hinter uns und uns für eine Adoption entschieden haben. Wir haben so viel Zeit vergeudet, uns so kaputt gemacht und hätten um ein Haar ein Kind wie Indira nicht einmal kennen gelernt. Jetzt, nach dem Indienbesuch und Indira, kommt mir mein Verhalten von damals fast unverantwortlich vor.

Indische Nofretete

Ich sitze »Nofretete« in einem Café gegenüber. Sie muss exakt so ausgesehen haben. Ich kann es kaum fassen, dass eine junge Inderin ihr so sehr ähnelt: diese grazile, gerade Nase, die sanft geschwungenen Augenbrauen, die hohe Stirn, das fein geschnittene Gesicht und die sinnlichen Lippen. Nur ihr Teint schimmert dunkler als der der ägyptischen Statue. Immer wieder streicht sie mit ihren Fingern eine Strähne ihres schwarzen, lockigen Haars aus der Stirn, blicken ihre dunklen Augen suchend durch das Restaurant.

Ich habe dieses Mädchen – Inka ist ihr Name – über Freunde kennen gelernt, denen ich von unserer Adoption aus Indien erzählt hatte. Die Freunde haben sofort den Kontakt zu Inka hergestellt, denn was liegt näher, als dass ich endlich ein indisches Mädchen treffe, das schon älter ist und mir seine Seite der Adoptivgeschichte schildern kann. Inka ist Studentin. Sie besucht eine Sprachschule.

Ich spüre, wie uns Leute an den Nebentischen beobachten, ihre dunkle Schönheit anstarren. Nachdenklich stochert Inka in ihrem Salat Niçoise. »Ich antworte natürlich immer, dass ich Schwedin bin«, sagt sie. Sie wird ob ihrer bezaubernden Schönheit oft gefragt, woher sie kommt. »Die Leute meinen dann immer, ich mache mich über sie lustig. Sie fragen: Wieso? Du kommst doch nicht aus Schweden. Woher kommst Du wirklich?«

Sie wird nachdenklich. »Bei mir zu Hause in Schweden hat das niemand mehr gefragt. Wir wohnen in einem kleinen Dorf und jeder dort weiß, dass meine beiden Schwestern und ich aus Indien adoptiert wurden. Wir waren noch ganz klein, als wir zu unseren Eltern kamen«, erinnert sie sich und erzählt von ihrer schwedischen Heimat, von dem Leben dort auf dem Land und davon, dass sie jetzt einen schwedischen Freund hat. Deshalb wollte ich sie treffen. Ich wollte hören, was eine mittlerweile erwachsene junge Frau über ihre Adoption zu berichten hat, welche Schlüsse sie zieht, welchen Rat sie mir geben kann.

»Hier sagen mir die Leute plötzlich, du bist keine Schwedin. Es ist das erste Mal, dass mir das jemand so offen ins Gesicht sagt. Also betone ich jetzt, ich käme eigentlich aus Indien. Aber das ist auch komisch. Ich kenne Indien ja gar nicht.«

Ich frage sie, ob ihre Eltern nichts von Indien erzählt haben, ob sie Indien nie besucht hat. »Nein. Meine Eltern haben uns geantwortet, wenn wir gefragt haben. Aber das war nicht viel«, sagt sie. Was sollte sie schon fragen, wenn sie nie mit Indien nie konfrontiert wurde, überlege ich. Fragen ist erst der zweite Schritt, der Schritt nach der ersten Anregung.

»Jetzt bin ich das erste Mal im Ausland unter vielen Menschen, die neugierig sind und mich mit dem Kopf darauf stoßen, dass ich Inderin bin«, sagt sie verunsichert. »Ich weiß gar nicht, was das heißt, Inderin zu sein. Ich habe keine Ahnung von Indien.«

Ich hatte schon vorhin ihre Bestürzung gespürt, als ich Inka von Indien erzählte. Ihr war nicht einmal der indischen Gruß »Namaste« oder »Namaskar« ein Begriff. Sie könnte die Menschen ihrer Heimat nicht einmal begrüßen, schießt es mir durch den Kopf.

»Hier habe ich Freunde und wir gehen jetzt manchmal indisch Essen«, erzählt Inka. Erst jetzt fange sie langsam an, sich dafür zu interessieren, was Indien eigentlich ist.

»Aber es ist so viel, das Land ist so groß, die Kultur so fremd und anders. Ich weiß gar nicht, wo ich anfangen soll«, sagt sie leise und schaut Hilfe suchend um sich. Mir tut sie Leid, obwohl ich ihre Eltern verstehen kann. Wie sollte man Kindern auf dem schwedischen Land die indische Kultur beibringen und das in einer Zeit, wo es noch kein Internet, noch keine Videos, noch kein *amazon*, noch keine Satellitenschüsseln gab? Welche Anstrengungen sind da notwendig? Wie schnell wird die eigene Kultur wichtiger und überlagert alles andere? Und nicht alle Adoptiveltern sind überzeugt, dass den Kindern ihre heimische Kultur nahe gebracht werden muss. Ich habe Adoptiveltern getroffen, die auf dem Standpunkt stehen »meine Kinder sind deutsch, alles andere verwirrt nur«.

»Und wenn Sie mal nach Indien reisen?«, frage ich Inka vorsichtig. Es wäre für sie ein Schock, aber ein Anfang, glaube ich. Sie wagt diesen Schritt jedoch noch nicht.

»Ich habe auch schon daran gedacht. Vielleicht würde ich mit jemandem zusammen fahren. Ich traue mich allein nicht dorthin. Ich wüsste gar nicht, wo und wie ich das anfangen soll.«

Ich bin mir nicht so sicher, dass es nur organisatorische Gründe sind, die Inka von einer Indienreise abhalten. Ist es auch die Angst vor der Erkenntnis, dazuzugehören und doch fremd zu sein, so viel versäumt zu haben? Wüsste sie dann erst recht nicht mehr, wohin sie gehört?

»Ich merke eigentlich erst jetzt mit zwanzig, dass ich nicht weiß, wer ich bin«, gesteht sie mir. »Ich fange jetzt überhaupt erst an, darüber nachzudenken.« Sie fühle sich allein gelassen auf diesem Weg, sei tief verunsichert. Nachdenklich schlürft sie ihren Kaffee und zündet sich eine Zigarette an.

Wir unterhalten uns noch lange und ich gebe ihr ein Buch, in dem adoptierte Jugendliche ihre Erfahrungen mit der Auslandsadoption aufgeschrieben haben, manchmal voller Dankbarkeit, Glück und Freude über die Adoption, manchmal gleichgültig und auch voller Frustration, Hass und schweren Vorwürfen gegenüber ihren Adoptiveltern. Das Gefühl der Entwurzelung sitzt bei vielen Jugendlichen tief, vor allem bei denen, die nicht einmal den Namen aus ihrem Geburtsland behalten durften, denen eine völlig neue Identität übergestülpt und deren Herkunft von den Adoptiveltern ignoriert wurde.

Inka hegt indessen keinen Groll gegen ihre Eltern und die Adoption. Im Gegenteil: »Wieso? Das ist und bleibt meine Mama. Sie ist doch diejenige, die sich um uns gekümmert hat.« Sie ist dankbar für ihre herrliche Jugend, ihre wunderbare Kindheit in Schweden, freut sich auf das Wiedersehen mit ihren Schwestern und Eltern in Schweden und hätte nicht einmal den Wunsch, ihre leibliche Mutter kennen zu lernen, selbst wenn dies möglich wäre.

Wir verabschieden uns, nehmen uns vor, uns wieder zu treffen. Aber ich höre nie mehr etwas von ihr.

Nachdenklich mache ich mich auf den Weg nach Hause. Warum ignorieren so viele Eltern die Wurzeln ihrer Kinder? Ist es zu schwer, zu fremdartig, in eine andere Kultur einzutauchen? Haben die Eltern Angst, sich selbst zu verunsichern? Wie oft wird eine andere Kultur als Bedrohung und nicht als Bereicherung des eigenen Lebens angesehen? Oder haben diejenigen Recht, die behaupten, die Kinder damit nur aus dem Lot zu bringen?

Ich selbst genieße es im Moment sehr, mich mit Indien zu beschäftigen, höre klassische indische Musik, lese Geschichten der *Mahabharata*, eines altindischen Epos. Andreas und ich stöbern auf Antiquariatsmessen nach alten indischen Märchenbüchern und Berichten aus der englischen Kolonialzeit Indiens. Ich habe sogar mit Yoga begonnen, was mir gut tut, und koche immer wieder Currys. Ich habe das Gefühl, noch mit den Knöcheln am Rande eines riesigen Sees im Wasser zu waten. Es wird lange dauern, bis ich voll eintauchen kann in diesen weiten See der indischen Kultur, aber schwimmen werde ich darin nie. Unser Wissen wird immer nur Stückwerk sein, unvollständig, angelesen, abgeguckt, nie selbst erlebt und gelebt. Aber wir haben uns fest vorgenommen, Indira zumindest so viel Anregung zu geben, dass sie auf diesem Weg allein weitergehen kann, dass sie sich ungezwungen und natürlich ihrer Heimat und ihren Wurzeln nähern kann. Wir werden sie mit einem indischen Selbstverständnis erziehen, soweit wir dies können.

Zu Hause liegt ein Brief unserer Notarin in der Post. Sie wurde mir von einer Organisation von Adoptiveltern empfohlen. Andreas und ich werden bei ihr in den nächsten Tagen einen Termin wahrnehmen, um rechtliche Dokumente für die Adoption zu unterschreiben. Ohne diese Papiere kann das Familienministerium die Akten unserer Adoption nicht nach Indien schicken.

Auch vom Familienministerium ist ein Brief in der Post. Sie bereiten unsere Papiere für die Versendung an das indische Heim und an die für Adoptionen in Neu-Delhi zuständige Behörde CARA (Central Adoption Resource Agency) vor. Erst dann kann die Adoption von Indira auf der indischen Seite eingeleitet werden. Doch als ich den Brief öffne und lese, fährt mir der Schreck in die Glieder. Ich setzte mich überrascht auf einen Stuhl und starre auf das Schreiben. Dann packt mich die Wut.

»... können wir Ihren Fall derzeit leider nicht bearbeiten, weil uns vom Jugendamt noch folgende Papiere fehlen ...«, lese ich. Ich kann es nicht fassen und bekomme Panik. Ich dachte, unsere Papiere seien fast fertig für den Versand und jetzt erfahre ich, dass das Ministerium noch nicht einmal mit der Bearbeitung begonnen hat. Wir haben mindestens zwei Wochen Zeit verloren. Bestürzt laufe ich in mein Arbeitszimmer, wühle in den Aktenordnern, zerre Telefonnummern heraus. Ich bekomme Magenschmerzen. In solchen Situationen kämpfe ich neuerdings mit den Nachwirkungen der Amöben, die ich mir in jener Nacht in Bombay einfing, als ich das Wasser aus der Thermoskanne getrunken habe.

Zwar hat das Jugendamt den Sozialbericht über uns an das Ministerium verschickt, nicht aber die Führungszeugnisse und die medizinischen Gutachten. Es fehlen auch andere Dokumente. Ich lasse alles stehen und liegen und hänge mich an das Telefon, finde natürlich die zuständige Sachbearbeiterin im Jugendamt nicht, muss immer wieder telefonieren und erklären. Der ganze Nachmittag verstreicht. Wieder einmal. Es ist die übliche Tortur, der wir jetzt seit fast einem Jahr ausgesetzt sind.

Unsere Freunde haben also doch Recht behalten. Als sie uns von ihren Adoptionen erzählten und das Heim in Bombay empfahlen, nahm mich der Ehemann mit in sein Arbeitszimmer und deutete auf seine Aktenordner. »Hier – für jede Adoption zwei Aktenordner – und die sind schon ausgemistet. Es ist wie eine Doktorarbeit. Mach dich darauf gefasst.«

Ich habe jetzt schon zwei Aktenordner voll, Korrespondenz mit den Behörden sowie umfangreiche Dokumente und Urkunden, die wir dem Sozialbericht beilegen müssen, selbstverständlich alles auf Englisch für die indischen Behörden und entsprechend beglaubigt und beurkundet. Ich habe es sogar erlebt, dass die deutschen Behördenstempel ins Englische übersetzt und diese Übersetzungen wiederum abgestempelt werden mussten. Ich weiß nicht mehr, wie viele Telefongespräche ich geführt habe, wie viele Wochen ich recherchiert habe, um herauszufinden, wie eine private unabhängige Adoption ohne Einschaltung von professionellen Adoptionsagenturen überhaupt funktioniert. Dann mussten wir die medizinischen Gutachten, die Führungszeugnisse und die Referenzen von Freunden und Familie organisieren. Unsere Freunde und meine Schwiegermutter mussten ausführliche Fragebögen mit schriftlichen Referenzen beantworten. Unter anderem wollte man wissen, ob unsere Ehe stabil sei und wie wir Konflikte lösen, ob wir gewalttätig seien.

Daraufhin folgten die stundenlangen Gespräche mit der Sozialarbeiterin Sarah, die Elternabende spätabends, wenn wir müde von unseren Jobs nach Hause kamen. Und schließlich die Dokumente, die wir beilegen mussten, für die ich zig Briefe schrieb, herumtelefonierte, Übersetzungen bezahlte, Behördengänge aneinander reihte. Ich organisierte Referenzen und Bestätigungen von unseren Arbeitgebern, Banken, Versicherungen, Finanzamt, Grundbuchauszüge, Urkunden über Geburt und Hochzeit – alles auf Englisch, alles abgestempelt. Ich musste sogar ein »infertility statement« abgeben, eine ärztliche Bestätigung, dass ich auf keinen Fall schwanger werden kann. Die indischen Behörden verlangen dies, bevor sie einem Ehepaar ein Adoptivkind genehmigen.

Oft arbeite ich für die Adoption bis spätnachts. Seit Monaten ist dies wie ein »Halbtagsjob«, zumal wir mehrere Berichte wie Hausaufgaben formulieren mussten, zusätzlich zu erforderlichen Lebensläufen und unseren Stammbäumen. Und es hört nicht auf. Mein einziger Trost ist die Reaktion anderer Adoptiveltern in den Elternverbänden, die genauso darüber schimpfen.

Ich weiß, dass es notwendig ist, künftigen Adoptiveltern auf die Finger zu sehen. Es gibt immer wieder Kriminalität bei Adoptionen, Fälle von Korruption, Kinderhandel oder pädophilem Missbrauch. Und nicht alle Eltern sind geeignet, Kinder zu adoptieren. Die Anforderungen der Behörden haben daher ihre Berechtigung. Sie sollen den Adoptionsprozess wasserdicht gegen Missbrauch machen.

Aber die Kehrseite der Medaille ist, dass das Verfahren so komplex ist, dass selbst den Behörden Fehler unterlaufen und das hält die Bearbeitung auf, verzögert den Fall. Bisher habe ich mich jedes Mal nur geärgert. Jetzt aber denke ich sofort an Indira, bin verzweifelt, weil jeder Fehler bedeutet, dass sie länger im Heim bleiben muss, als nötig wäre.

Die nächsten Wochen sind eine zermürbende Warterei darauf, dass es mit der Bearbeitung unseres Falles im Ministerium weitergeht. Am Telefon höre ich Entschuldigungen über zu wenig Personal, Krankheitsfälle und Urlaub. Derweil räumen Andreas und ich unsere Arbeitszimmer um und machen mein Zimmer frei für ein Kinderzimmer. Aber noch wage ich nicht, das Zimmer einzurichten. Ich habe Angst, dass unser Fall sich immer mehr in die Länge zieht. Mein Drängen und Nachhaken bei den Behörden bringt nur bedingt etwas. Wir sind abhängig von ihrer Arbeit und müssen warten und das fällt mir so schwer.

Nachts wache ich auf, schweißgebadet, starre in das Dunkel meines Zimmers und denke an Indira. Ist es schon zu spät? Im Morgengrauen lastet die Angst erdrückend auf mir, finde ich keinen Ausweg, kann nicht mehr einschlafen. Wie viel Aufhebens wird bei uns gemacht, wenn ein Kind einige Tage in ein Krankenhaus muss! Wie oft dürfen Mütter oder Väter bei ihrem Kind im Krankenhaus übernachten, nur weil man das Kind davor bewahren will, sich verlassen zu fühlen. Und meine Tochter sitzt schon ein Jahr allein im Heim – jeden Tag, jede Nacht. Seitdem ich sie gesehen habe, sind schon fast zwei Monate vergangen. Ich müsste längst bei ihr sein, ihr helfen, denke ich. Aber es ist nicht absehbar, wie lange die Bearbeitung der Adoption noch dauern wird, und ich kann nicht etliche Monate Urlaub nehmen und nach Indien verschwinden. Unruhig liege ich in meinem Bett, höre in mir ihr lang gezogenes, trauriges Weinen.

Die Wochen verstreichen, ich quäle mich durch meinen Job, warte – und dann kommt ihr erster Geburtstag. Ich bin verzweifelt. Unsere Papiere sind immer noch bei der Sachbearbeiterin im Familienministerium. Zwar hat der Notar alles abgestempelt, aber jetzt müssen die Unterlagen noch zum Außenministerium und zur Indischen Botschaft, bevor sie verschickt werden.

Ich beschließe, das Heim in Bombay anzurufen, muss mehrmals wählen, weil die Verbindung zusammenbricht. Dann nimmt jemand ab, eine Schwester sagt, sie werde Schwester Lena holen – und ich höre, wie sich ihre Schritte entfernen. Dann ist Stille in der Leitung. Plötzlich höre ich durch das Telefon das Krächzen der Krähen und im Hintergrund das Weinen der Kinder und das Geknatter der Autorikschas. Auf einmal ist das Heim so nah, die Hitze, der Verkehr außerhalb der Mauern und das Bild von Indira, wie sie in ihrem Gitterbett hockt. Ich sehne mich so danach, sie endlich wiederzusehen, sie da rausholen zu können.

Schwester Lena kommt, freut sich, dass wir anrufen und fragt sofort, wann unsere Papiere kommen werden. Die Unterlagen von Indira seien fast fertig. Bald könne alles an das indische Ministerium geschickt werden. Wir unterhalten uns über die Adoption und dann frage ich besorgt nach Indira. Ich merke, wie vorsichtig ich sein muss, denn ich will Schwester Lena nicht verletzen.

»Ja doch, natürlich geht es ihr gut. Sie ist gut aufgehoben hier. Sie hat doch alles. Machen Sie sich mal keine Sorgen.«

Sie scheint etwas indigniert, dass ich so frage. In ihren Augen tut sie alles, um die Kinder in dem Heim gut zu versorgen. Sie bekommen zu essen, zu trinken, sind sauber, medizinisch versorgt und ab und zu spielt jemand mit ihnen – also alles in Ordnung. Ich kann den Nonnen ihre Haltung nicht verübeln, wenn ich an die Zustände in den Slumhütten denke, die sich wenige Meter vom Heim entfernt an den Bahndamm reihen.

Ich bedanke mich höflich am Telefon, verabschiede mich – wieder Stille in der Leitung, Ende der Verbindung. Mir schießen die Tränen in die Augen. Andreas versucht, mich zu trösten, aber schafft es nicht ganz, vor allem nicht, als wir allein eine Kerze für Indiras ersten Geburtstag anzünden. Ich denke an die überschwänglichen Geburtstagsfeiern, die einige meiner Freundinnen für ihre Kinder organisieren. Welch ein Aufwand mit Einladungen, Luftballons, Geschenken und alles vor laufender Videokamera. Und Indira ist seit einem Jahr allein im Heim, hat nicht einmal Eltern, nicht einmal jemand, der sie in den Arm nimmt und mit Sicherheit kommt niemand auf die Idee, dass sie gerade heute ihren ersten Geburtstag haben könnte. Ich stelle ihr Foto neben die Kerze und hoffe nur, dass sie wenigstens die Stoffente, die Decke und die Spieluhr bekommen hat, die ich ihr geschickt habe.

Morgen werde ich die Flugtickets kaufen, nehme ich mir vor. Egal, wie weit es mir den Papieren gediehen ist. Andreas und ich werden noch einmal gemeinsam nach Bombay fliegen, um Indira zu sehen.

Eine neue Familie

Ich starre auf den Türeingang und habe Herzklopfen. Jeden Moment muss Schwester Lena mit Indira auf dem Arm in den Hof treten. Sie wollte Indira nur kurz anziehen und zurechtmachen. Wir sollten draußen im Hof auf sie warten.

Die Hitze ist schon jetzt so erdrückend schwül, dass wir in den Schatten flüchten. Über uns vermischt sich das Krächzen der Krähen mit dem Weinen der Kinder, das aus den vergitterten Fenstern des Heims dringt. Bombay ist wieder die Hölle, ein Moloch, und Andreas meint, es sei schlimmer geworden, die Slums, der Dreck, der Gestank und die Menschenmassen. Es bringt uns jedes Mal wieder ins Grübeln.

Wir sind heute in den frühen Morgenstunden in Bombay angekommen, haben in dem kleinen Hotel hier an den Bahngleisen übernachtet und konnten es kaum erwarten, bis sich das Tor des Heims endlich öffnete. Für Andreas ist es das erste Mal, dass er Indira sieht. Und ich werde Indira ein wenig besser kennen lernen. Damals hielt ich sie nur kurz auf dem Arm. Ich kann mich kaum noch an sie erinnern, es ging alles so schnell. Hat sie sich verändert in den letzten zwei Monaten? Wie ist es ihr ergangen? Sie ist jetzt gerade ein Jahr alt. Und wie wird Andreas auf sie reagieren?

»Hör auf, an deinen Fingernägeln zu knabbern«, höre ich Andreas neben mir sagen. Es stimmt, ich bin nervös und angespannt. Ich seufze. Ich ertappe mich in letzter Zeit oft, dass ich so tief seufze, als ob ich keine Luft mehr bekäme. Andreas beißt sich auf die Unterlippe. Es ist auch für ihn ein merkwürdiges Gefühl, hier im Hof in Bombay zu stehen und gleich unser gemeinsames Töchterchen auf dem Arm zu haben.

Da kommt Schwester Lena. Sie hält Indira, dieses Mal wieder ein Haufen rosa Rüschen, fest an sich gedrückt. Passend zu dem Heim, das sie frisch in Rosa angestrichen haben, schießt es mir durch den Kopf.

Doch dann verlässt mich der Humor. Als Schwester Lena sich uns nähert, halte ich den Atem an. Indira macht einen tief verstörten Eindruck. Sie ist viel magerer und kränklicher, als ich sie in Erinnerung hatte. Verängstigt dreht sie sich in unsere Richtung und ich merke, dass sie kaum richtig sehen kann.

»Es ist ungewohnt für sie – sie braucht etwas Zeit«, sagt Schwester Lena und gibt mir Indira auf den Arm. »Ich lasse Sie jetzt besser allein, sie will sonst immer auf meinen Arm«, sagt sie und geht wieder in Richtung Büro. Im selben Moment dreht Indira ihr Köpfchen nach der Schwester um, schluchzt und klammert sich dann steif an meine Arme.

»Komm, lass uns erst mal hier hinsetzen«, sagt Andreas, und wir nehmen auf der Steinbank zwischen den Zierpflanzen Platz. Ich versuche Indira etwas hochzuheben, damit er sie besser sehen kann. Aber sie klammert sich an meine Kleidung und blickt verstört vor sich hin. Plötzlich fängt sie an zu weinen, verängstigt, und wieder dreht sie sich suchend nach den Schwestern und dem Heim um.

»Willst du sie mal nehmen?«, frage ich Andreas, doch als ich Indira in seine ausgestreckten Arme geben will, wird ihr Weinen lauter, panisch und völlig verzweifelt. Ich nehme sie wieder auf meinen Schoß, blicke in ihr kleines, verängstigtes Gesicht, sehe ihre zitternden Mundwinkel, die großen schütteren Stellen in ihrem Haar, die großen Ohren. Sie sieht uns nicht an, blickt starr auf meine Kleidung und sinkt irgendwann wie erschöpft auf meinen Bauch. So hockt sie da wie ein kleines Fröschchen. Sie hat aufgehört zu weinen, ist völlig steif, starr vor Schreck, denke ich. Ich rede leise, beruhigend auf sie ein, habe aber das Gefühl, als ob es völlig an ihr abprallt. Ich streichle sanft ihren Rücken, bin gerührt, so froh, sie in meinen Armen zu halten, mache mir aber auch Vorwürfe. Es ist klar, dass ihr die beiden letzten Monate nicht gut bekommen sind, dass sie hier leidet und raus muss. Jeder Tag zählt, hämmert es in meinem Kopf. Und wie viele Wochen muss sie noch hier bleiben, weil die bürokratischen Mühlen so langsam mahlen? Wieder beschleicht mich Panik, dass wir viel zu spät kommen.

»Es ist zu viel für sie«, meint Andreas und beugt sich über sie, streichelt ihre Haare. Ich klopfe ihr sanft auf den Rücken, bis Andreas plötzlich sagt: »Sie ist eingeschlafen.« Wirklich. Ihre Augen sind geschlossen und sie scheint zu schlafen. Der Schweiß läuft ihr aus den Haaren, die Schläfen herunter und ich muss immer wieder die Moskitos abwehren. Andreas reibt sich mit Mückenspray ein. Hinter unserer Bank huscht eine Ratte durch die Büsche. Es ist alles so viel armseliger, als ich es in Erinnerung hatte. Ich merke, dass ich mich im Lauf der letzten Reise an die Verhältnisse hier gewöhnt hatte.

»Sie ist überhaupt nicht gut drauf, Andreas. Damals war sie ruhiger, irgendwie sicherer. Sie reagiert überhaupt nicht«, sage ich. Befürchte ich, dass er Indira ablehnt? »Ich weiß nicht, ob sie in Ordnung ist«, sage ich. Ich bin bestürzt über Indira. Ich kann ihr Verhalten nicht einschätzen.

»Was erwartest du? Sie ist immer im Heim. Sie muss einfach hier heraus«, sagt Andreas. »Dann wird es schon besser mit ihr gehen.« Andreas ist immer viel zuversichtlicher als ich. Vielleicht hat er Recht.

Wir bleiben sitzen, schwitzen, lauschen auf den regelmäßigen tiefen Atem von Indira. Sie liegt rittlings auf meinem Bauch. Ich spüre, wie sich ihr Rücken unter meinen Händen hebt und senkt. Sie schläft. Ist das ihre Art, diesem Schock einfach aus dem Weg zu gehen, die Situation einfach zu überschlafen? Beunruhigt blicke ich auf ihren Kopf, die kahlen Stellen hinten, die großen ungleichen Ohren. Mir fällt auf, dass ich gar nicht genau weiß, wie die Proportionen bei einem einjährigen Kind sind, und ich habe überhaupt keine Ahnung, wie sich ein Kind in diesem Alter verhalten müsste.

Plötzlich wacht Indira auf, setzt sich auf, blickt wie in Trance um sich. Dieses Mal gebe ich sie Andreas, der sie vorsichtig auf den Arm nimmt, leise auf sie einredet. Aber sie reagiert nicht, wird stocksteif, starrt vor sich hin und blendet sich völlig aus. Dann fängt sie an zu weinen. Andreas gibt mir Indira zurück und über uns senkt sich Nachdenklichkeit, Ratlosigkeit. Indira hat auf meinem Schoß aufgehört zu weinen und starrt ohne jegliche Reaktion steif auf meinen Bauch, egal ob ich sie streichle oder auf sie einrede. Es ist, als ob sie mich nicht hört, als ob sie nicht wirklich da ist. Wenn sie sich bewegt, ist ihre Reaktion wie in Zeitlupe, wie gelähmt. Wieder schaut Indira Richtung Schwestern. Wir entscheiden, dass es zu viel für sie ist, dass wir sie zurückbringen müssen, und gehen mit ihr zu Schwester Lena.

Sobald Indira auf ihrem Arm ist und wir in den Babysaal eintreten, ist Indira wie ausgewechselt, sieht klar, schaut interessiert um sich und schmiegt sich an die Schulter von Schwester Lena. Ich bin erleichtert. Vielleicht war es einfach die ungewohnte Situation, beruhige ich mich. Ich blicke auf die Reihen der Bettchen, die Babys, die sich dort an die Gitterstäbe krallen, und die beiden jungen Frauen, die routiniert, freundlich, aber auch eilig die Schar der Babys wickeln, füttern, umziehen und die Bettchen neu beziehen. Die Babys haben lediglich Baumwolltücher als Windeln um die Hüften geschlungen, sodass sie sofort umgezogen werden müssen, wenn sie nässen. Dieses Mal kommt mir das Heim primitiver vor, härter und stressiger für die Kinder. Aber jetzt fehlt mir auch der Vergleich zu den anderen Heimen, komme ich ganz frisch aus unserer reichen, sauberen, perfekten Welt.

Ich schaue auf Indira, die sich recht wohl auf dem Arm der Schwester zu fühlen scheint und jetzt sogar lächelt und brabbelt. Die Schwester neckt sie. Zwischen ihnen beobachte ich eine fast zärtliche, innige Verbindung. Vielleicht kommt Indira einfach nie aus dem Babysaal raus, denke ich. Vielleicht kann sie deshalb mit einer anderen Situation nicht umgehen und außerdem weiß sie natürlich nicht, was sie auf dem Arm dieser komischen fremden Leute soll.

Wir besprechen mit der Schwester, dass wir nach dem Mittagessen und Mittagsschlaf der Kinder wiederkommen. Draußen, vor dem Heim, beruhigt mich Andreas. »Das ist eine süße Kleine. Die hat nur Angst. Wenn unser Kind erst bei uns ist, wird es sich schnell erholen, pass mal auf.« Ich bin gerührt. Indira – unser Kind. Andreas hat es unwillkürlich gesagt.

Aber wann kommt der Moment, wo Indira tatsächlich unser Kind ist? Bei einer Adoption weiß man das nie so genau. Ist es der Moment, in dem man das Kind das erste Mal sieht oder sich als Eltern gemeinsam für die Adoption entscheidet? Oder ist es der Tag, an dem man die Papiere beim Notar unterzeichnet, oder der Tag, an dem das indische Gericht das Sorgerecht ausspricht? Oder soll man feiern, wenn man mit dem Kind zu Hause ankommt, oder wenn das deutsche Gericht ein Jahr später die deutsche Adoption ausspricht? Oder ist es der Tag, an dem der deutsche Pass mit Staatsangehörigkeit und Nachnamen der Eltern für das Kind ausgestellt wird? Es ist ein langer Prozess mit so vielen Einzelschritten und jedes Mal hofft man nur, dass auch der nächste Schritt klappt.

Aber als wir langsam durch das Straßengewühl zurück zum Hotel gehen und dort in dem kleinen vegetarischen Restaurant unser Curry essen und uns mit Sweet Lassi, dem kühlen Joghurt- Getränk, erfrischen, haben wir beide plötzlich das Gefühl, dass wir Eltern sind. Und ich merke, wie uns dies stärker zusammenschweißt und wir aus dieser Stärke neue Kraft schöpfen können.

Nachmittags gehen Andreas und ich wieder zum Heim. Auf dem Weg fällt mir auf, dass die Slumhütten an der Mauer zu den Bahngleisen noch gedrängter stehen als vor zwei Monaten und sie sich jetzt bis auf den letzten Meter die ganze Länge an der Mauer entlangziehen. Ich entdecke sogar die Kurzgeschorene wieder, die mit ihrem Sohn in ihrer Hütte zwischen den Decken kauert. Sie wirkt wie in Trance, wie benommen, erschöpft nach vorn gebeugt. Der Junge scheint ihr Haar nach Läusen abzusuchen.

Dieses Mal dürfen wir direkt zu Indira in den Saal der Kleinkinder gehen und sie am Bettchen besuchen. Sie hockt dort, die Baumwolltücher nass um ihre Hüften geschlungen, und versucht, dem Kleinkind im Nebenbett einen kleinen Plastikbären durch die Gitterstäbe wegzuziehen. Doch das kleine Mädchen im Nebenbett zerrt den Bären mit einem Ruck wieder außer Indiras Reichweite. Erst jetzt erinnere ich mich an die Decke, die Spieluhr und die Stoffente, die ich ihr von zu Hause geschickt habe. Aber ich kann hier nichts davon erkennen und als ich wenig später die Schwester frage, weiß sie nicht, wovon ich spreche. Sie haben nie ein Paket von uns bekommen.

Eine der jungen Frauen im Saal nimmt Indira aus dem Bettchen und wickelt sie routiniert in neue Baumwolltücher. Indira lässt dies stoisch über sich ergehen und blickt uns neugierig an, weniger ängstlich als heute morgen. Doch als mir die junge Frau Indira dann in den Arm legt und wir den Raum mit dem Babygeschrei verlassen, klammert sich Indira wieder ängstlich an mich. Draußen auf dem Hof vergräbt sie ihr Gesicht in meine Kleidung, als ob sie das Sonnenlicht blende, sie kaum fokussieren könne. Wieder wird sie steif und starr und stellt jegliche Reaktion ein. Ich gebe sie Andreas, der sie auf seinen Bauch setzt und sich vorsichtig auf die verstaubte Kinderschaukel quetscht, die hier zwischen den Tropenpflanzen steht. Doch als Andreas mit ihr langsam zu schaukeln beginnt, fängt Indira vor Angst an zu zittern und weint. Verstört klammert sie sich an Andreas, starrt vor sich hin. Sie kennt schaukeln offensichtlich nicht und so setzt sich Andreas mit ihr neben mich auf die Bank. Es dauert wenige Minuten und Indira sinkt erneut in den Schlaf. Als sie einige Zeit später aufwacht, bewegt sie sich wieder wie in Zeitlupe und reagiert überhaupt nicht. Mich beschleicht Angst, dass geistig etwas mit ihr nicht stimmen könnte. Ich kann ihr Verhalten nicht einschätzen und so müde kann sie nicht sein, dass sie immer wieder einschläft, denke ich. Andreas und ich sind uns einig, dass zumindest ihr Verhalten hier einen Knacks bekommen hat.

»Meinst du, wir können mal fragen, ob wir sie zum Arzt bringen dürfen? Wir haben überhaupt keine Ahnung, was mit ihr los ist«, sage ich zu Andreas.

»Ja. Können wir machen. Aber sie braucht Eltern, Bettina – egal, was mit ihr ist. Wenn sie behindert ist, braucht sie erst recht Eltern. Außerdem hätte es auch sein können, dass wir ein behindertes Kind zur Welt bringen. Dann muss man auch damit fertig werden«, sagt er. Ich weiß, dass er Recht hat. Und gerade deshalb ärgere ich mich über mich selbst, dass ich Indira nicht akzeptieren kann, wie sie ist. Schon will ich wissen, was genau mit ihren Augen ist, ob sie geistig gesund ist, und frage mich, ob und wie sie später im Leben mitkommt. Ich rutsche mit Indira schon in die Leistungsschiene, bevor sie überhaupt unsere Tochter ist. Aber ich habe Angst, weiß nicht, ob die Schwestern ehrlich sind und Indira wirklich nur ein Problem mit den Augen hat. Irgendwie scheint der ganze Kopf, die Augen, die Ohren ungleich und schief zu sein. Was, wenn bei der Geburt doch etwas passiert war? Ich ertappe mich. Ich habe schon wieder Angst vor einem behinderten Kind, der mächtigen Verantwortung, die dies beinhaltet, und der lebenslangen Abhängigkeit des Kindes von mir. Es ist natürlich richtig, wenn Andreas sagt, dass Indira erst recht Eltern braucht, wenn sie geistig beeinträchtigt ist. Aber ich bin diejenige, die dann auf so viel verzichten und sich weit gehend um das Kind kümmern muss. Andreas würde seinen Job behalten.

Wir können mit Indira nur kurz auf dem Hof bleiben, bis sie wieder zu weinen anfängt, dieses Mal herzzerreißend. Wir bringen sie wieder zurück in ihr Bettchen, wo sie dann aber auch weint und plötzlich anfängt, monoton vor sich hin zu schaukeln. Sie fällt wie in Trance und ich schaue mich Hilfe suchend nach den jungen Frauen um, die aber damit beschäftigt sind, anderen Babys die Flasche zu geben. Diesmal arbeiten hier nicht dieselben jungen Frauen wie noch heute morgen. Beunruhigt lassen wir Indira allein und

Andreas reagiert gereizt. »Sieh zu, dass endlich die Unterlagen beikommen. Die muss hier einfach raus.«

Wir gehen zu Schwester Lena, die in ihrem Büro vor einem Stoß Aktenordnern sitzt und mit einer anderen Schwester Adoptionsfälle bespricht. Diese füllt an einer alten Schreibmaschine Formulare aus. Ich frage vorsichtig, ob wir Indira vielleicht zu einem Arzt bringen dürften. Schwester Lena stimmt zu, dass wir das am nächsten Tag machen können, scheint sogar Verständnis dafür zu haben. »Aber Indira ist in Ordnung, sie ist sogar sehr gesund«, sagt Schwester Lena lachend.

Ich bin mir jedoch nicht sicher, und als wir am Spätnachmittag wie Touristen nach Colaba fahren, grübeln wir, wie wir einen vom Heim unabhängigen Kinderarzt auftreiben können. Plötzlich fällt mein Blick auf das *Taj Mahal*, das Luxushotel, das hier an der Bucht in der Nähe des *Gateway to India* steht. Dieses Mal lasse ich das Hotel nicht einfach links liegen, sondern wir überqueren die Straße und treten in die Lobby ein. Eisgekühlte Luft schlägt uns entgegen, drüben durch eine Glaswand erkennt man den Swimmingpool, an dem sich die Touristen von der staubigen Hitze der Stadt erholen.

Ich steuere auf die Rezeption zu und frage, ob sie mir einen Kinderarzt nennen könnten.

»Einen Kinderarzt? Nein. Leider nein«, erklärt mir der Hotelangestellte bedauernd und grübelt. Ich will mich schon abwenden, da hellt sich plötzlich sein Gesicht auf. Er starrt mich an: »Doch. Mein Onkel. Mein Onkel ist Kinderarzt. Aber nicht hier. Das ist weiter weg im Norden von Bombay«, sagt er und ich kann mein Glück kaum fassen, als er mir erklärt, dass sein Onkel genau in dem Stadtviertel arbeitet, in dem das Heim liegt. Ich rufe den Kinderarzt noch aus dem *Taj Mahal* an. Wir können kommen.

Am nächsten Tag stecken die Schwestern Indira in ein himmelblaues Rüschen-Kleidchen mit himmelblauen Söckchen und himmelblauem Käppi. Indira ist viel ausgeglichener als zuvor und sogar bereit, kurz mit uns zu spielen: Arme rauf und Arme runter und auf den Armen wiegen nach Kinderliedchen. Noch ahnt sie nicht, dass ihr zwei Arztbesuche bevorstehen. Der erste Termin ist mit Schwester Maria beim Augenarzt in einem nahe gelegenen Krankenhaus und der zweite bei dem unabhängigen Kinderarzt. Indira bleibt auf dem Arm der Schwester und so fahren wir vier in einer Autorikscha zum Hospital. Sobald wir das Heim verlassen, ist Indira wieder verängstigt, auch auf dem Arm der Schwester, und klammert sich wie ein Frosch an sie.

Im Krankenhaus müssen wir eine Stunde warten. Der Augenarzt hat Indira Augentropfen eingeträufelt, damit sich ihre Pupillen weiten und er ihre Augen richtig untersuchen kann. Nun müssen wir ausharren, bis die Tropfen ihre Wirkung zeigen. Indira klammert noch mehr. Mittlerweile habe ich sie auf dem Arm, denn Schwester Maria ist verschwunden, um andere Kinder des Heims zu besuchen, die hier eingewiesen worden sind. Plötzlich sitzen Andreas und ich allein mit Indira auf dem Schoß in dem engen, stickigen Flur eines Krankenhauses in Bombay. Dicht gedrängt hocken Mütter mit ihren kleinen Kindern auf dem Gang, auf dem Boden, warten in den Gängen, denn in einem der winzigen Untersuchungszimmer wird offenbar geimpft. Es stinkt nach Desinfektionsmittel und ununterbrochen schreien Kinder. Indira taut langsam auf, fühlt sich wohl in dieser gedrängten und lauten Atmosphäre und spielt mit meinem Kugelschreiber. Sie weint kein einziges Mal, wie ich befürchtet hatte, als Schwester Maria in den Gängen des Krankenhauses verschwand.

Neugierig werden wir von den indischen Müttern und ihren Kindern beobachtet und eine der Frauen fragt gestenreich, ob dies unser Kind sei. Ich nicke und von ihr kommt eine anerkennende Version des indischen Kopfwackelns und ein aufmunterndes Lächeln.

Das können wir gebrauchen, denn Indiras gute Stimmung wird jäh unterbrochen, als wir aufgerufen werden und der Arzt mit der Augenuntersuchung beginnt. Glücklicherweise taucht Schwester Maria rechtzeitig wieder auf. Aber es wird für Indira trotzdem furchtbar, denn der Arzt muss dicht an ihre Augen heran. Aus Angst wirft sie den

Kopf so heftig hin und her, dass mehrere Arzthelfer sie festhalten müssen. Sie schreit wie am Spieß, die Männer sind in Schweiß gebadet – es ist sowieso glühend heiß – und ich kämpfe mit den Tränen. Ich überlege, ob ich dem Arzt sagen solle, er möge die Untersuchung abbrechen. Ich habe das Gefühl, es ist unsere Tochter, die da schreit und leidet, und sie tut mir unendlich Leid.

Sobald die Tortur vorbei ist und sie wieder auf dem Arm von Schwester Maria ist, beruhigt sie sich. Dann klärt uns der Arzt auf. Seine Hilfsmittel sind äußerst bescheiden und er hat seine »Praxis« in einem winzigen Raum, in den gerade eine Liege, ein kleiner Schreibtisch und ein Stuhl passen. Wir können uns kaum umdrehen und im Nebenraum schreien die geimpften Kinder wie am Spieß. Doch der Arzt scheint an das gewöhnt zu sein, macht einen sehr erfahrenen Eindruck und ruft über das Babygeschrei hinweg: »Keine Muskellähmung, kein neurologischer Schaden, nur normales Schielen. Das kann irgendwann mal operiert werden.« Wir alle atmen erleichtert auf, inklusive des Arztes, und verzichten auf weitere Augenuntersuchungen.

Wir bringen Schwester Maria zurück ins Heim und setzen unsere Tour zum Kinderarzt fort. Da sitzen wir nun, Andreas und ich, mit Indira auf dem Arm im brodelnden Verkehr im »Töff-Töff«, wie ich die Autorikschas nenne. Und wieder habe ich das Gefühl, dass wir jetzt Eltern sind. Indira klammert sich eng und ängstlich an mich, ist wieder so starr und schläft. Ich streichle ihren Kopf und ihr schwarzes Haar. Ihre langen Wimpern bedecken ihre Augen. Sie ist unglaublich süß, klein, so zerbrechlich, unschuldig, ausgeliefert und wehrlos. Plötzlich begreife ich den Mechanismus des Beschützerinstinkts.

Nach einigem Suchen finden wir den Eingang zur Arztpraxis in einem schäbigen Haus im Hinterhof und als wir die Treppe hochgehen, will ich erst wieder umkehren, weil ich dem dunklen, modrigen Treppenhaus nicht traue und glaube, dass wir uns verlaufen haben. Aber oben finden wir schließlich wirklich ein Wartezimmer. Es ist so dunkel, dass wir die Patienten und die Sprechstundenhilfe erst erkennen, als sich unsere Augen an das fahle Licht gewöhnt haben. Ich gebe Indira Andreas auf den Arm und als sie aufwacht, ist sie in der dunklen Atmosphäre sofort quicklebendig. Ein anderer Junge spielt auf dem Boden des Wartezimmers. Erst schmiegt sich Indira an Andreas, doch dann richtet sie sich plötzlich auf, fängt an zu brabbeln und wenig später macht sie an den Händen von Andreas sogar erste wackelige Schritte durch den Raum. Plötzlich flammt ein ungeheurer Stolz in ihren Augen auf. Sie strahlt, freut sich und ich finde es idiotisch, überhaupt darüber nachgedacht zu haben, dass sie geistig behindert sein könnte.

Als wir von dem jungen Arzt hereingerufen werden, klopft Indira erst mit einem Stift auf seinem Telefon herum. Er lässt ihr Zeit, erzählt uns, dass er immer wieder Kinder aus Heimen behandle. Er arbeite für ein anderes Kinderheim hier in der Nähe. Dann untersucht er Indira langsam, sehr einfühlsam, redet liebevoll mit ihr und meint, sie sei von ihrer Entwicklung völlig normal, sehr groß, etwas zu leicht, aber sonst gesund. »Die können Sie beruhigt adoptieren«, sagt er schmunzelnd.

Zurück im Heim haben wir noch etwas Zeit, setzen uns noch einmal auf die Bank und wieder erstarrt Indira, ihre Bewegungen gefrieren wie in Zeitlupe, sie blinzelt, kann kaum gucken und schläft sofort auf dem Bauch von Andreas ein. Wir sind uns einig, dass sie irgendwie mit der Welt außerhalb des Heims nicht zurechtkommt, aber wie auch, wenn sie die nie kennen gelernt hat. Das soll uns nicht davon abhalten, Indira zu adoptieren. Sie braucht Eltern, egal, was mit ihr ist, und wenn es ihr nicht gut geht, braucht sie die Eltern umso mehr. Ich hoffe, dass alles gut wird.

Schweren Herzens bringen wir sie wieder in ihr Bettchen zurück, wo sie sofort in Trance und ihr monotones Schaukeln verfällt, und als wir gehen, höre ich plötzlich wieder ihr tieftrauriges Weinen. Ich höre es selbst über das Geschrei der anderen Kinder hinweg. Ich würde sie am liebsten einpacken und sofort mitnehmen. Aber das geht erst, wenn das indische Gericht das Sorgerecht ausgesprochen hat – und bis dahin ist es noch ein weiter, sehr weiter Weg.

Aber es gibt einen Lichtblick. Ich habe hier von Bombay aus mit dem Familienministerium in Deutschland gesprochen und erfahren, dass unsere Papiere fertig sind und in diesen Tagen nach Indien geschickt werden. Dann werden uns im Gegenzug auch die Adoptionspapiere von Indira geschickt, die wir vor dem Notar zu Hause unterzeichnen müssen – ein Moment, auf den ich fast ein Jahr lang hingearbeitet habe. Schwester Lena ist ebenfalls erleichtert, als ich ihr von dem Fortschritt berichte. Als Andreas und ich in dieser Nacht ins Flugzeug steigen, sind wir trotz des Abschieds von unserer Tochter glücklich. Jetzt wird es ernst und aufregend zugleich, die Adoption von Indira rückt näher.

Es fehlen fünf Zentimeter

Ich kann es nicht mehr erwarten. Schon um 5.30 Uhr heute Morgen habe ich zu Hause in meinem Arbeitszimmer am Schreibtisch gesessen, in meinen Bademantel eingewickelt, eine heiße Tasse Tee neben mir, und Schwester Lena in Bombay angerufen. Um diese Uhrzeit ist sie wegen der viereinhalb Stunden Zeitverschiebung am besten zu erreichen. Unsere Unterlagen sind endlich in Indien eingetroffen, und die Schwester hat heute im Gegenzug die Adoptionspapiere von Indira auf den Weg geschickt. Es sind juristische Unterlagen und medizinische Gutachten. Mit diesen Originaldokumenten müssen wir zum Notar und mit einer Unterschrift auf den Papieren unseren Willen zur Adoption beurkunden.

Ich habe extra einen internationalen Kurierdienst beauftragt, die Papiere vom Heim in Bombay abzuholen und uns zu schicken. Etliche Male habe ich deshalb mit einem sehr engagierten jungen Mitarbeiter in Bombay telefoniert.

Ich bin so unruhig, dass ich im Internet nachprüfe, wo sich die Sendung gerade befindet. Auf seiner Website gibt der internationale Kurierdienst über jede Sendung exakt Auskunft. So tippe ich die lange »shipping bill number« ein. Aber dann runzle ich die Stirn: »abgeholt in Bombay, auf dem Weg per Flug nach New York, Verteilerzentrum Bronx.« Ich gebe die Nummer noch einmal ein, habe mich wohl vor Aufregung vertippt. Doch wieder flimmert es mir vom Bildschirm entgegen: »abgeholt in Bombay, auf dem Weg per

Flug nach New York, Verteilerzentrum Bronx.« Mir läuft es siedend heiß den Rücken herunter, ich vergleiche noch einmal die Nummern. Sie stimmen.

Ich wiederhole den Vorgang und wieder kommt als Zielort »New York, Verteilerzentrum Bronx«. Ich bekomme Bauchweh vor Aufregung und Angst – die Nachwirkungen von Bombay, als ich mir mit dem Schluck Wasser aus der Thermoskanne Amöben einhandelte. Seither bekomme ich in Stresssituationen sofort Bauchschmerzen. Da nützt es auch nichts, dass ich jetzt schon die dritte Sorte Antibiotika einnehme. Ich kann viele Speisen nicht mehr essen, habe mehrere Kilo abgenommen und die Anspannung der Adoption macht es nur noch schlimmer. Ich greife zum Telefonhörer und rufe den Kurierdienst in Bombay an. Es kann einfach nicht sein, dass schon wieder etwas schief läuft.

»Doch, doch. Die Sendung ist nach New York unterwegs. Wir haben dem Heim auch gesagt, dass Sie nicht in New York wohnen. Aber die bestanden auf der Adresse«, höre ich den jungen Mitarbeiter besorgt am Telefon. Eine Welle von Hitze, Wut und Verzweiflung jagt in mir hoch.

»Aber wir leben seit zwei Jahren nicht mehr in New York. Ich habe doch ausführlich erklärt …« In Gedanken sehe ich schon einen Kurier auf dem Motorrad durch Manhattan fahren, unseren Wolkenkratzer in der Upper West Side suchen und dem Portier an der Rezeption den Brief aushändigen. Bis die gemerkt haben, dass wir in den zwanzig Stockwerken nicht zu finden sind … Es ist nicht auszudenken. Und das alles mit den Originalpapieren von Indira!

Ich rufe das Heim an und spreche mit Schwester Lena. Erst reagiert sie mit Unverständnis, dann fällt ihr ein, dass sie aus irgendeinem unerfindlichen Grund eine alte Adresse von uns eingetragen hat. Ich werde unwirsch und mache ihr Vorwürfe, dass wir keine Zeit vertun dürften. Da reißt ihr der Geduldsfaden.

»Wissen Sie, Sie sind hier nicht der einzige Fall. Wir haben viel zu tun und jeder muss warten, bis er an der Reihe ist. Drängen Sie uns nicht so! Es ist völlig egal, ob Indira hier noch ein wenig länger ist oder nicht. Es geht ihr hier absolut gut und das bisschen mehr Liebe, das Sie ihr geben, macht auch keinen großen Unterschied.« Ich bin sprachlos, wütend. Was sagt sie? Das bisschen mehr Liebe? Mir steigen die Tränen in die Augen. Aber ich zwinge mich, wieder Ruhe zu finden, mich zu beherrschen und sage nichts mehr. Wir müssen mit dem Heim zusammenarbeiten und sind davon abhängig, ob und wie schnell sie den Fall abwickeln. Ich kann es mir nicht leisten, dass unser Fall und damit Indiras Schicksal wegen dummer Bemerkungen von mir auf die lange Bank geschoben wird.

Ich entschuldige mich. Anschließend tüfteln der Angestellte des Kurierdienstes in Bombay und ich in etlichen Telefongesprächen heraus, dass die Sendung in Europa auf dem Weg von Bombay nach New York am Flughafen abgefangen werden kann. Der Kurierdienst fischt die Sendung tatsächlich aus dem Flugzeug heraus und am selben Abend noch halte ich die Papiere in der Hand.

Sofort öffne ich den Umschlag und da ist Indiras Foto auf den Papieren. Verträumt schielt sie in die Kamera, blass, klein und zierlich. Neugierig, aber auch etwas unruhig nehme ich die Papiere zur Hand. Es ist nicht viel, was ich jemals über Indira erfahren werde. Was nicht auf diesen Seiten steht, werden wir vielleicht nie herausbekommen.

Sie ist in Bombay geboren. Als sie neun Tage alt war, wurde sie von ihrer Mutter im Heim abgegeben. »Direkt abgegeben von der unverheirateten Mutter«, steht in dem vom Heim ausgefüllten Fragebogen. Etwas weiter unten: »Die Mutter gibt das Kind zur Adoption frei, wegen unehelicher Geburt des Kindes«, und dann: »damit die Mutter und das Kind eine bessere Stellung und eine bessere Zukunft haben.« Ihre Mutter war also nicht verheiratet und brachte Indira eine gute Woche nach der Geburt selbst ins Heim, um sich und dem Kind eine bessere Zukunft zu ermöglichen. So war es formuliert. Einer der typischen Fälle, wie ihn mir Schwester Lena beschrieben hatte. Es gibt keinerlei Angaben zu irgendwelchen Verwandten und es ist kein Kontakt erwünscht. Dies ist extra auf den Papieren vermerkt. Die schriftliche Einwilligung der Mutter, Indira zur Adoption freizugeben, liegt vor, heißt es.

Was war damals, vor gut einem Jahr geschehen? Welches Schicksal der Mutter verbirgt sich hinter diesen Zeilen? Wie ist diese Mutter? Wer ist der Vater von Indira? Ich habe so viele Fragen. Mir fehlen die Gesichter, mir fehlen die Stimmen, die Argumente, die Erklärungen – mir fehlt alles. Vielleicht wird mir Schwester Lena ein klein wenig mehr erzählen. Aber ich weiß, dass die Identität der leiblichen Eltern von den Behörden in Indien streng geheim gehalten wird. Niemand hat ein Interesse daran, dass plötzlich eine westliche Frau in Indien vor einer Haustür steht, eine ganze Familie in Aufruhr versetzt und eine junge Frau damit vielleicht sogar gefährdet. Ich kann das verstehen. Trotzdem starre ich weiter auf den Fragebogen, versuche, die kleinsten Hinweise zwischen den Zeilen herauszulesen und weiß, dass ich viele Fragen von Indira nie werde beantworten können. Die Informationen geben nichts her, sind zu spärlich. Nie wird sie wissen, wie ihre Eltern aussahen. Es gibt nicht einmal ein kleines Passfoto ihrer Mutter – nichts. Es gibt keine Namen, es fehlen Gesichter und es fehlt die Antwort auf das »Warum? Warum hat sie mich weggegeben?« Diese Frage wird ihr ein Leben lang unbeantwortet bleiben.

Das Schielen von Indira ist in den Unterlagen extra aufgeführt. Dann gibt es noch grobe Angaben zu ihrer körperlichen Entwicklung und einen gesonderten medizinischen Bericht, in dem ihre derzeitige Entwicklung in wenigen Stichworten als »normal« kategorisiert wird und ihr Schielen und die unterschiedlichen Ohren kurz beschrieben werden. Sie könne nicht ohne Hilfe sitzen und sei körperlich etwas spät entwickelt, schreibt ein Arzt. Abends gehen Andreas und ich nochmals durch die Papiere. Selbst eine Liste von fast zehn Impfungen liegt vor, die Ergebnisse etlicher Bluttests, auch Aids-Tests, sind beigefügt, und die medizinischen Daten von Röntgentests der Brust und Lunge. Wir haben das Gefühl, dass alles ganz normal aussieht, und unser Hausarzt bestätigt dies am nächsten Tag. Ich merke ihm die Begeisterung und Zustimmung an, als er die Papiere »der kleinen Puppe«, wie er sie nennt, analysiert.

»Na, dann mal los,« sagt er schmunzelnd. Er freue sich schon auf den Tag, wenn wir mit ihr zu ihm kämen.

Am nächsten Tag schicke ich Kopien all dieser Papiere zu unserer Sozialarbeiterin Sarah, die sie ihrerseits noch einer Fachärztin vorlegen wird. Mit ihr arbeitet das Jugendamt zusammen, um die Unterlagen beurteilen zu können. Einen Termin beim Notar habe ich ebenfalls schon anberaumen lassen. Es ist das erste Mal seit fast einem Jahr, dass Andreas und ich erleichtert, zuversichtlich und gelöst abends bei Tisch sitzen, Kerzenschein, schönes Essen und von unserer Zukunft mit Indira träumen. Nach vielen Jahren haben wir endlich das Gefühl, kurz vor dem Ziel zu sein, und wir freuen uns, gewinnen wieder Kraft. In den nächsten Tagen richten wir das Kinderzimmer ein, kaufen ein Kinderbett, Babyflaschen und lustige, farbenfrohe Kinderkleider, die Indira passen müssten. Freunde, denen wir nun doch von Indira erzählt haben, schicken Geschenke, Kleidungsstücke und Spielzeug ihrer Kinder. Die Zustimmung um uns herum tut so gut. Glückliche Vorfreude! Indira zieht in unser Haus und unser Leben ein!

Doch dann kommt dieser Brief. Als ich ihn gelesen habe, sitze ich wie betäubt auf dem Sofa, weiß nicht, wie ich mich zwischen Angst oder Wut entscheiden soll, und heule deshalb nur. Auch, weil ich es nervlich nicht mehr aushalte.

»... haben wir die medizinischen Unterlagen von Indira ausgewertet und müssen wir leider zu folgendem Ergebnis kommen ...«, heißt es in dem Brief der Fachärztin an die Sozialarbeiter, »... befindet sich Indira in ihrer Entwicklung auf dem Niveau eines Kindes von sieben bis acht Monaten, was eine gravierende Spätentwicklung darstellt.« Und weiter: »... kann sie keinerlei klare Worte sprechen, was für dieses Alter ebenfalls auf eine verzögerte Entwicklung hindeutet.« Im nächsten Absatz: »können die unterschiedlichen Ohren auf Abnormalitäten im Mittelohr und Innerohr hinweisen ...« Weiter unten: »... kann das Schielen zwar kosmetisch behoben werden, sind aber Sehschwächen nicht auszuschließen. Das Kind würde dann auf Dauer Probleme in verschiedenen Bereichen des Sehens haben.« Das schwerwiegendste Problem von Indira sei allerdings ihr Kopfumfang, heißt es in dem Schreiben. Indira sei nicht nur erheblich untergewichtig, sondern ihr Kopfumfang betrage lediglich einundvierzig Zentimeter und dies sei im Vergleich zu ihrem Alter und ihrer Größe »microcephalic«, also krankhaft zu klein – sprich behindert. »... auch wenn es gelegentlich Kinder gibt, die damit eine normale Intelligenz aufweisen, ist es viel wahrscheinlicher, dass mit Lernschwierigkeiten gerechnet werden muss. Spätentwicklungen bei dem Kind wurden bereits festgestellt...« Und der Brief schließt: »Es besteht das Risiko, dass dieses Kind lernbehindert ist. Daher stellt sich die Frage, ob mit der Adoption fortgefahren werden kann. Dies hängt davon ab, ob die Eltern darauf eingestellt sind und ob die Eltern für solch eine Adoption zugelassen sind.«

Aufgelöst suche ich die medizinischen Berichte von Indira durch und kann durch die Tränen hindurch kaum die Zeilen entziffern. In dem Fragebogen des Heims steht tatsächlich, dass Indira einen Kopfumfang von einundvierzig Zentimetern hat. Ich habe keine Ahnung, wie groß der Kopf eines Kindes sein muss. Mir kam Indiras Kopf gar nicht klein vor – im Gegenteil. Aber dann kriecht in mir doch die Angst hoch. War ihr Verhalten auf dem Hof im Heim vielleicht doch ein Anzeichen geistiger Defizite? War bei der Geburt etwas schief gelaufen? Aber Indira war doch bei den Ärzten so fröhlich gewesen. So sehr konnten wir uns doch alle nicht irren, vor allem die Ärzte dort nicht.

Ich rege mich auf. Der Brief der Ärztin ist so deprimierend. Sie schreibt sogar, dass sämtliche Bluttests noch einmal gemacht werden müssten. Als ob man den Indern nicht über den Weg trauen könnte. Und selbst wenn etwas mit Indira nicht in Ordnung wäre – das Kind braucht uns doch dann erst recht. Wieso will man uns gerade dann Schwierigkeiten machen, sie zu adoptieren? Völlig aufgelöst rufe ich Andreas im Büro an.

»Die spinnt«, ist sein Kommentar. »Natürlich kann Indira alleine sitzen und außerdem ist sie beim Arzt schon ein paar Schritte an der Hand gelaufen. Ruf das Heim an und sag denen, die sollen den Kopf noch mal messen.« Und das nach dem Krach mit Schwester Lena, denke ich. Höchstwahrscheinlich füllen sie so viele Fragebögen aus und messen so viel Kinderköpfe, dass es auf einige Zentimeter hin oder her letztlich auch nicht mehr ankommt. Und hier sitzt eine superpedantische Ärztin, bläht die Ungenauigkeiten eines indischen Fragebogens auf und macht ein behindertes Kind daraus. Aber es ist der einzige Weg. Wir müssen den Brief Punkt für Punkt widerlegen.

Am nächsten Morgen hänge ich um 6 Uhr morgens schon wieder am Telefon mit Bombay und versuche, Schwester Lena zu überzeugen. Sie scheint mir recht pikiert, verspricht aber, Indira noch mal zu messen. Es kommen sechsundvierzig Zentimeter dabei raus – fünf Zentimeter mehr als vorher. Sofort formuliere ich einen Brief an die Sozialarbeiter, in dem ich von Indiras Entwicklungsfortschritten und über die sechsundvierzig Zentimeter berichte. Als ich einen Tag später aber die Leiterin des Jugendamts anrufe, bleibt mir fast die Luft weg. Sie stehe auf unserer Seite, betont sie gleich am Anfang des Gesprächs. Aber die Fachärztin habe gesagt, dass man den Daten aus Indien jetzt natürlich nicht unbedingt trauen könne, da das Heim ja nun wisse, worum es gehe. Aber es sei schon in Ordnung, beruhigt mich die Leiterin der Sozialbehörde. Wenn wir meinten, wie könnten Indira adoptieren, sollten wir dies ruhig tun und zum Notar gehen. Ich lege den Telefonhörer auf und bin erschöpft. Wieder eine Schlacht geschlagen, aber es sollte nicht die letzte sein.

Ich kann den Termin bei unserer Notarin kaum abwarten. Mit der Unterschrift auf den Papieren kann uns zumindest von dieser Seite niemand mehr die Adoption von Indira streitig machen. Es ist wie eine notarielle Reservierung Indiras. Dann kann keiner mehr dazwischen kommen.

In der Kanzlei geben sich alle entsprechend feierlich. Wie haben uns angesichts der Bedeutung des Termins fein angezogen und sind ein wenig aufgeregt. Ich seufze schon wieder. Im Büro warten neben der sehr professionell arbeitenden jungen Notarin noch zwei Mitarbeiterinnen der Kanzlei als Zeugen.

Es sind sechs Dokumente, in denen wir uns verpflichten, Indira zu adoptieren, sie als unser Kind zu Hause aufzunehmen, sie zu erziehen, sie erbrechtlich voll anzuerkennen und für ihr Wohlergehen zu sorgen, mit allen uns zur Verfügung stehenden Mitteln. Urkunden, in denen wir uns verpflichten, in den nächsten fünf Jahren Berichte der Sozialarbeiter über Indira nach Indien zu schicken, um ihre Entwicklung zu dokumentieren. Diese Berichte müssen die ersten zwei Jahre vierteljährlich und die folgenden drei Jahre halbjährlich verfasst werden. Und weitere Schreiben, in denen wir beurkunden, Indira innerhalb von zwei Jahren vor den deutschen Gerichten nach deutschem Recht zu adoptieren, denn der Oberste Gerichtshof in Bombay wird zunächst lediglich das Sorgerecht nach indischem Recht aussprechen. In einem Dokument müssen Andreas und ich sogar bestätigen, dass wir nicht an Tuberkulose, einer geistigen Krankheit oder einer anderen Krankheit leiden. Ein Mal schwören wir gar auf die Bibel. All diese Dokumente verlangen die indischen Behörden mit Unterschriften und Notarsiegel zurück, um unsere Adoption von Indira vor dem Sozialministerium in Neu-Delhi und dem Obersten Gerichtshof in Bombay einzuleiten.

Wir unterschreiben alles sehr gewissenhaft, ordentlich und feierlich – mit Füllfederhalter und nicht mit Kugelschreiber. Und mit jeder Unterschrift fühle ich mich der Adoption von Indira näher, wird sie mehr und mehr unser Kind. Als wir unsere Unterschrift gar auf das Foto von Indira setzen müssen und ich meinen Nachnahmen über ihr zierliches Gesicht schreibe, halte ich fast bestürzt inne: Wir Erwachsenen entscheiden hier mit Unterschriften über das Leben eines Kleinkindes. Sie wird gar nicht gefragt, hat keine Ahnung, was mit ihr geschieht. Das wird sie erst langsam im Lauf der Jahre begreifen. Wird sie uns einmal Vorwürfe machen?

Ich weiß es nicht. Allerdings habe ich auch das Gefühl, mit unserer Unterschrift Indira Sicherheit zu geben. Sie bekommt endlich Eltern und ein Zuhause.

Die Notarin und die Zeugen beglückwünschen uns nach all den Unterschriften sogar. Nach dem Termin stehen Andreas und ich unten auf dem Bürgersteig, blicken erst etwas benommen in den Verkehr, nehmen uns dann erleichtert in den Arm und sind sehr froh. Es ist für Indira und für uns ein neuer Anfang – unsere große Chance.

Hoffnung und Enttäuschung

Endspurt. Im Job kann ich mich nicht mehr richtig konzentrieren, zu Hause bereite ich alles für meine Abreise nach Indien und die Rückkehr mit Indira vor. Ich habe das Haus umgeräumt, Möbel umgestellt, das Kinderzimmer lustig eingerichtet, fröhliche Bilder aufgehängt und Andreas hat ein Sicherheitstürchen an der steilen Treppe angebracht, damit Indira nicht hinunterfallen kann. Unser Haus sieht ganz nach Familie mit Kleinkind aus, mit all den Spielsachen, dem blauen Sportwagen im Eingang, dem Kinderstuhl am Tisch und dem Kindersitz im Auto. Es ist alles bereit. Noch einmal besuchen wir Freunde, unsere Eltern, Schwiegereltern – ich werde viele Wochen in Indien sein und danach keine Zeit haben, mit einem verängstigten Kind auf Reisen zu gehen.

Nachts wache ich immer wieder auf, zähle in Gedanken die Tage, die seit unserem Besuch in Bombay vergangen sind – wieder ein Monat, den Indira allein im Gitterbett verbracht hat, wo sie geweint hat, sich niemand ausgiebig um sie kümmern konnte und sie wieder in ihr monotones Schaukeln verfallen ist. Sie ist inzwischen dreizehn Monate alt. Ein Vierteljahr ist vergangen, seit ich sie das erste Mal gesehen habe. Ich habe wieder Angst, dass ich zu spät komme. Ich kann kaum noch schlafen. Tagsüber in der Redaktion finde ich alle Pressekonferenzen langweilig und die Selbstdarstellungen der Politiker, Banker und Unternehmer unerträglich. Außerdem schwächen mich die Nervosität und die Nachwirkungen der Amöben. Ich wiege nur noch dreiundfünfzig Kilo.

Abends surfe ich im Internet, klicke mich in eine Chat-Site ein, auf der sich amerikanische Adoptiveltern über ihre Schwierigkeiten bei der Adoption indischer Kinder unterhalten. Ihnen geht es auch nicht besser, auch wenn sie tausende von Dollar für die Adoption an professionelle Agenturen gezahlt haben. Ab und zu lese ich über den Jubel, mit dem Eltern ihre Kinder feiern, wenn diese nach Hause gebracht werden. Viele Eltern lassen sich ihr Kind von einem Begleitservice bringen. Manche dieser Leute sind selbst nie in dem Land gewesen, aus dem sie adoptieren. Einige Eltern können sich die Reise finanziell oder organisatorisch nicht leisten, aber es gibt auch Eltern, die eine Reise nach Indien ablehnen, weil dies gefährlich, dreckig und furchtbar sei. All diese Eltern sehen ihr Kind dann am Flughafen das erste Mal, ausgestattet mit Videokamera, Luftballons und Teddybär. Wenn ich an Indira denke, mag ich mir gar nicht vorstellen, was für ein Schock dies für ein Kind bedeuten muss. Aber viele Amerikaner schreiben, alles sei »great« und das Kind lebe sich fantastisch ein, einfach »wonderful«.

Eines Abends ist die Chat-Site plötzlich übersät mit Kondolenzschreiben. Nach einigen Klicks lese ich bestürzt, dass Adoptiveltern in Amerika auf eine kleine Tochter gewartet hatten. Doch vorgestern rief das Heim aus Kalkutta an und teilte ihnen mit, dass das Mädchen leider an einer Lungenentzündung gestorben sei. Das Heim bemühe sich, den Eltern demnächst ein anderes Kind anzubieten, war der einzige Trost. Was für Vorwürfe müssen da in den Eltern hochkommen, denke ich. Ein Albtraum: ... wäre man doch selber da gewesen ..., hätte man doch noch mehr auf eine zügige Bearbeitung gedrängt ..., wäre sie doch schon zu Hause gewesen.

Unser Fall kommt Gott sei Dank gut voran. Eines Tages sagt mir Schwester Lena bei einem meiner wöchentlichen Anrufe, dass die mit den Auslandsadoptionen befasste Stelle des indischen Sozialministeriums, CARA, die Erlaubnis erteilt hat, dass wir Indira adoptieren dürfen. Ohne diese Genehmigung ist es nicht möglich, im Rahmen einer Auslandsadoption das Sorgerecht für ein Kind vor einem indischen Gericht zu beantragen. Schwester Lena ist stolz und wir sind überglücklich. Wieder ein gewaltiger Schritt vorwärts! Grünes Licht für die Adoption! Ich juble, führe einen kleinen Freudentanz auf.

Ich kann sogar im Internet nachlesen, dass die Erlaubnis erteilt wurde. CARA, die Central Adoption Resource Agency in Neu-Delhi, hat eine Website, die monatlich aktualisiert wird, und dort steht in einer langen Liste von Waisenkindern auch der Name von Indira, ihr Geburtsdatum, der Name des Heimes in Bombay und unser Jugendamt. Jetzt kann das Heim den Anwalt in Bombay beauftragen, unser Sorgerecht für Indira vor dem Obersten Gerichtshof zu beantragen. Es kann also nicht mehr lange dauern, bis ich nach Indien reisen werde.

Mein Plan steht fest. Schon vor langer Zeit habe ich mit meinem Chef über die Adoption gesprochen. Die Unterstützung war fantastisch, auch wenn ich ihm zunächst die Enttäuschung darüber anmerkte, dass ich für einige Zeit in der Redaktion ausfalle. Denn auch mit einem adoptierten Kind steht mir die so genannte Elternzeit zu. Diese habe ich beantragt. Ich möchte Indira nicht aus dem Heim und den Armen der Schwestern herausreißen, ohne dass sie Zeit hat, mich kennen zu lernen. Daher werde ich mich mehrere Wochen in das kleine Hotel neben dem Heim einquartieren und sie täglich besuchen. Ich möchte das Heimleben studieren und ganz langsam mit Indira eine Beziehung aufbauen. Erst wenn sie sich an mich gewöhnt hat und mir vertraut, werde ich sie aus dem Heim holen. Sie hat schon genug Schocks erlebt – erst die Trennung von ihrer Mutter kurz nach der Geburt und dann die Betreuung im Heim von so vielen verschiedenen Schwestern und Pflegepersonen. Ich muss Indira den Schritt aus dem Heim in die für sie fremde, beängstigende Welt draußen erleichtern. Und selbst dann wird es für sie eine traumatische Umstellung bedeuten – wie viel Zeit auch immer ich zuvor mit ihr im Heim verbringe.

Noch einmal rufe ich Schwester Lena an, um zu erfahren, ob sie den Anwalt eingeschaltet hat. Kaum höre ich sie den Telefonhörer ergreifen, da sprudelt sie schon unwirsch heraus:

»Dass Sie endlich anrufen! Ich habe zehn Tage darauf gewartet. Warum haben Sie sich nicht eher gemeldet? Sie müssen sofort den Anwalt anrufen. Der Fall ist vom Gericht abgelehnt worden.« Warum, das wisse sie auch nicht.

Ich stammele nur ein »Ja, ja – sofort, sofort.«

Ich lege auf und wähle die Nummer des Anwalts, habe sofort Bauchweh, meine Knie werden mir weich. Abgelehnt? Wieso abgelehnt? Warum denn um Gottes willen jetzt noch abgelehnt? Mir schießen tausend Fragen durch den Kopf und ich versuche verzweifelt, eine freie Leitung zu bekommen. Drei Mal bricht die Verbindung ab und dann ist ein Fax-Geräusch in der Leitung. Ich bin verzweifelt. Ich bin so verzweifelt, dass ich den Telefonhörer aufknalle und die Nerven verliere. Ich schreie vor Wut und hämmere mit der Faust auf den Tisch, dass mir die Knöchel wehtun. Ich schreie so laut, dass ich noch zwei Tage danach heiser bin. Ich halte es nicht mehr aus: dieses ewige Warten und diese Achterbahnfahrt zwischen Hoffnung und Enttäuschung, Himmel und Hölle.

Erst beim fünften Versuch habe ich einen Mitarbeiter des Anwalts am Telefon. Es ist weniger schlimm, als ich befürchtete. Bei einer Sichtung der Unterlagen durch das Gericht sei aufgefallen, dass sämtliche Originale der Referenzschreiben unserer Freunde und Familie fehlten. Außerdem habe Andreas meine Bestätigung nicht unterschrieben, in der ich versichere, dass ich Elternzeit beantrage, um für das Kind zu sorgen.

»Sie müssen die Unterlagen sofort hierher schicken – am besten faxen, damit wir noch einmal versuchen können, einen Gerichtstermin zu beantragen. Aber beeilen Sie sich. Das Gericht schließt bald wegen Ferien«, höre ich durch die knisternde Leitung den Büroangestellten in Bombay erklären. Bestürzt rufe ich unser Jugendamt an, frage nach den Referenzschreiben. Aber die Sachbearbeiterin ist im

Urlaub und das Büro kann unsere Akte nicht finden. Ich rufe noch einmal in Bombay an und das Anwaltsbüro sagt mir, unsere Freunde und Familie sollten die Briefe einfach noch einmal schreiben.

Wir wollen keine Zeit verlieren. Es folgen chaotische zwei Tage, in denen ich am Telefon hänge, vom Jugendamt neue Fragebögen über unsere Ehe erhalte und meine Freunde unter Schmunzeln und Gelächter in fliegender Eile noch einmal Briefe über unsere »hervorragend stabile Ehe«, unsere »beispielhafte Toleranz« und unsere »überschwängliche Kinderliebe« formulieren. Gleichzeitig vereinbare ich wieder einen Termin bei der Notarin, denn die Unterschrift von Andreas muss noch abgestempelt werden. Und dann gehen auch diese Papiere mit Kurier nach Bombay. Dieses Mal akzeptiert das Gericht die Unterlagen. Ein Gerichtstermin wird nicht mehr lange auf sich warten lassen, hoffe ich. Ich entscheide, dass ich in zwei Wochen fliege. Ein neues Visum habe ich schon im Pass.

Meine letzten Tage im Büro sind angebrochen – nach mehr als zehn Jahren Berufstätigkeit. Ich hätte nie gedacht, dass mir das so schwer fallen würde, egal, wie sehr ich mich nach Indira sehne. Plötzlich kann ich die Männer verstehen, die schweren Herzens in Pension gehen. Ich klammere mich Stunden und Tage an den Schreibtisch, schreibe doch noch Artikel, räume mein Büro penibel auf, aktualisiere Archiv und Computer. Und am letzten Arbeitstag sitze ich betäubt am Schreibtisch, trinke noch eine Tasse Tee, sortiere die Post, lege Einladungen auf den Schreibtisch meines Kollegen. Ich habe einen Kloß im Hals, als ich den Spruch auf meinen Anrufbeantworter ändere: »Bitte hinterlassen Sie keine Nachricht, sondern rufen meinen Kollegen …« Plötzlich ertappe ich mich, wie ich wieder meine Artikel aus der Zeitung ausschneide, was ich seit langer Zeit nicht mehr getan habe – meine letzten Artikel. Ich verspüre plötzlich den Drang, noch über so viele Themen zu schreiben. Wochenlang wollte ich kaum noch schreiben, wartete sehnlichst auf meinen letzten Tag, fand keine Themen mehr, hatte keine Lust mehr. Und jetzt … Ich kämpfe mit den Tränen, als ich abends gehe. Meine Visitenkarten habe ich als Erinnerung eingepackt. Den Schlüssel für meinen Firmenwagen gebe ich ab. Ich sage den Kollegen in den anderen Stockwerken nicht auf Wiedersehen, weil ich sonst weinen würde. Dann nehme ich mir ein letztes Mal im Berufsverkehr ein Taxi nach Hause. Als die Haustür hinter mir ins Schloss fällt, bin ich in Tränen aufgelöst. Ich weiß, dass ich mit einem Kind niemals wieder so engagiert, intensiv und kompromisslos werde arbeiten können wie zuvor. Diese Zeit ist endgültig vorbei.

Ich warte auf Andreas, packe die letzten Sachen in den Koffer und bereite alles für den Abflug nach Bombay vor. Andreas und ich haben noch zwei Abende für uns. Dann werde ich fliegen und Wochen, vielleicht Monate in Bombay neben dem Heim wohnen, Indira besuchen, mit ihr spielen und auf den Termin vor dem Obersten Gerichtshof in Bombay warten. Erst dann wird das Sorgerecht nach indischem Recht geklärt sein, sodass wir Indira aus dem Heim holen und ihren Pass und das Visum für die Rückreise beantragen können. Andreas wird wegen seines Jobs erst in einigen Wochen nachkommen können. Die ersten Schritte mit unserer Tochter werde ich daher leider allein gehen.

3

Zaghafte Annäherung

Die Welt der Gitterbetten

Ich füttere zu langsam. Bei jeder Unterbrechung zappelt Indira unruhig auf meinen Beinen. Es ist wie üblich erstickend heiß in Bombay. Die Ventilatoren an der Decke des Heims kommen gegen die Glut nicht mehr an. Mir rinnt der Schweiß den Rücken herunter. Meine Brille rutscht auf der Nase und in dem Moment, in dem ich sie zurechtrücken will, schlägt Indira mit der Hand gegen den Löffel. Der Brei spritzt über meinen Salwar Kameez. Nach jedem Füttern klebt mir die Kleidung aufgeweicht von Schweiß und verkleckert vom Brei am Körper.

Die Pflegerinnen geben den Kindern gar nicht erst die Möglichkeit, sie so zuzurichten. Die jungen Helferinnen Didi und Camilia sitzen beim Füttern auf dem Boden, legen die Kinder der Länge nach auf ihre Beine, den Kopf des Kindes in ihrem Schoß. Dann können die Kinder so viel mit den Beinen strampeln und mit den Händen herumrudern wie sie wollen – von hinten kommt erbarmungslos der Breilöffel – bis die Schale leer ist. Was ausgespuckt wird, wird gleich wieder in den Mund geschaufelt, und das in Windeseile. Dem Kind bleibt gerade genug Zeit zu schlucken und schon kommt der nächste Löffel Maisbrei in den Mund. Schließlich müssen allein in diesem Raum fast zwanzig Kinder abgefüttert werden und das vier Mal am Tag. Oft füttern Didi und Camilia zwei Kinder gleichzeitig.

Immerhin habe ich es nach einigen Tagen geschafft, Indira allein zu füttern. Anfangs nahm sie von mir keine

Nahrung an. Didi musste mir beim Füttern helfen, da Indira sie am meisten in ihr Herz geschlossen hat. Didi ist die Hindi-Bezeichnung für Schwester – ihren richtigen Namen habe ich nie erfahren. Während einiger Mahlzeiten wechselten sich Didi und ich mit den Breilöffeln ab. Aber jetzt liegt Indira neugierig auf meinen ausgestreckten Beinen, den Kopf auf meinen Füßen, sodass wir uns in die Augen sehen und langsam unsere Gesichter entdecken können. Ich sitze mit ihr auf dem Boden zwischen den Gitterbetten. Platz für Stühle oder Tische gibt es nicht. Der Saal ist zugestellt mit Gitterbetten.

Ich rede auf Indira ein. Immerhin kann sie mich jetzt hören. Das Geschrei der Babys ist verstummt. Die anderen Kleinen liegen schon satt in ihren Bettchen, nuckeln an einer Flasche Reiswasser und dösen in der Hitze langsam in den Schlaf. Es ist verhältnismäßig ruhig im Heim, der ohrenbetäubende Lärm der Kinder ebbt in diesen Mittagsstunden für eine Weile ab. Ruhe senkt sich über die Räume. Die Schwestern ziehen sich zum Essen und zu ihrer Betstunde zurück.

Plötzlich hört man wieder die rumpelnden Vorstadtzüge, die Autorikschas und den Verkehr, die Krähen in den Baumwipfeln vor den vergitterten Fenstern. Indira beobachtet meine Lippen, mahlt mit dem Unterkiefer, als ob sie meine Sprache imitieren wollte. Sie erkennt mich jetzt schon. Sie lacht, wenn ich morgens ins Heim komme und an ihr Gitterbett trete: vierte Reihe vom Fenster, zweites Bett von rechts. Sie hat schnell begriffen, dass ich immer nur mit ihr spiele, sie aus dem Bettchen hebe und dass ich für sie da bin. Sobald ich mich einem der anderen Kinder zuwende, beobachtet sie mich ängstlich.

Ich hatte mich so gefreut, als ich sie vor ein paar Tagen das erste Mal wiedersah. Ich konnte gar nicht schnell genug die Treppen zum ersten Stock hochsteigen, meine Schlappen abstreifen und sie zwischen all den anderen Babys in ihrem Gitterbett suchen. Ab jetzt würde uns niemand mehr trennen. Da saß Indira, spielte mit einer kleinen Gummi-Ente. Sie strahlte, als ich an ihr Bettchen trat, mich zu ihr herunterbeugte, nicht etwa, weil sie mich erkannt hätte – dafür war zu viel Zeit verstrichen. Sondern weil hier alle Kinder aufjauchzen, wenn man sich ein wenig Zeit für sie nimmt, sie von ihrem öden Alltag ablenkt, mit ihnen spielt. Jedes Lied, jedes Spiel, jedes noch so kleine Stofftier oder Bilderbuch ist Trost und wird mir begeistert aus den Händen gerissen.

Wieder haben mich die Zustände in den ersten Tagen schockiert. Mir kam das Heim primitiver vor, als ich es in Erinnerung hatte, die langen Reihen der Gitterbetten in den kahlen Räumen, nur ein paar kleine Bilder an der Wand. Dann der Lärm der ununterbrochen schreienden Kinder, die freundliche, aber letztlich sehr eilige und mitunter rüde Art, mit der die Frauen all die Kinder wickeln, füttern, mit Medizin versorgen und wieder wickeln. Mir scheint der Lärm der Züge, der Hubschrauber, des Verkehrs penetranter als bei meinem letzten Besuch, die Hitze glühender, der Dreck auf den Straßen widerlicher. Die Gitterfenster des Heims grenzen zur einen Seite an die Slumhütten am Bahndamm und die Reihen der Bahngleise, die nach Bombay führen. Zur anderen Seite hin liegt der Hof des Heims mit der wackligen Schaukel und Rutsche, dahinter die nahe gelegene Kirche.

Aber Indira hat mich sehr überrascht. Sie ist viel freundlicher und offener als vor drei Monaten. Wir tasten uns ganz, ganz langsam aneinander heran. Mittlerweile weiß ich, dass sie damals panische Angst gehabt haben musste, als wir, die ihr völlig fremd waren, sie auf den Hof trugen. Kleinkinder in ihrem Alter verlassen den Gitterbettchen-Saal fast nie. Dass wir sie damals einfach so aus ihrem dunklen Raum draußen in das gleißende Sonnenlicht und den Hof getragen haben, muss sie völlig entsetzt haben.

Erst, wenn die Kinder älter als ein Jahr sind, dürfen sie ein oder zwei Mal die Woche unten auf dem Hof Dreirad fahren und rutschen. Ich spiele mit Indira aus diesem Grund im Moment nur hier oben in ihrer kleinen Welt der Gitterbetten und Wickeltische. Und langsam bemerke ich Fortschritte, hält sie es auf meinem Arm eine Weile aus, lässt sie sich sogar von mir wickeln. Die Baumwolltücher, die den Kleinen um die Lenden geschlungen werden, liegen im Wickelraum in einem großen Stapel auf dem Tisch. Am Anfang haben meine Hände vor Aufregung gezittert, als ich Indira an- und auszog. Aber jetzt geht es schon besser, schmiegt sie sich an mich, genießt meine Küsse und jauchzt, wenn ich mit ihr spiele. Sie ist so ausgehungert nach Zärtlichkeit und Liebe.

Ich wische mir den verspritzten Brei mit einem der Baumwolltücher vom Wickeltisch ab und will Indira gerade noch einen Löffel geben, da steht der kleine Kabir neben mir. Er gehört zu den Großen, den etwas älteren Kindern, die drüben in einem anderen Raum schlafen. Dort leben Kinder, die an den Bahngleisen gefunden, von der Polizei aufgegabelt, von ihren Eltern ausgesetzt oder zur Adoption freigegeben wurden, weil sie krank, behindert oder hässlich sind oder weil die Eltern verstorben sind. Problematische Fälle, die wegen ihrer traumatischen Vergangenheit, ihren Krankheiten und Behinderungen nur noch schwer zu vermitteln sind.

Kabir ist blass, immer krank, für sein Alter viel zu klein, fast zerbrechlich. Er beobachtet stumm, wie ich Indira füttere, dann deutet er plötzlich auf einen kleinen Teddy, der einem Kind aus dem Gitterbett gefallen ist. Kabir sieht mich auffordernd an, ich nicke ihm zu: gleich, wenn ich fertig bin. Viele der anderen Großen stibitzen von den Kleinen, klauen den Babys ihr Spielzeug. Aber nicht Kabir, er grabscht sich den Teddy nicht, er steht nur da, sanft, wie er ist, will, dass dem anderen Kind geholfen wird. Plötzlich deutet er auf Manika, ein stämmiges, kleines Mädchen, die mit ihrer Reisflasche wieder aufgestanden ist und nörgelnd an den Gitterstäben ihres Bettes zieht. Ihre Windel ist nass – wieder nicke ich Kabir zu: gleich, wenn ich fertig bin.

Langsam tapst er zu mir, setzt sich neben mich und legt mir sanft sein Händchen auf meine Hand mit dem Breilöffel. Er schaut mich bittend an, zeigt auf seinen Bauch und öffnet seinen Mund – ein ganz schüchterner Versuch, an Essen zu kommen, nicht aggressiv, sondern zaghaft. Ich schiebe Kabir einen Löffel Brei in den Mund und er strahlt, schluckt den Brei genüsslich herunter. Also füttere ich doppelt – ein Löffel für Indira, ein Löffel für Kabir. Immer reißt er seinen Mund weit auf, sieht mich hoffnungsvoll, fast flehentlich an.

Doch plötzlich kommt Camilia, die Helferin, herein. Ein wütender Wortschwall in Marathi, der hiesigen regionalen Sprache, ergießt sich über Kabir, und Camilia deutet mir an, dass ich ihn nicht füttern darf. Sie zeigt auf seinen Bauch, schüttelt mit dem Kopf. Dann zerrt sie Kabir vom Boden hoch, schimpft ihn weiter aus und zieht ihn hinter sich aus dem Raum. Schnell dreht er sich noch einmal zu mir um und lächelt, fast traurig, dass er mich in seinen Komplott hineingezogen hat, an den Brei zu kommen, aber auch etwas verschmitzt, dass es ihm gelungen ist, Camilia zu überlisten.

Welch Schleier des Schicksals hängt über diesen Kindern: ein dicker, kleiner Junge, geistig etwas langsam, gehänselt und malträtiert von den Großen, der fast immer weinend in der Ecke sitzt. Er hat eine breite Narbe am Hals, von Ohr zu Ohr, als ob ihm jemand die Gurgel durchschneiden wollte. Oder ein kleiner Junge aus Indiras Gruppe, der eine tiefe Kuhle im Bauch hat, als ob ihm die Hälfte seiner Organe fehle. Er kann keine Nahrung bei sich behalten und spuckt und spuckt. Und die Helferinnen brauchen eine halbe Stunde, um allein ihn zu füttern, weil er den Brei immer wieder schreiend und gurgelnd erbricht und sie ihn erbarmungslos immer wieder in seinen brodelnden Mund zurückschaufeln.

Oder ein Mädchen der Großen: Sie ist grob, aggressiv, verstört, vielleicht sieben Jahre alt und eine Querulantin. Sie kämpft immer gegen die anderen und manchmal kann sie nicht mehr, hält es nicht mehr aus, verkriecht sich unter ein Bett ins Dunkel und schreit und schreit. Sie schreit mit jeder Faser ihres Körpers, brüllt und presst tiefe gurgelnde, röhrende Laute aus sich heraus, animalisch, roh, so laut, dass ihr der Kopf platzen, ihre Stimmbänder fast reißen, es in ihren Ohren hämmern muss. Und sie schreit, dass es durch das ganze Heim hallt und die anderen Kinder ganz still werden vor Entsetzen und man es noch draußen auf der Straße hört.

Oder Manika, die kleine Dicke, die erst achtzehn Monate alt ist und schon so hasserfüllt schauen kann. Ich muss aufpassen, wenn ich in der Nähe ihres Bettes stehe, denn plötzlich spüre ich einen stechenden Schmerz im Arm oder im Rücken. Sie kneift, mit all der wütenden Kraft, die ihre kleinen Finger hergeben, oder reißt an meinen Haaren. Und wenn ich mich umdrehe, schleudert sie mir wütende Blicke entgegen, kneift fast theatralisch ihre Augen zu boshaften Schlitzen zusammen und versucht verzweifelt, mich mit Blicken zu töten. Sie hasst alle, hasst die anderen Kinder, schubst und haut und stößt sie um, sodass Didi und Camilia sie schnell wieder in ihr Gitterbett setzen. Da kann sie dann wütend an den Gitterstäben rütteln und schreien, bis Didi oder Camilia ein scharfes »Hör auf« zischen, was selbst Manika verstummen lässt – aber ihre Wut schießt sie weiter mit ihren Blicken durch den Raum.

Indira hat ihren Brei aufgegessen, wird müde und ich nehme sie auf den Arm, mein kleines zartes Kind, wiege sie in den Schlaf und gehe rüber in den schattigen Gang am Treppenhaus. Hier ist es kühl, der Wind weht vom Hof her durch die Gitterfenster, die Sonne kommt nicht herein. Ich setze mich auf den Boden – drüben am Ende des Gangs sitzt eine beleibte, ältere Frau im Sari an einer klapprigen Singer-Nähmaschine. Die Frau näht hier jeden Tag, stundenlang, neue Baumwolltücher zum Wickeln, Kleidchen, Bettlaken. Ich genieße die Ruhe, das rhythmische Rattern der Nähmaschine – fast alle Kinder schlafen jetzt. Draußen auf dem Fenstersims krächzen die Krähen.

Plötzlich höre ich neben mir leise Füße tappen. Es ist Leela, eine der Großen. Sie ist schon aufgewacht, setzt sich neben mich, schaut die schlafende Indira in meinem Arm an und dann mich, bittend, flehend. Langsam streiche ich ihr übers Haar. Sie hält ganz still, sagt kein Wort, rückt etwas näher und streckt ihren Kopf nah zu mir. Rhythmisch fahre ich durch ihr Haar, massiere leicht ihren Kopf, zärtlich, liebevoll – sie wagt kaum zu atmen, damit ich bloß nicht aufhöre, weitermache. Sie sieht mich dankbar an, sagt kein Wort, neigt mir wieder ihren Haarschopf zu, kurz geschnittenes, eingeöltes Haar, damit die Kinder keine Läuse bekommen. Leela ist etwa acht Jahre alt, ein Schleier über ihrem Leben – acht Jahre im Dunkeln. Sie hängt zwischen zwei Leben, wartet hier im Heim, stellt sich morgens mit den anderen Großen in eine Reihe zum Kämmen, hockt sich mit den anderen an eine lange Bank zum Curry-Essen, schläft mit den anderen Bettchen an Bettchen unter einem Jesusbild an der Wand und wartet, welche Eltern Schwester Lena unten im Büro wohl für sie finden wird.

»Diese Mädchen können wir indischen Eltern nicht anbieten. Die benutzen sie nur als billige Arbeitskräfte«, hat mir Schwester Martha noch gestern erklärt.

Indira schläft jetzt tief. Ich trage sie wieder in ihren Saal zurück und lege sie auf die Matratze in ihr Gitterbett. Die Ventilatoren rauschen über den Betten, die Decken liegen drüben auf einem Stapel, werden nur nachts gebraucht – tagsüber ist es viel zu heiß. Ich gehe, überlasse Indira ihrem Mittagsschlaf, ziehe mir draußen wieder meine Schlappen an, verlasse das Heim und gehe in dem heißen, brodelnden Verkehr langsam zu dem kleinen Hotel zurück.

Oben in meinem Zimmer ziehe ich mir die klebende, stinkende Kleidung vom Leib, dusche in meiner kleinen Nasszelle und wähle einen frischen Salwar Kameez aus. Ich habe mir gleich in den ersten Tagen mehrere dieser Kaftane aus hauchdünner bestickter Baumwolle gekauft und brauche in der Hitze mindestens zwei pro Tag, dusche drei Mal täglich – die Hitze schlaucht mich, ich habe nach wenigen Tagen noch weiter abgenommen.

Unten im vegetarischen Restaurant warten die Kellner schon auf mich, weil ich jeden Mittag hier esse, reichen mir die Sweet Lassi, ein Paprika-Curry und Papadums, die zerbrechlichen Fladen aus Erbsenteig. Ich schreibe Tagebuch, erhole mich in dem klimatisierten Restaurant, merke kaum noch, dass das Tischtuch seit Tagen nicht gewechselt wurde und hinten auf einer Sitzlehne schon wieder eine riesige Kakerlake thront.

Dann liege ich oben in meinem kleinen Zimmer auf dem Bett, der Ventilator kreist über mir an der Decke, ich lausche auf das Geknatter der Motorräder und Autorikschas, das Heulen der Züge, die Rufe der Männer an den Teeständen, döse vor mich hin und sammle Kraft für den Nachmittag.

Als ich um drei Uhr wieder hoch in den ersten Stock des Heims steige, empfängt mich Gebrüll, Geheul – die Großen sind aufgewacht und sitzen schluchzend an der langen Bank. Sie sind nach jedem Mittagsschlaf so aufgelöst und beruhigen sich erst langsam, wenn sie einen Becher kühles Wasser bekommen haben und einige Stücke Papaya, Ananas und Banane. Im Wickelraum steht Schwester Martha, die strahlt, egal, wie viele Kinder hier schreien und weinen, die all die Kinder, die sich um sie drängen, an ihren mächtigen Busen schmiegt und mit ihrer kräftigen, warmen Stimme alles Genörgel und Geheul übertönt. Sie liebt die Kinder, jedes einzelne, egal wie hässlich, wie behindert, wie verhaltensgestört, wie krank es ist. Sie tröstet, füttert, umsorgt, küsst und liebkost auf eine wunderbare Urmutter-Weise. Wenn die Kinder diese Heimatmosphäre und das Heimleben halbwegs gut überstehen, ist es ihrem Einsatz zu verdanken.

Vor ihr auf dem großen Wickeltisch hockt Indira, splitterfasernackt. Mit sicheren Griffen überschüttet Schwester Martha sie mit der täglichen Routine, die die Kleine wohlig über sich ergehen lässt: das Einpudern auf Brust und Rücken gegen die Hitze, das Einölen des Haares mit Kokosnussöl gegen Läuse, das Wickeln mit dem Baumwolltuch. Und dann sucht Schwester Martha ein kitschiges hellgrünes Rüschenkleid für Indira aus und ein grünes Haarband. Mit geübter Hand kämmt sie die schwarzen Haare von Indira mitten auf dem Kopf zu einem senkrecht abstehenden kleinen Zopf. Und abschließend taucht sie ein Wattestäbchen in Kajal, drückt es Indira zwischen den Augenbrauen auf die Stirn, ein schwarzes Bindi: »Um sie von dem Bösen der Welt zu schützen« – ein kleines Schutzzeichen, das Schwester

Martha allen Kindern jeden Tag auf die Stirn drückt, obwohl sie selbst streng katholisch ist und das silberne Kreuz Jesu immer an ihrer Schulter prangt. Schließlich sitzt Indira da, inmitten der Hitze, der Glut, dem Geruch nach säuerlicher Milch, der voll gepinkelten Windeln und glänzt vor Kokosnussöl, sauber gekämmt – ein adretter Wonneproppen, bis das Heimleben sie wieder zerzaust.

Während des Herausputzens von Indira haben uns die ganze Zeit Nirav und Aisha zugeschaut. Aisha zupft an meiner Kleidung, flüstert ein »Auntie« und ich nehme sie in den Arm.

»Sie haben sie hier am Bahnhof ausgesetzt«, sagt Schwester Martha und deutet mit dem Kopf auf Aisha. Wir sprechen English, da ich kein Marathi kann – die Kinder verstehen von unserer Unterhaltung kein Wort. »Sie hatte blaue Hände, so herzkrank war sie. Wir haben sie erst mal operieren lassen. Aber sie muss noch mal operiert werden. Das müssen dann die Eltern machen – wenn welche gefunden werden. Es ist bei ihr nicht so leicht.« Die Schwester seufzt. Aisha ist hässlich. Sie hat keine blauen Hände mehr, aber ihre Arme und Beine sind spindeldürr, zu dünn für ihren etwas krummen Körper, auf dem Hals und Kopf schief sitzen. Sie kann ihren Kopf nicht richtig bewegen. Eine Aura von Trauer umgibt sie – immer. Sie lacht fast nie, läuft immer der Schwester hinterher, hilft ihr, wo sie nur kann. Und immer wieder höre ich ihre bittende, leise Stimme in meinem Rücken: »Auntie« – »Tante«, und ich weiß wohl, dass sie viel lieber »Mama« sagen würde.

Und dann Nirav, dem fast alle Zähne ausgefallen oder weggefault sind, der nach außen schielt, einen dicken, etwas unförmigen Kopf hat und der nie rastet, nie ruht, immer in Bewegung ist, wild tobt in den Gängen und eigentlich einen Fußballplatz bräuchte. Schwester Martha nimmt sich Manika vor, striegelt auch ihr das Haar und die Großen beginnen wieder ihr Toben. Irgendjemand hat Hula-Hoop-Reifen in das Heim gebracht – eine Spende. Die Kinder haben sie sofort in zwei Hälften zerbrochen, die sie jetzt lärmend gegen die gefliesten Wände und den gekachelten

Boden dreschen. Es dauert nicht lange, und die Großen haben dem dicken Jungen mit der Halsnarbe und dem schreienden Mädchen die Hula-Hoop-Stücke weggerissen. So mischt sich in den Lärm noch das Weinen des Jungen und irgendwann wieder das animalische Geschrei des Mädchens.

Ich nehme mit Indira Reißaus, trage sie auf unserer Runde durch das Heim die Treppe runter zu dem dunklen Raum, in dem sie noch gelegen hatte, als wir sie vor einigen Monaten besucht haben. Doch Indira zögert an der Tür zum Saal, klammert sich an mich, sträubt sich, will nicht mehr in den Raum, in dem sie über ein halbes Jahr in einem Gitterbettchen gelegen hat. Langsam gehen wir weiter, Indira hat gerade zu laufen angefangen, tappst vorsichtig vor sich hin, fällt noch oft, aber es geht immer besser – und sie ist so stolz. Sie läuft zur Küche. Dort sind die Arzneischränke mit den verspiegelten Türen. Sie steht davor, amüsiert sich, streckt ihren Bauch heraus und kann gar nicht genug von ihrem eigenen Spiegelbild bekommen.

»Maharani«, »kleine Königin«, wird sie plötzlich gerufen und in den Raum tritt Schwester Alissa, die Oberin des Waisenhauses. »Sie wird mal hübsch«, sagt sie und Indira rennt sofort in ihre Arme. Obwohl Schwester Alissa selten zu den Kindern hochkommt, hängt Indira an ihr wie an einer Großmutter. Von ihr bekomme ich Indira nur unter Tränen und Weinen wieder weg. Die beiden haben eine tiefe, innige Beziehung, die ich respektiere. Indira krabbelt auf den Arm von Schwester Alissa und schaut mich fragend an. Ich ermuntere sie. Ich will nicht, dass sie meint, sich zwischen mir und den Schwestern entscheiden zu müssen. Das wird später von selbst kommen. Noch sind die Schwestern für sie viel wichtiger als ich.

Schwester Alissa schiebt der Kleinen ein Karamell-Bonbon in den Mund und gibt mir Indira nach einigen Minuten wieder auf den Arm. Ich lenke sie ab, weil sie sofort hinter der Schwester herschluchzt. Wir gehen zu den Wäscherinnen, die hinter der Küche an riesigen Steintrögen stehen und in der Hitze hunderte von Baumwollwindeln,

Bettlaken und Kleidchen waschen. Der Schweiß strömt ihnen über das Gesicht. Später sieht man die Wäscherinnen, wie sie mit Waschzeug gefüllte Babybadewannen auf dem Kopf all die Treppen hoch auf das Dach balancieren. Dort oben, in der Gluthitze, werden die Sachen auf dem Flachdach getrocknet.

Indira und ich statten Schwester Lena, die wieder am Schreibtisch über einem Berg von Dokumenten brütet, einen kleinen Besuch ab. Danach will ich mit Indira auf den Hof. Aber sie blinzelt, das Licht ist zu grell und so ganz hat sie sich nach ihrem dunklen Aufenthaltsraum noch nicht an Sonnenlicht gewöhnt. Ich kann mich nur im Schatten des Hofes mit ihr aufhalten, sonst wird sie zu sehr geblendet.

Als wir oben in die Räume der Kinder zurückkehren, ist Schwester Martha nicht da. Meist kommt sie nur für eine halbe Stunde bis Stunde hier hoch, tröstet die Kleinen, muss dann aber wieder Hilfssendungen für das Erdbebengebiet in Gujarat organisieren.

Die älteren Kinder spielen mittlerweile im Gang Richtung Hof, an dessen Ende die Näherin sitzt. Der Gang hat eine lange Fensterfront. Alle Fenster sind vergittert und so hoch, dass nur die Großen, wenn sie auf den Zehenspitzen balancieren, einen Blick in den Hof riskieren können. Anita, mit ihren vielleicht acht Jahren das älteste Mädchen, hebt eine der Kleinen hoch, sodass auch sie mal hinausschauen kann. Anita ist eine Wonne, immer fröhlich, trotz ihrer Narben und eitrigen Pickel im Gesicht. Sie redet immer begeistert auf mich ein, wobei es sie nicht zu stören scheint, dass ich kein Wort verstehe. Sie ist einfach selig, mit jemandem sprechen zu können.

Die Kinder haben das Interesse an den Hula-Hoop-Reifen verloren und anderes Spielzeug gibt es nicht. So versuchen sie sich an den Gittern der Fenster hochzuziehen. Unten auf dem Hof wird einem indischen jungen Ehepaar gerade ein kleines Baby gezeigt. Nirav hat es geschafft, sich mit all seiner Kraft so hochzuziehen, dass sogar seine Füße an den Fenstergittern Halt finden. Behände klettert er bis an den oberen Rand des Gitters und hat damit die beste Aussicht, kann den ganzen Hof überblicken und die Krähen auf den Fenstersimsen fast anfassen. Betroffen schaut er in den Hof. Wie oft müssen die älteren Kinder hier mit ansehen, wie sich junge Eltern Säuglinge zur Adoption zeigen lassen – Kinder wie Nirav, Aisha und Anita aber zurückbleiben?

Plötzlich wird die Luft erfüllt von dem Dröhnen eines Hubschraubers, der ganz tief über dem Heim anfliegt – in der Nähe muss ein Landeplatz sein, denn nachmittags fliegen viele dieser Maschinen über das Heim und verschwinden hinter der Kirche. Nirav und die anderen Kinder hinter ihren Gitterfenstern winken dem Hubschrauber zu, schauen, ob die Männer im Hubschrauber vielleicht zurückwinken. Anita ruft sogar.

Später, als ich Indira mit einer Flasche Milch in ihr Gitterbett gelegt habe und sie nach einem Kuss im Kreis der anderen Kinder und Helferinnen für den Abend und die Nacht zurücklasse, sehe ich Nirav, wie er oben hinter den Gitterfenstern hängt und mir nachwinkt. Und er winkt noch, als ich schon fast aus dem Tor auf die Straße verschwunden bin.

Indiras Mutter

Schwester Lena hat gute Laune. Das ist nicht immer so. Die Hitze macht ihr zu schaffen und manchmal scheint sie Schmerzen im Rücken und in den Beinen zu haben, kann sich kaum bewegen. Aber ich habe Glück. Sie lächelt verschwörerisch, als ich ihr Büro betrete. Ich bin schon tagelang um ihr Büro herumgeschlichen und sie weiß genau, was ich will. Ich möchte mehr über die Mutter von Indira erfahren, jeden Hinweis, jede Kleinigkeit, alles werde ich behalten, aufsaugen, später an Indira weitergeben. Ich weiß, dass es nicht viel sein wird – aber immerhin mehr, als in den Papieren steht.

Schwester Lena wartet meine Frage nicht ab, hat meine Gedanken erraten und greift nach dem Aktenordner von Indira. Eine brenzlige Situation. Nach indischem Recht dürfen Adoptiveltern nichts über die leiblichen Eltern erfahren, vor allem keine Details über Namen, Adresse, nichts, was es ermöglichen würde, die Mutter oder den Vater zu identifizieren. Aber ich muss so viel herausbekommen wie möglich. Je mehr ich weiß, desto mehr Fragen werde ich Indira später beantworten können.

»Sie hat Indira selbst hier zum Heim gebracht. Sie haben Glück. Ich habe sie selbst getroffen«, sagt Schwester Lena.

»Wie sah sie aus?«, frage ich.

»Groß, schlank, dunkel – sehr dunkel. Sie war noch jung.«

»Wie war ihre Art? Wie war ihr Lachen?«, will ich wissen und merke sofort, dass dies eine idiotische Frage ist.

»Sie war ernst. Sie hat nicht gelacht. Es ist sehr traurig, wenn eine Frau ihr Kind weggeben muss«, weist mich die Schwester zurecht.

»Sie hieß Isita.« In der Sekunde fällt mir ein Stein vom Herzen. Ein Name, wenigstens ein Name. Auch wenn es nur ein Vorname ist und ich nie den Nachnamen und die Adresse erhalten werde und auch nie nach einer Isita in Bombay werde suchen können. Aber es ist etwas ganz anderes, ob ich Indira später sage: »deine Mutter in Indien« oder »Isita«. Plötzlich gibt es einen Namen, einen Klang, etwas Persönliches, Einzigartiges, Unverwechselbares.

»Ich habe Indira deshalb einen Namen mit dem Anfangsbuchstaben I gegeben – als Referenz an ihre Mutter«, erklärt mir Schwester Lena. »Indira heißt Kraft und Kraft wünsche ich der Kleinen für ihr Leben. Außerdem ist Indira ein anderer Name für Lakshmi, die Glücksgöttin – und Glück wünsche ich der Kleinen und Ihnen. Ich hoffe, dass Indira in ihrem Leben Glück haben wird und dass sie Glück in Ihr Leben bringt«, sagt Schwester Lena und nickt mir freundlich zu.

Ich bin gerührt. Jetzt weiß ich, dass sich jemand Gedanken darüber gemacht hat, als er meiner Tochter ihren Namen gab. Und ich kenne die Bedeutung ihres Namens. Ich käme nicht im Traum darauf, den Namen zu ändern – etwas, das übrigens sehr viele Eltern ausländischer Adoptivkinder tun.

»Also Isita hat Indira den Namen nicht gegeben?«, frage ich nach.

»Nein. Die Mütter dürfen den Babys keine Namen geben. Die Namen geben wir«, sagt Schwester Lena. Ich ahne, warum. Die Mütter sollen später keine Chance haben, selber ihrem Kind nachforschen zu können. Genauso wenig, wie ich nach Isita suchen soll.

»Isita war fünfundzwanzig Jahre alt. So steht es in den Unterlagen«, liest die Schwester aus der Akte vor. »Aber das ist Unsinn. Sie war ganz offensichtlich nicht fünfundzwanzig Jahre alt – vielleicht gerade mal siebzehn. Aber das ist hier oft so. Die Frauen geben an, dass sie älter, nämlich volljährig sind. Sex mit Minderjährigen ist hier verboten, und wenn sie mit siebzehn Jahren mit einem Kind ankommen, ist das eigentlich ein Fall für die Polizei. Außerdem müssten sie ihre Eltern mitbringen, damit diese bei der Abgabe des Kindes zur Adoption unterschreiben. Weil aber viele junge Frauen die Kinder heimlich austragen und die Eltern davon nichts wissen sollen, kommen sie hier an und sagen, sie seien viel älter. Also Isita war höchstens siebzehn Jahre alt«, fasst sie zusammen.

»Was steht in dem Papier drin, das die Frauen unterschreiben müssen? Könnte ich so ein Papier sehen?«, frage ich.

»Nein. Das ist nicht für Sie bestimmt. Das ist nur für das Gericht. Es ist ein zweiseitiges Schreiben, in dem die Mutter nach einer Frist von drei Monaten auf sämtliche Rechte an dem Kind verzichtet.«

»War Indiras Mutter arm oder wie war sie?«

»Nein. Nicht sehr arm. Aber sie war nicht ausgebildet. Sie hat das Schreiben nicht unterschrieben, sondern nur einen Fingerabdruck darunter gesetzt. Und sie hat den Eindruck gemacht, dass sie es hier keine Minute länger aushält. Sie hat Indira dagelassen und musste dann zu dem Anwalt, zu dem wir die Frauen alle schicken. Er wohnt allein in einem Haus mit seiner Mutter. Also sieht die Frauen dort niemand. Da unterschreiben sie dann die Erklärung, mit der sie das Kind aufgeben.«

Ich frage weiter und erfahre, dass Isita Hindu ist. »Sie war nicht verheiratet und das wissen Sie ja – mit einem Kind bekommt hier kein Mädchen einen Mann. Dann ist es aus«, sagt Schwester Lena entschieden. »Wissen Sie, manchmal glauben die Mädchen auch, dass sie verheiratet sind. Dann haben sie sich verliebt, und der Mann schleppt sie mit zu einem Tempel, wo sie sich Blumenketten umhängen, sieben Mal um ein Feuer gehen und sich trauen lassen – so eine Art heimliche Liebeshochzeit. Die Männer nutzen die Mädchen einige Monate aus und wenn sie schwanger sind, hauen sie ab. Die Mädchen stehen dann da, mit Kind, aber ohne Heiratsurkunde in der Hand. Indische Frauen haben in so einer

Situation keinerlei Rechte und stehen offiziell unverheiratet da, aber mit Kind.«

»Und der Vater?«

»Nichts. Nichts über den Vater. Isita hat über ihn nichts gesagt. Sie meinte nur, er sei zwei Mal zu ihr gekommen und das dritte Mal sei sie mit ihm mitgegangen.« Damit ist klar, dass nicht einmal die indischen Behörden die Identität des Vaters von Indira kennen.

»Aber es war kein Fall von Vergewaltigung?«

»Nein. Nein, das nicht«, sagt Schwester Lena.

»Ich habe Isita nie vorher gesehen. Sie hat Indira gebracht und danach habe ich sie auch nie wieder gesehen. Sie war aus Bombay, aber nicht aus diesem Stadtviertel.«

Ich frage mich, was die Mädchen erleben, wenn sie ihr Kind fortgeben, was sie durchmachen.

»Sie wollen die Sache einfach schnell hinter sich bringen und ganz neu anfangen. Ich habe es bei all den dreihundert Adoptionen, die ich hier abgewickelt habe, nur ein- oder zweimal erlebt, dass eine Frau wiederkam«, sagt Schwester Lena und blickt auf die Fotowand vor sich mit den Babyfotos aus der Schweiz, Frankreich, Italien und Spanien.

»Werden die Mädchen von zu Hause gezwungen, die unehelichen Kinder wegzugeben?«

»Nein, sie wollen es selbst. Sie haben keine andere Wahl. In unserer Gesellschaft heiratet sie niemand mit Kind.« Ich muss an die Heiratsannoncen in den Zeitungen denken, die präzisen Kriterien der Kasten, Berufe und Hautfarbe, die alle erfüllt sein müssen, damit Eltern die Vermählung ihres Kindes überhaupt ernsthaft verhandeln. Und dann steht die Tochter plötzlich mit dickem Bauch zu Hause – nicht auszudenken. Eigentlich kann man es den Mädchen schon hoch anrechen, dass sie nicht abgetrieben haben.

Mehr will mir Schwester Lena nicht beantworten und als ich frage, warum Isita ihr Kind genau weggegeben hat, wie die Verhältnisse zu Hause waren, winkt Schwester Lena ab.

»Wir stellen hier nicht zu viele Fragen. Es ist für die Mädchen schon schwer genug. Sie sind unter einem unglaublichen Druck. Einige tragen die Kinder heimlich aus.«

Dann sagt sie mir: »Sie können zu unserem anderen Heim für pflegebedürftige alte Frauen fahren. Es ist zwei Stadtteile entfernt von hier. Da sind mehrere junge Frauen, die auf die Geburt warten. Danach geben sie die Kinder ab und verschwinden wieder. Es bleibt alles geheim«, sagt sie und beschreibt mir, wie ich zu dem Heim komme.

»Hat Isita dort auch ihre Schwangerschaft ausgetragen?«

»Nein, nein. Sie nicht. Sie kam, als Indira eine Woche alt war. Wir kannten Isita nicht.«

Schwester Lena antwortet auf meine weiteren Fragen, dass sie nichts über die Schwangerschaft von Isita weiß, nichts über Erbkrankheiten ihrer Familie noch über die des Vaters – einfach nichts.

Ich beschließe sofort, in den nächsten Tagen zu dem Heim zu fahren, wo die schwangeren Mädchen auf die Geburt ihres Kindes warten. Dann habe ich zusätzlich zu der Geschichte von Indira und Isita Bilder, Gesichter, Augen – kein Bild von Isita, aber eine Idee davon, wie sie vielleicht war.

Mehr sagt mir Schwester Lena nicht. Sie klappt die Akte zu. In ihr steht der ganze Name von Isita, vielleicht ihre Adresse, liegt das Schreiben, mit dem die junge Frau Indira zur Adoption freigegeben hat – der Richter wird es in dem Adoptionsprozess brauchen, sonst gibt es keine Adoption. Aber ich werde das Schreiben nie sehen, nichts weiter erfahren. Mit diesen wenigen Angaben muss Indira leben. Das ist alles, was ich über ihre Mutter herausbekommen kann – und über ihren Vater schon allemal.

Aber ich bin froh, dass mir Schwester Lena überhaupt etwas gesagt hat. Wäre ich nicht hier, hätte ich diese Einzelheiten über Isita und vor allem ihren Namen nie erfahren. Letztlich werde ich damit leben, werde Schwester Lena vertrauen müssen. Ich werde nie von Angesicht zu Angesicht vor Isita stehen und sie fragen können, was damals wirklich geschehen ist.

Ich gehe wieder hoch zu den Räumen der Kinder. Der Lärm und das Geschrei der Großen hallt durch das Treppenhaus. Sie turnen auf den Essbänken herum – Schwester Martha ist nicht da und die jungen Helferinnen bereiten unten in der Küche den Brei zu. Die Kleinen hocken immer noch in ihren Gitterbettchen. Es ist Nachmittag und Didi und Camilia haben bisher keine Zeit gehabt, die Kleinen aus den Betten zu heben und sie auf dem Boden spielen zu lassen. Indira strahlt, als ich komme, versucht aus dem Bett zu klettern und beißt mich vor Freude in die Schulter, als ich sie zum Wickeltisch bringe, ihre nassen Baumwolltücher austausche und sie in ein neues Kleidchen stecke.

Sie hat herrliche schwarze Augen, so groß und warm – man kann die Pupille und Iris nicht voneinander unterscheiden. Und sie hat wunderschöne lange Wimpern und leicht geschwungene Augenbrauen. Sie hat etwas Sanftes an sich, etwas Fröhliches. Immer öfter lacht und strahlt sie – anfangs war ihr Gesicht oft maskenhaft, verschlossen. Jetzt huscht immer öfter ein Lachen über ihr Gesicht. Ich necke und liebkose sie, setze sie auf den Boden. Und sofort tappst sie los Richtung Treppenhaus, schaut sich nicht um. Ich gehe langsam hinter ihr her, öffne von hinten die kleine Tür, die die Kinder davon abhält, die Treppe runter in den Hof zu steigen. Indira sieht sich nicht um, tappst unsicher die Stufen hinunter und wackelt langsam den Gang zur Küche entlang. Sie sieht sich immer noch nicht um, das ist mir oft aufgefallen, sie freut sich einfach, wenn ich da bin. Aber wenn ich nicht da bin, ist es auch gut. Sie sucht nicht nach mir.

Dieses Mal nehme ich sie auf den Hof. Er liegt im Halbschatten und langsam hält sie diese Lichtverhältnisse aus, rennt auf der Einfahrt des Heimes auf und ab und läuft den Krähen hinterher. Die Hitze macht mir selbst am Spätnachmittag zu schaffen und so setze ich mich zwischen die Blumentöpfe auf eine Mauer, ruhe mich aus. Indira kommt immer wieder angelaufen und lässt sich glücklich in meinen Salwar Kameez fallen – sie genießt es so, dem Gitterbetten-Saal zu entkommen.

Plötzlich geht das Tor zur Straße auf und ein Schulmädchen stürzt herein, in dunkelroter Schuluniform, schneeweiße Bluse, zwei lange Zöpfe, rote Schleifen im Haar. Sie läuft schnurstracks in Richtung Schwester Alissa und auf das Büro von Schwester Lena zu. Wenig später tritt offenbar ihre Mutter ein und geht langsam über den Hof. Während Indira auf der Einfahrt spielt, begrüßt die Mutter mit ihrer Tochter die Nonnen. Schwester Martha führt die beiden durch das Heim. Danach verschwindet Schwester Alissa mit dem Mädchen in das Wohnhaus der Nonnen. Indira, die die Oberin gesehen hat, läuft hinterher. Sicherlich bekommt sie wieder Bonbons und Fruchtsaft.

Die Mutter des Schulmädchens kommt auf mich zu und setzt sich neben mich zwischen die Hibiskustöpfe.

»Sie adoptieren die Kleine?«, fragt sie und rückt ihren Sari zurecht. Sie spricht gutes Englisch, wirkt recht elegant, nachdenklich.

»Ja. Ich warte noch auf den Gerichtstermin. Der ist in drei Wochen«, sage ich.

»Wann werden Sie es ihr sagen? Haben Sie sich das schon mal überlegt?«

»Was sagen?«

»Dass sie adoptiert ist. Wann werden Sie dem Kind sagen, dass sie adoptiert ist?«, fragt mich die Mutter.

»Ich habe es ihr schon gesagt – gleich am ersten Tag«, entgegne ich und denke daran zurück, als ich vor einer Woche hier ankam und Indira auf den Schoß nahm. Ich erzählte ihr, dass sie hier im Heim ist und ich sie adoptieren und ihre Mama werde und redete mir alles von der Seele. Ich wusste, dass Indira kein Wort verstand. Aber darum ging es nicht. Es ging darum, dass ich es gesagt hatte. Darum, dass ich lernte, frei darüber zu sprechen, die Scheu davor zu verlieren, ihr die Wahrheit zu sagen.

»Ich schaffe das nicht. Ich kann es einfach nicht. Ich nehme es mir immer wieder vor, aber ich bringe es nicht übers Herz«, stammelt die Mutter neben mir und plötzlich sehe ich, wie sie sich Tränen von den Wangen wischt, und ich verstehe. Ihre Tochter kommt hier aus dem Waisenhaus, ist von ihr adoptiert.

»Ich komme mit ihr immer wieder hierher, damit sie das Heim kennen lernt und begreift, dass es Kinder gibt, die keine Eltern haben«, sagt sie. »Aber ich wage nicht, ihr zu sagen, dass sie selbst von hier kommt.«

Wir blicken auf ihre Tochter, die mittlerweile – mit Bonbons in den Händen – wieder auf den Hof kommt und sich die Süßigkeiten mit Indira teilt. Indira wird sie mit Sicherheit gleich wieder ausspucken, denn die Karamellbonbons sind riesig und klebrig und so süß, dass der ganze Mund zusammenpappt, und das ist selbst Indira zu viel.

»Sagen Sie es ihr doch gleich heute Abend. Je eher Sie es sagen, desto leichter fällt es Ihnen. Je älter das Kind wird, desto schwerer wird es. Machen Sie es doch noch heute Abend«, schlage ich vor. Aber ich habe leicht reden. Ich habe gar keine andere Wahl, als Indira von Anfang an die Wahrheit zu erzählen. Jeder auf der Straße sieht sofort, dass Indira nicht mein leibliches Kind ist, sie also adoptiert sein muss. Wir werden immer darauf angesprochen werden. Wir müssen daher von Anfang an offen und ehrlich mit dem Thema umgehen.

Bei der indischen Mutter neben mir ist das anders. Wenn sie nichts sagt, merkt niemand etwas – nur irgendwann, wenn sie es herausbekommt, wird ihre Tochter dies als schweren Vertrauensbruch empfinden und dann den Glauben an ihre Eltern verlieren.

»Wissen Sie, Ihre Gesellschaft ist toleranter. Da wird so etwas akzeptiert. Hier ist das nicht so. Die indische Gesellschaft ist ganz anders. Da ist so etwas nicht so leicht«, sagt die Mutter neben mir. Und es stimmt – vieles ist anders. In Indien ist es immer noch ein viel größerer Makel als bei uns, wenn eine Frau kein Kind zu Welt bringen kann.

Und ich denke wieder an die Heiratsannoncen, in denen so viel Wert darauf gelegt wird, welcher Kaste der künftige Ehepartner angehört. Die Kinder hier aus dem Heim kommen aus keiner Kaste – oder zumindest nicht aus der richtigen. Es wird gar nicht bekannt sein, ob und welcher Kaste sie je angehörten, und es ist den Schwestern auch unwichtig. Schwester Lena beantwortete meine Frage nach der Kaste mit einem entschiedenen »keine Kaste«.

»Diese Kinder hier gehören keiner Religion an. Wir segnen sie zwar. Aber letztlich werden die Kinder die Religion ihrer künftigen Eltern annehmen. Da können wir nichts vorwegnehmen«, hatte mir Schwester Lena erklärt. Daher taufen sie die Kinder auch nicht, obwohl der Orden selbst streng katholisch ist.

Versonnen beobachtet die Mutter neben mir ihre fröhliche Tochter, die so unbeschwert und ausgelassen mit Indira spielt. Sie kämpft wieder mit den Tränen.

»Ich weiß einfach nicht, wie sie reagieren wird. Und davor habe ich Angst.«

»Es ist ein Geheimnis«

Fast eine halbe Stunde haben wir jetzt gesucht, aber der Fahrer meiner Autorikscha ist geduldig. Die Schwestern haben mir den Weg zwar beschrieben, aber in dem Straßengewirr dieses Stadtviertels von Bombay ist das Heim nicht so leicht zu finden. Endlich kommt unsere Rikscha vor einem Tor zu stehen. Es ist verschlossen, die hohen Mauern gewähren keinen Einblick in den Hof und auf das Gebäude dahinter. Nur ein großes Schild prangt am Eingang: »Home for the Dying and Sick«

Ich zahle den Fahrer und trete ans Tor. Es gibt keine Klingel. Durch die Gitterstäbe kann ich den Eingang des Gebäudes sehen und einen Krankenwagen, der im Hof steht. Ich warte, bis ein älterer Mann aus dem Gebäude auf mich zuschlurft. Er nickt und als ich ihm erzähle, dass ich von dem Kinderheim drüben im anderen Stadtviertel komme, lässt er mich hinein.

Der Hof ist angenehm schattig. In der Nähe stehen schlanke Königspalmen, deren Kronen sich auf Höhe des dritten Stockwerks zum Gebäude hinneigen. Es ist fast still hier – kein Kindergeschrei empfängt mich, nur wieder das Gekrächze der Krähen. Als ich am Eingang des Gebäudes meine Schlappen abstreife, begrüßt mich eine zierliche Schwester. Clara heißt sie. Sie erkundigt sich interessiert nach den anderen Nonnen im Kinderheim – und sie fragt nach Indira. Sie hat von den Schwestern schon gehört, dass ich kommen würde. Und sie ist stolz, mir ihre »Arbeit« zeigen zu dürfen.

Als mich Schwester Clara in das Gebäude bittet, bleibe ich betroffen im Korridor stehen. Beide Seiten des Ganges sind gesäumt von einer Reihe alter Frauen, die dicht gedrängt nebeneinander auf dem Boden kauern und von einer Schwester Aluminiumteller mit Curry entgegennehmen. Einige der greisen Frauen schauen mich irritiert an, scheinen zu grübeln, was diese junge Frau hier will.

»Die Frauen haben sonst niemanden«, sagt Schwester Clara. Ich folge ihr den Gang entlang, bis sich vor uns ein geräumiger Saal öffnet. »Sie haben sonst niemanden«, klingt es in mir nach, als ich in den Raum starre, auf ein Meer von Pritschen, die dicht an dicht stehen, sodass man sich gerade noch zwischen den Reihen hindurchzwängen kann.

»Wir sind restlos voll. Wir können keine Frauen mehr aufnehmen, wir haben einfach keinen Platz mehr«, höre ich Schwester Clara hinter mir seufzen. Ich blicke auf all die gekrümmten, müden, gebrechlichen Leiber, die sich hier zur letzten Ruhe gebettet haben. Hundertzwanzig greise Frauen, manche kauern auf dem Boden und starren vor sich hin, andere haben sich erschöpft auf ihre Pritschen sinken lassen. Einige liegen wie tot, wie gelähmt, am Ende ihrer Kräfte, ihrer Energie, ihres Lebens, auf den Betten und warten nur noch. Ich sehe Frauen, die vielleicht ihre Ehemänner und Familien verloren haben oder nie eine Familie hatten, um die sich niemand mehr kümmert. Vielleicht sind auch einige darunter, die ihren eigenen Weg im Leben gegangen sind, auf die Gefahr hin, dass die Familien sie verstoßen, die Gesellschaft sie zur Seite gedrängt, ihren Lebensweg nicht gebilligt hat. In ihrer Einsamkeit und Hilflosigkeit schrumpft ihr Lebensende hier auf die Größe einer Pritsche, die Mahlzeit auf einen Teller Curryreis, die Gesellschaft auf andere sterbende, dahinsiechende Frauen sowie auch einige rührige Schwestern zusammen. Ihr Leben ist jetzt schon vorbei: Sie haben keinen Kontakt mehr zur Außenwelt, zur tröstenden Familie, zu schwatzender Verwandtschaft und tratschender Nachbarschaft.

Und dennoch schließt sich der Kreis des Lebens in diesem Haus. Während unten die Frauen im Sterben liegen, beginnt oben im ersten Stock neues Leben, denn hier finden die Mädchen Unterschlupf, die heimlich ihre Schwangerschaft austragen, weil Familie, Verwandtschaft und Nachbarschaft nichts wissen dürfen von den Folgen ihres »Fehltritts«. Schwester Clara führt mich nun das dunkle Treppenhaus hinauf. Selbst auf den Treppenabsätzen kauern noch einige alte Frauen und warten auf ihren Teller Reis.

Oben bei den jungen Frauen werde ich nach einem Gesicht suchen, dem Gesicht von Isita. Ich weiß, dass ich niemals wissen werde, wie Isita wirklich aussieht. Aber ich möchte einen Eindruck von den jungen Frauen mitnehmen, die ihre Babys aufgeben. Welches Lachen oder Weinen, welche Hoffnung, welche Angst und welche Freuden stehen in ihren Gesichtern geschrieben? Als ich hinter Schwester Clara die Treppe hinaufgehe, klopft mein Herz. Es klopft so stark, als ob sie mir gleich Isita vorstellen würde. Ich weiß, dass dieser Besuch so immens wichtig sein wird für das, was ich Indira später einmal erzählen werde. Auch wenn Isita nie hier war, werde ich mir besser vorstellen können, wie Isita ist.

Oben im ersten Stock stehen wir plötzlich in der Tür eines hellen Raumes, freundlich, luftig, die Sonnenstrahlen tanzen durch die Kronen der Palmen auf die wenigen Pritschen und Matratzen, die hier ebenfalls dicht an dicht gestellt sind. Der Raum ist auf drei Seiten mit Fenstern verglast, scheint zwischen den Wipfeln der Palmen zu schweben. Auf den Betten sitzen fünf schwangere junge Frauen. Zwei von ihnen lesen und zwei Mädchen brechen überrascht ihre Unterhaltung ab, als plötzlich eine westliche Frau in ihren verborgenen Bereich eindringt. Sie gehen davon aus, dass sie hier niemand findet.

»Sie kommen hierher, wenn sie im vierten oder fünften Monat schwanger sind – bevor man es sieht«, flüstert mir Schwester Clara zu. »Sie tragen die Kinder heimlich hier aus, und lassen die Babys dann hier. Dann gehen sie wieder nach Hause.«

Vorher unterzeichnen die Mädchen die rechtliche Erklärung, mit der sie ihr Kind zur Adoption freigeben. Die

Babys werden dann in das Kinderheim gebracht und zur Adoption angeboten.

Ich bin dankbar, dass mir Schwester Clara erlaubt hat, hier heraufzukommen. Die fünf jungen Frauen lächeln höflich. Aufgeregt suche ich nach Worten. Dann fasse ich mir ein Herz und sprudele heraus, in Englisch, denn ich kann kein Marathi und auch kein Hindi. Ich sage diesen jungen Mädchen all das, was ich Isita sagen würde, wenn ich die Chance hätte, sie zu treffen: dass ich eine junge Mutter bin und keine leiblichen Kinder haben kann, aber dass es ein Glück und Segen für mich und meinen Mann ist, dass wir ein Kind von hier adoptieren dürfen, dass wir das Kind lieben werden und tief in unser Herz aufnehmen und es auf Händen tragen werden. Und dass das Kind es gut haben wird, sein Leben lang, dass wir zwar im Ausland wohnen, aber immer wieder mal nach Indien zurückkommen werden, weil wir Indien achten und lieben. Und noch einmal: dass es dem Kind gut gehen wird.

Die Mädchen lächeln mich an, immer noch freundlich – ich weiß nicht, ob sie mich verstanden haben. Aber plötzlich fragt das Mädchen, das mich jetzt fast erleichtert ansieht, wie alt das Kind ist, wenn ich es adoptiere. Und da begreife ich, dass ich nicht die Einzige bin, die fürchtet, dass das Kind im Heim leidet und dass die Zeit drängt, es in eine Familie zu geben. Wir beide bangen um unser Kind.

»Es ist etwa ein bis zwei Jahre alt«, sage ich und sie wirkt angenehm überrascht. Vielleicht hat sie befürchtet, dass das Adoptionsverfahren viel länger dauere. Wir sehen uns an und graben unsere Blicke tief in das Antlitz der anderen ein, prägen es uns ein, weil es eine Antwort auf die Frage zu geben scheint: Hat sie das Kind geliebt? Wird sie das Kind lieben? Wir sehen vor uns die andere Mutter und wir sind beide erleichtert. Es ist für uns so wichtig zu sehen, was für ein Mensch die andere ist – auch wenn wir nur einer Stellvertreterin in die Augen schauen.

Diese Mütter hier sind keine verzweifelten armen Frauen aus den Slums. Es sind einfache, freundliche Mädchen, wie man sie auf der Straße sieht mit ihren Büchern unter dem

Arm, wie sie auf dem Markt mit ihren Müttern einkaufen, im Geschäft Stoff für einen neuen Salwar Kameez aussuchen, am Stand ein paar Sweets naschen oder im Basar bunte Haarbänder auswählen. Manche sprechen auch Englisch, zwei der Mädchen hier lesen Bücher und sie wollen mit Sicherheit ordentlich heiraten und machen den Eindruck, dass eine Abtreibung für sie aus moralischen und religiösen Gründen nicht infrage kommt.

Aber sie kommen aus Elternhäusern, in denen es ein Skandal ist, vor der Heirat schwanger zu werden. »Mit einem Kind können sie niemals mehr heiraten«, hatte mir Schwester Lena gesagt und Schwester Clara behauptet dasselbe. Aus Angst vor der Verachtung, der Schande, die sie in den Augen der Eltern über die Familie bringen, und dem Terror zu Hause begehen manche Mädchen sogar Selbstmord.

Was hatte mir mein indischer Nachbar zu Hause erzählt? »Das waren die Mädchen, die auf unseren Dörfern früher in den Brunnen gesprungen sind.« Und ich kenne diese Brunnen. Ein Brunnen steht hier mitten im Basar. Die Händler haben um ihn ihre Obststände aufgebaut. Der Brunnen hat mit seiner massiven Mauerwand bestimmt einen Durchmesser von fünf Metern, und er ist tief, beängstigend tief, vor allem jetzt, wo der Monsun lange vorbei ist und ich das bleierne, schwarze Wasser tief unten gerade noch erkennen kann. Wer hier Wasser schöpfen will, braucht ein langes Seil. Und wer hier hineinspringt, ist verloren, vor allem, wenn sie nicht schwimmen kann. Da unten gibt es nichts zum Festhalten.

Und deshalb nehmen die Schwestern die Mädchen auf. »Wenn sie merken, dass sie im vierten oder fünften Monat schwanger sind, kommen sie. Manchmal bringen auch die Eltern sie her«, sagt Schwester Clara.

»Es wird alles geheim gehalten«, flüstert sie mir zu.

Ich möchte nicht wissen, was dem für Familiendramen, Verzweiflung, Tränen und Vorwürfe vorausgegangen sind. Aber dann haben Eltern und Töchter entschieden, dass das Kind bei den Schwestern ausgetragen wird. Die Mädchen bleiben bis zur Geburt hier oben in diesem lichten Raum, vereint in ihrem gemeinsamen Schicksal, sich gegenseitig tröstend – monatelang. Wenn die Wehen einsetzen, steht unten im Hof schon der Krankenwagen bereit. Krankenhäuser gibt es hier genug.

Die Neugeborenen bleiben bei den Schwestern.

»No religion – no name.« Auch Schwester Clara erklärt mir, dass die Mädchen den Babys keine Namen geben dürfen.

Wollen die Mädchen keinen Kontakt zu den Babys? Nie wieder?«, frage ich vorsichtig. Die Schwester zögert: »Selbst wenn – wir erlauben das nicht.« Die Mädchen unterschreiben die Adoptionserklärung und nach der Frist von drei Monaten, innerhalb derer sich die Mädchen noch einmal umentscheiden könnten, gibt es kein Zurück mehr. Die Mädchen verlieren alle Rechte an ihrem Kind und jegliche Verbindung zu ihm. Späterer Kontakt wird nicht mehr zugelassen.

»Wissen Sie, es sind ihre eigenen Babys, ihr eigenes Blut. Das könnte Probleme geben«, meint die Schwester. Offenbar besteht die Furcht, dass das Kind später nicht versteht, zu welcher Mutter es wirklich gehört – oder dass die Mutter ihren Schritt bereut. Selbst wenn die junge Mutter also im Nachhinein gerne wüsste, wo ihr Kind geblieben ist, wird ihr keine Information gegeben, kein Zugang erlaubt, kein Brief, kein Telefongespräch, nichts.

»Wir sagen Ihnen, die Kinder gingen nach England, Frankreich oder in die Schweiz, und das ist es dann.« Theoretisch sind also zwei Mütter auf der Welt, die gern voneinander wüssten, aber die Schwestern und die Behörden unterbinden es.

Nach der Geburt gehen die Mädchen wieder nach Hause. Der Verwandtschaft wird vielleicht erzählt, das Mädchen sei ein halbes Jahr bei Verwandten in Kalkutta gewesen. Und dann gibt es Gynäkologen, die selbst die Jungfräulichkeit wieder herstellen können. Damit stehen die Heiratschancen dann wieder gut und die Tochter wird keine Belastung für die Familie – alles ist noch mal glimpflich abgelaufen.

Ich frage mich, ob ich mit der Adoption dieses gesamte System nicht unterstütze. Vielleicht funktioniert der heimliche Ausweg für diese Familien nur, weil es Mütter wie mich gibt, die die Babys dieser Mädchen adoptieren. Helfe ich dabei, das traditionelle System dieser Gesellschaft fortzuführen? Bin ich die unfreiwillige Widersacherin dieser Mädchen, die eine Gemeinschaft bräuchten, die ihrem Fehltritt gegenüber toleranter reagiert? Bin nicht gerade ich es, die es den Eltern dieser Mädchen erlaubt, mit der Adoption das Baby verschwinden zu lassen, anstatt sich ehrlich und offen damit auseinander zu setzen, den so genannten Fehltritt der Tochter zu verarbeiten und das Kind zu akzeptieren? Bin ich es nicht auch, die mit der Adoption der indischen Gesellschaft bei der Zementierung dessen hilft, was als Fehltritt der Mädchen definiert wird und daher wie ein Geheimnis verschwiegen und ausradiert werden muss? Und wer denkt bei dieser unehrlichen Lösung hier an das Kind? Unterstütze ich ein System, in dem das Wohlergehen und die Heiratschancen des jungen Mädchens höher bewertet werden als das Bedürfnis des Kindes, bei seiner Mutter zu bleiben?

Zweifelsohne kommen diese indischen Mädchen und Familien kaum auf die Idee, dass die junge Frau ihr Kind allein aufziehen könnte. Selbst ich werde trotz meines Alters immer wieder gefragt, ob denn auch meine Schwiegermutter und andere Verwandte zu Hause seien, um mir mit dem Kind zu helfen. Nein? Dann werde ich immer erstaunt betrachtet. Dass man als Frau ein Leben mit Kind und Job allein führen kann, erscheint den meisten indischen Eltern unvorstellbar.

Ich kann mich nicht länger mit den Frauen unterhalten. Ich will nicht, dass sie sich von mir beobachtet und bedroht fühlen. Die jungen Frauen wirken unterschiedlich auf mich. Eine ist ernster, älter und abweisender – vielleicht würde sie ihr Kind gern behalten. Sie ist hochschwanger, sieht unglücklich und verzweifelt aus. Sie wird das Baby schon lange unter ihrem Herzen spüren. Vielleicht wird sie von ihrem Umfeld besonders unter Druck gesetzt, ihr Kind wegzugeben – und ich bin Teil dieses Komplotts. Das Gesicht aber, das sich mir am meisten einprägen wird, strahlt. Das junge Mädchen ist sichtlich erleichtert und glücklich, einen Ausweg gefunden zu haben.

Ich verabschiede mich und wir wünschen uns Glück, von Mutter zu Mutter, von der Mutter, die gibt, zu der Mutter, die nimmt. Der Anblick der anderen Mutter wird uns genügen müssen. Ich werde Isita selbst nie gegenüberstehen und fragen können, warum sie Indira weggegeben hat. Und die strahlende Schönheit hier wird die Adoptivmutter ihres Kindes nie kennen lernen und nie fragen können, ob sie ihr Kind liebt und ob es glücklich ist. Diese Ungewissheit bleibt und alle damit verbundenen Ängste werden uns ein Leben lang begleiten – für immer.

Zarte Bande

Wie gewonnen, so zerronnen. Heute merke ich erst, wie oberflächlich Indiras Beziehung zu mir ist. Wie unsinnig, mich der Illusion hingegeben zu haben, sie könne sich so schnell auf mich einstellen, mich als ihre Mutter akzeptieren. Einen Tag nur bin ich fort, besuche das Heim der schwangeren Mädchen, und schon reißt das zarte Band des Vertrauens zwischen Indira und mir. Sie hält das einfach noch nicht aus.

Als ich morgens in ihren Raum komme und sie in ihrem Bettchen begrüßen will, schaut mich meine Tochter nicht mal an. Sie hat durchaus gemerkt, dass ich da bin, aber sie ignoriert mich. Ich beuge mich zu ihr herunter, streiche ihr über den Kopf, liebkose sie, aber Indira steht nur auf, hält die Ärmchen hoch, um aus dem Bett gehoben zu werden und starrt aus dem Fenster. Ich hebe sie auf meinen Arm, sie will jedoch sofort auf den Boden gesetzt werden. Dann läuft sie zielstrebig los, sieht sich nicht einmal um und rennt durch den Raum der großen Kinder Richtung Treppenhaus. Ich bin Luft für sie und so bleibt es den ganzen Morgen. Ich tanze um sie herum, versuche ihre Aufmerksamkeit zu erhaschen, aber sie tapst eigenwillig die Stufen hinunter ins Parterre und wackelt in die Küche, wo sie Schwester Alissa findet – ich werde ignoriert.

Schwester Alissa begrüßt Indira und zieht aus dem Medizinschrank eine große Dose Karamellbonbons hervor. Und so thront Indira wenig später auf dem Arm von Schwester

Alissa, Karamell- und Schokoladensauce tropfen aus ihrem Mund und sie drückt sich mit ihrer ganzen süßen, klebrigen Wonne an den Busen der geliebten Schwester.

»Das sind Kinder, so sind sie einfach«, lacht Schwester Alissa und genießt die Anhänglichkeit Indiras. Sie liebkost meine Kleine und ich bemühe mich, das alles zu akzeptieren und verständnisvoll zu reagieren. Aber es gelingt mir nicht wirklich.

Heute bin ich schlechter Laune, unwirsch, verärgert und frustriert. Ich tanze jetzt seit zehn Tagen um Indira herum in diesem dunklen, lärmenden Heim, füttere Maisbrei und versuche den Kindern mit Resten von zerbrochenem Spielzeug den Tag zu verschönern, trete dabei immer wieder in Bananenreste, Urinlachen oder Karamellschmiere auf dem Fußboden, spüre die durchweichten Windeln der Kinder auf meinem Arm, habe verschüttete Milch auf meinem Salwar Kameez und Brei auf meiner Brille. Ich versinke in dieser Pampe aus Brei, Urin, Milch und Reiswasser, schwitze, nehme ständig ab, kämpfe gegen Durchfall und stehe hier ungelenk und unsicher neben der Oberin. Und meine Tochter würdigt mich keines Blickes.

Ich muss mich beherrschen. Ich weiß, dass ich ungerecht bin und dass ich in zehn Tagen nicht gegen einen einjährigen Heimaufenthalt ankomme. Ich bin hierher gekommen, damit sich die Bindung von Indira an die Schwestern langsam auf mich überträgt und sie eben nicht mit einem Ruck aus ihrer Heim-Brei-Schwestern-Routine herausgerissen wird. Dazu gehören auch Rückschritte. Das habe ich alles unzählige Male in den Adoptions-Büchern gelesen. Zwei Schritte vor – ein Schritt zurück. Heute ist eben der Schritt zurück dran. Aber es schmerzt, wenn Theorie Praxis wird.

Ich darf das Verhalten von Indira nicht persönlich nehmen, sage ich mir und beobachte, wie sie sich an Schwester Alissa schmiegt und mich jetzt fast bettelnd ansieht, ob das wohl alles so in Ordnung sei. Ich nicke Indira zu: ja – ist schon in Ordnung, schmuse du mit der Schwester. Irgendwann bin ich dran.

Und ich darf nicht ungerecht gegenüber den Schwestern sein. Es ist auch für sie schwer, zu sehen, wie sich Indira langsam von ihnen löst, abwendet und sich immer mehr auf diese angereiste Europäerin einlässt. Die Schwestern hängen mehr an den einzelnen Kindern, als es zunächst den Anschein hat. Schwester Alissa hat Indira in ihr Herz geschlossen und ich kann nur dankbar sein, dass die Kleine einen Großmutterersatz gefunden hat. Je tiefer die Beziehung zu der Schwester, desto besser die spätere Beziehung zu mir, wenn sich diese Bindung langsam und einfühlsam von der Schwester auf mich übertragen hat. Aber das braucht Zeit – viele Wochen und nicht nur zehn Tage.

Ich lasse Indira bei Schwester Alissa, die meine Tochter in das Wohnhaus der Nonnen mitnimmt. Ich kehre zurück zu den Kindern im ersten Stock und will mich in den Gitterbetten-Saal zurückziehen. Normalerweise toben um diese Uhrzeit alle Kinder bei den Großen herum.

Ich will allein sein, meine Ruhe haben. Aber der Raum ist nicht ganz leer. Schwester Martha steht an einem der Bettchen und schaut versunken auf das kleine Mädchen darin. Die Kleine ist mir von Anfang an aufgefallen. Sie ist leichenblass, sehr zierlich und steht den ganzen Tag an den Gitterstäben ihre Bettchens, die Hände fest um die Stäbe geklammert, und schleudert ihren Kopf von rechts nach links, rhythmisch, monoton, unaufhaltsam, in Trance. Der ganze Körper wiegt sich mit unglaublicher Wucht von Seite zu Seite. Sie ist das einzige Kind, das so extrem unter Hospitalismus leidet. Sie blendet sich völlig aus.

»Sie sieht mich nicht mal an – sie reagiert nicht. Ich komme überhaupt nicht an sie ran«, seufzt Schwester Martha und versucht den Kopf des Kindes festzuhalten. Das Gesichtchen ist ganz verzerrt von der ununterbrochenen Anstrengung.

»Ist sie behindert? Sie ist doch irgendwie nicht in Ordnung?«, frage ich Schwester Martha.

»Angeblich ist sie völlig gesund. Das sagt jedenfalls der Arzt. Er meint, sie sei normal.« Ich spüre ihre Zweifel.

»Das glaube ich nicht«, sage ich.

»Ich glaube auch nicht, dass sie gesund ist. Irgendwas stimmt mit ihr nicht. Aber der Arzt meint sogar, wir könnten sie zur Adoption freigeben.«

»Aber ihr Verhalten ist doch nicht normal«, sage ich. Ich weiß, dass ich alarmiert und geschockt wäre, wenn ich so ein Kind bekäme.

»Ja, ich weiß. Irgendwas stimmt mit ihr nicht. Das glaube ich jedenfalls. Deshalb gebe ich sie jetzt auch nicht weg. Ich kann sie nicht Eltern anbieten, wenn ich nicht weiß, was mit ihr ist. Ich warte noch ab. Oft kann man Auffälligkeiten besser erkennen, wenn das Kind etwas älter ist. Ich gebe grundsätzlich keine Kinder weg, wenn ich den Eltern nicht genau sagen kann, was los ist. Das kann man einfach nicht machen.«

Wir beobachten betroffen, wie die Kleine monoton schaukelt.

»Erinnern Sie sich an den kleinen Ashok?«, fragt mich Schwester Martha und ich weiß, welchen Jungen sie meint. Er ist vielleicht fünf Jahre alt, dünn und recht bösartig, fast verschlagen – immer wieder gemein zu den anderen Kindern. Aber das ist kein Wunder, er scheint geistig zurückgeblieben zu sein und kommt daher gegen die anderen Kinder, vor allem die großen, nicht an, die ihn malträtieren und tyrannisieren und immer wieder wegstoßen.

»Er war schon hier, als er noch ganz klein war und wir hatten bereits indische Adoptiveltern für ihn«, erzählt mir Schwester Martha. »Es war am Tag, als diese Eltern ihn abholen sollten. Ashok lag in seinem Bettchen und ich ging durch den Saal und sah ihn da liegen. Mir fiel plötzlich auf, dass er seine Hand so komisch hielt. Es war wie eine Intuition. Ich habe noch am selben Tag den Fortgang der Adoption gestoppt.«

»Und die Eltern?«

»Wir haben die Eltern wieder weggeschickt. Im Lauf der Zeit stellte sich heraus, dass Ashok körperlich behindert ist, dass er mit seiner körperlichen Entwicklung zurückbleibt.« Schwester Martha wendet sich von dem Bettchen des Mädchens ab und wir gehen in den Wickelraum, wo sie eine Flasche Reiswasser für die Kleine vorbereitet.

»Viel später haben wir dann Eltern für Ashok gefunden, die bereit gewesen wären, ihn trotz seiner körperlichen Behinderung anzunehmen. Sie leben in der Schweiz. Und wieder standen wir kurz vor der Adoption. Und wieder bin ich durch den Saal gegangen und habe Ashok beobachtet. Und plötzlich habe ich mir gesagt, da stimmt etwas nicht, und habe auch diese Adoption gestoppt. Er ist nicht nur körperlich behindert – er ist auch geistig nicht gesund. Das hat sich jetzt herausgestellt. Er ist tatsächlich geistig behindert.«

Ich höre betroffen der Geschichte zu. Zweimal die Adoption gestoppt – zweimal Eltern für Ashok zurückgewiesen. Was wäre bei seinen indischen Eltern oder in der Schweiz aus Ashok geworden? Vielleicht hätten die Eltern erst geflucht – aber dem Kind dann geholfen. Dann würde er jetzt nicht im Heim von den anderen Kindern verprügelt und müsste nicht mit Kneifen und Stoßen und Hauen um seinen Platz kämpfen, den er gegen die anderen Kinder nie verteidigen kann. Aber es wäre Betrug an den Eltern gewesen, Täuschung. Und damit wäre der Ruf des Heims geschädigt und somit letztlich auch die Chance, anderen Kindern ein Zuhause zu geben. Die Entscheidung der Schwester ist nachzuvollziehen. Aber ich merke Schwester Martha an, dass sie manchmal mit sich ringt. Macht sie sich Vorwürfe? Oder sagt sie sich, dass eine ehrliche Politik den Eltern gegenüber das Einzige ist, was langfristig möglichst vielen Kindern eine Zukunft sichert?

»Was geschieht mit den Kindern, die zu behindert sind, als dass man Eltern für sie fände«, frage ich die Schwester.

»Bei vielen Kindern brauchen wie einfach nur mehr Zeit, bis wir Eltern finden. Aber die schweren Fälle kommen in ein anderes Heim – hinüber nach Santa Cruz«, sagt sie und schweigt. Santa Cruz ist ein anderer Stadtteil Bombays. Ich sehe sie fragend an.

»Sie können ja mal hinfahren. Ja – Sie sollten das eigentlich mal tun. Das ist ein Heim für die Behinderten – und die Aids-Kranken. Es ist riesig. Ich habe da lange gearbeitet. Es ist eine große Aufgabe, dort zu helfen. Ich war gern in diesem Heim und sogar glücklich. Fahren Sie ruhig mal hin«, sagt sie und schaut mich prüfend an.

Ich bewundere Schwester Martha. Ich bewundere ihren Einsatz. Die Schwestern haben keinerlei Privatleben mehr, geben ihr Leben völlig auf, opfern ihre ganzen Anstrengungen dem Orden, der Arbeit hier. Sie haben nicht einmal mehr Privateigentum, keinen Urlaub – nichts. Aber sie sind glücklich, ausgefüllt. Sie haben ihre Aufgabe, ihre Berufung gefunden. Sie wirken vollkommen ausgeglichen, meist froh, ja sogar fröhlich.

Und dabei ist die Arbeit so hart – manchmal so unmenschlich und traurig. Ich erinnere mich, wie Schwester Martha vor drei Tagen unten im Raum der Kleinkinder stand, dem dunklen Raum, in dem Indira ein halbes Jahr gelegen hat. Schwester Martha zeigte mir ein Bettchen, in das ich schon öfter voll Entsetzen geschielt habe. Dort liegt ein Baby, ein eigentlich hübsches Mädchen, einige Monate alt. Sie hat sehr kluge, warme Augen. Doch ihre Arme und Beine sind ganz verkrüppelt. Von einem Beinchen ist nur noch ein amputierter Stumpf übrig.

»Ein Bein haben wir schon amputieren lassen. In einigen Wochen müssen wir das andere Bein abnehmen lassen«, seufzte Schwester Martha. »Und dann später wohl auch den einen Arm«, setzte sie nach und wir beide starrten auf das Mädchen, das mit der einer verkrüppelten Hand einen Beißring festhielt. Mich schauderte bei dem Gedanken, dem Kind nach und nach seine Gliedmaßen amputieren zu müssen.

»Sie ist sehr intelligent. Sie verfolgt hier alles ganz genau mit ihren Augen und geht sehr auf uns ein, wenn wir uns mit ihr beschäftigen«, betont Schwester Martha.

Vielleicht beten die Schwestern deshalb so viele Stunden am Tag. Sie arbeiten und helfen, ohne Fragen zu stellen, ohne Vorwürfe auf den Lippen zu tragen, ohne in den Lauf der Welt eingreifen zu wollen. Ich könnte das nicht. Ich würde immer sofort nach Schuldigen, nach Verantwortlichen suchen und würde immer gleich Probleme lösen wollen. Aber vielleicht kann man seine Kraft dann nicht mehr selbstlos auf den Dienst an den Menschen konzentrieren. Vielleicht wird man dann von der eigentlichen Aufgabe abgelenkt.

»Wo ist Indira?«, fragt mich Schwester Martha plötzlich.

»Sie ist unten und spielt mit Schwester Alissa«, antworte ich indigniert. »Sie will von mir nichts wissen. Ich bin heute nur Mittel zum Zweck, um aus dem Bett rauszukommen. Sie interessiert sich überhaupt nicht für mich.«

»Das stimmt gar nicht. Als Sie gestern weg waren, hat Indira hier gespielt, aber zwischendurch immer wieder nach Ihnen gesucht. Sie ist sehr anhänglich«, tröstet mich die Schwester.

Sie hat natürlich Recht, denke ich und beschließe, Indira wieder hochzuholen. Als ich durch den Raum der größeren Kinder gehe, sehe ich überrascht einen Europäer zwischen den Kindern sitzen. Er hat Kekse mitgebracht und alle Kinder mümmeln und bröseln wonnig vor sich hin. Er erklärt mir, dass er dieses Mädchen adoptiere, und deutet auf Leela, die sich neulich von mir die Haare hat streicheln lassen. Ich weiß nicht, ob sie begriffen hat, wer der Mann hier ist und dass er ihr künftiger Vater sein wird. Sie mümmelt jedenfalls mit Anita, Nirav und den anderen Kindern die Kekse.

Unten begrüßt mich Indira dann doch erfreut, als ich sie aus den Armen von Schwester Alissa hole. Es ist ihr zu langweilig geworden und so nehme ich sie hoch. Wenig später hockt Indira auf meinem Schoß, schiebt sich Butterkekse in den Mund und schnauft vor Wonne und Anstrengung behaglich mit den anderen Kindern vor sich hin.

Mittags lasse ich Indira nach ihrer Keksmümmelei und einer weiteren Breischlammschlacht mit einer Flasche Reiswasser in ihrem Bettchen zum Mittagsschlaf zurück. Ich gehe wieder zum Hotel, esse etwas und flüchte mich dann auf das Mülldach des Hotels. Ich habe den Zugang vor einigen Tagen entdeckt. Man muss nur am Ende meines Ganges eine Tür öffnen und steht in einem engen Treppenhaus. Folgt man den Treppenstufen nach unten, steht man plötzlich in der Küche des Hotels, einem schwarz verrußten, nach Öl und Curry stinkenden Raum, in dem Küchenjungen auf dem Boden kauernd Gewürze, Zwiebeln und Gemüse hacken und riesige Töpfe auf großen Feuerstellen vor sich hinköcheln. Als ich mich das erste Mal dorthin verirrte, wurde ich von den verschwitzten Männern ungläubig angestarrt. Ich verschwand sofort wieder nach oben.

Wenn man die Treppen jedoch hochgeht, muss man einige Male über schlafende junge Männer steigen, die sich von ihrer Arbeit im Hotel ausruhen und auf den Treppenabsätzen vor sich hin schnarchen, zusammengekrümmt auf Zeitungen als Unterlage. Sie liegen hier, auch wenn sie auf den Treppenabsätzen kaum Platz haben und es in der heraufziehenden Küchenluft glühend heiß ist und stinkt. Oben angelangt, kann ich die Tür zum Dach des Hotels aufstoßen und stehe zwischen zerbrochenen Stühlen und leeren Getränkekisten neben dem Wassertank. Aber ich habe mir einen Stuhl dort hingestellt, den Müll etwas an die Seite geschoben und hocke da, hoch oben über den Bahngleisen und dem Flachdach des Heims, auf dem die Wäsche der Kinder trocknet. Auf meiner Höhe sind nur die Krone eines blühenden Tropenbaumes und die krächzenden Krähen, die mitunter auf dem Wassertank neben mir hocken. Über den Dächern der Häuser auf der anderen Seite der Bahngleise tanzen kleine Papierdrachen von Kindern in dem heißen Tropenwind und die Hubschrauber kommen hier oben ganz dicht über den Baumwipfeln herein. Wenn ich im Schatten der Baumkronen sitze, kann ich es hier besser aushalten, als in meinem kleinen, stickigen Raum.

Um drei Uhr nachmittags gehe ich wieder zurück in das Heim. Kaum bin ich oben im ersten Stock der Kinder angelangt, fällt mir das Geschrei von Nirav auf. Keiner weiß, wo er steckt. Aisha kümmert sich um die Kleinen, spielt mit ihnen Ringelreihen und Anita macht mit. Das Mädchen, das immer so schreit, hockt mürrisch unter dem Tisch. Ein neues Mädchen ist da. Sie ist vielleicht sechs oder sieben Jahre alt und steht wie in Trance an der Wand. Sie starrt ungläubig auf die mürrischen und nörgelnden Kinder, die spielen oder sich gegenseitig ärgern. Aus den großen, schwarzen Augen des Mädchens blickt Staunen, Fassungslosigkeit, Ungläubigkeit. Sie reagiert auf keines der Kinder – ihr Gesicht ist regungslos, wie erstarrt nach einem Schock. Sie ist bildhübsch, aber gelähmt und stumm vor Angst und Unverständnis.

Ich suche Nirav und irgendwann mache ich aus einer Intuition heraus eine Tür auf, die ich bisher nie geöffnet habe. Ich dachte, es sei ein Schrank. Aber es ist kein Schrank – es ist eine Tür zu einer Dachkammer, die voll steht mit Gerümpel. Im Zwielicht erkenne ich den verheulten, zitternden Nirav. Jemand hat ihn hier zur Strafe eingesperrt, ohne dass ich wüsste, wer es war. Carla und Sivana, die zweite Schicht der Helferinnen, sind unten, um die Töpfe mit den heißen Milchflaschen zu holen. Nirav drängt sich schluchzend an mir vorbei und rennt auf den vergitterten Balkon, der Richtung Bahngleise zeigt. Dort werden manchmal einige Kleidchen zum Trocknen aufgehängt. Von hier gelangt man auch über eine steile Treppe auf das Flachdach des Heims. Aber Nirav krallt sich nur an das Gitter und beginnt, rhythmisch, monoton an den Gitterstäben zu reißen und hin und her zu schaukeln, weinend, schluchzend, tief aus seiner Brust heraus, und sein Gesicht mit den nach außen schielenden Augen ist überströmt von Tränen. Sie tropfen ihm auf seine schmächtige Brust, Speichel läuft ihm das Kinn herunter, seine bebenden Lippen legen seine verfaulten Zahnstümpfe bloß. Ich nähere mich ihm langsam, fasse seinen Arm.

»Nirav«, sage ich leise. Aber er heult wütend auf, rückt zwei Meter weiter von mir fort, krallt sich an die Gitterstäbe und taucht wieder ein in sein monotones Geschaukel. Ich komme nicht an ihn heran. Ich kämpfe mit den Tränen, hätte ihn so gern in den Arm genommen, getröstet, festgehalten. Aber so kann ich nur in der Nähe stehen, zeigen, dass ich da bin. Aber er will allein sein, starrt auf die Bahngleise, die vorbeidonnernden Vorstadtzüge, die Slumhütten unten an der Straße und in der Ferne die tanzenden Papierdrachen über den Dächern. Und er weint und weint.

Plötzlich zerrt etwas an meinem Salwar Kameez. Es ist Indira. Sie greift meine Hand, schaut mich fragend an und zieht. Sie zieht mich zu den anderen Kindern und ich bin ganz gerührt. Es ist das erste Mal, dass Indira mich anfasst, meine Hand ergreift, deutlich zeigt, dass ich mit ihr spielen soll. Ich nehme sie auf den Schoß und setze mich mitten unter die schreienden, tobenden Kinder und singe. Ich singe ganz laut Kinderlieder und wiege Indira in meinem Schoß. Am Anfang konnte ich das nicht. Die ersten Tage versagte meine Stimme beim Anblick der Kinder. Aber jetzt kann ich Lieder singen und halte Indira auf meinem Schoß, die rhythmisch den Kopf zu den Liedern hin und her wiegt. Ich kann singen, über all die Narben, Pickel, Geschwüre und Behinderungen, Ängste und Aggressionen der Kinder hinweg, und ich sehe ihre glücklichen Augen und ihr Händeklatschen und Lachen und es ist nicht mehr so schlimm, dass hinten im Raum wieder der kleine, schüchterne Kabir auf dem Boden liegt und weint und drüben im Gitterraum Sivana noch einmal den Jungen füttert, der wieder alles ausspuckt. Und irgendwann kommt auch Nirav wieder herein.

Doch dann ruft Anita aufgeregt und rennt wieder in den Korridor, der Richtung Hof zeigt. Die Kinder stürzen hinaus, balancieren an den Gitterfenstern auf ihren Zehenspitzen und schielen hinunter in den Hof. Ich folge ihnen. Nirav ist schon wieder das Gitter ganz hinaufgeklettert. Aisha und Anita rufen etwas in den Hof hinunter. Und da sehe ich den Europäer, der sich gerade von Schwester Alissa und Schwester Martha verabschiedet. Er hält Leela an der Hand. Beide drehen sich um und gehen. Leela hat ein hübsches Kleid an und ihre Haare sind ordentlich gekämmt und als die Kinder rufen, schaut sie hoch – aber nur ganz kurz und hastig. Und dann bleiben die Kinder ganz still, als der Europäer mit ihr durch das Tor verschwindet. Nirav winkt, lässt seine Hand sinken und starrt vor sich hin. Aisha flüstert neben mir »Auntie« und greift meine Hand. Und ich kehre mit Indira und den anderen Kindern wieder zurück in den Raum, kann aber nicht mehr so unbeschwert singen wie zuvor.

Mangelndes Vertrauen

Mich lässt der Anblick von Leela nicht los. Sie wird ihrem neuen europäischen Vater mit klopfendem Herzen aus dem Tor des Heimes hinaus auf die Straße gefolgt sein. Es ging alles so schnell, dass sie Nirav, Anita und Aisha kaum auf Wiedersehen sagen konnte. Sie war so perplex, dass sie nicht einmal mehr wagte, ihren Freunden oben am Fenster zuzuwinken.

Sicherlich hatten die Schwestern ihr erklärt, dass dieser fremde Mann ihr neuer Vater sei und bei ihm zu Hause ihre neue Mutter und vielleicht sogar Geschwister warteten. Aber wer war dieser Mann für sie? Was für seltsame Laute kamen aus seinem Mund? War er nett oder böse? Wie lange würde sie bei ihm bleiben? Wieder nur einige Monate oder Jahre, bis auch dieser Mensch sie fortschicken würde?

Bei ihrem Schritt aus dem Heim war niemand da, den sie hätte fragen können. Die Nonnen, ihre Freunde Nirav, Aisha und Anita, mit denen sie immer gespielt hatte, musste sie zurücklassen, ihr ganzes Leben in Indien wurde mit einem Tage ungültig. Ihre Welt brach zusammen. Aber es war ohnehin eine Welt, der man nicht trauen konnte, in der es nichts Stetiges und Verlässliches gab.

Diese Erfahrung hat leider jedes Kind in diesem Heim gemacht. Jedes der Kinder hat die Welt als etwas Unberechenbares erlebt. Bei Indira begann dieses Trauma – wie bei allen Babys hier im Heim – gleich nach der Geburt: Nur wenige Tage, nachdem sie auf die Welt kamen, waren die

Stimme, die Wärme und Geborgenheit ihrer Mutter plötzlich verschwunden. Stattdessen wurde Indira in eine fremde Welt hineingeworfen mit Stimmengewirr, schreienden Kindern und unbekannten Händen, die ihr eine Milchflasche in den Mund drückten.

Nach nur wenigen Wochen wurde diese Welt gegen eine andere ausgetauscht, als sie aus dem Säuglingszimmer in den Saal der kleinen Babys umgebettet wurde. Dort war das Stimmengewirr und Geschrei der anderen Babys noch lauter und die Frauen, die ab und zu mit Brei und Milchflasche auftauchten, hatten nicht mehr die vertrauen Gesichter. Wieder waren es neue Frauen, die sich mit Schwester Maria um Indira kümmerten, meist im Schichtdienst, einige Frauen morgens, andere Frauen nachmittags und nachts. Sie mussten für viele Kinder sorgen, hatten immer nur wenig Zeit, um auf Indira einzugehen. Es krabbelten fremde Kinder in den Nachbarbettchen herum und von außen drangen ungewohnte Geräusch in den Saal, das Dröhnen von Hubschraubern und das Heulen von Zügen. Vor wenigen Monaten wurde Indira dann ein weiteres Mal verlegt. Dieses Mal hoch in den ersten Stock, wieder zu anderen Pflegerinnen und Schwester Martha.

Dabei hat Indira noch Glück gehabt. Viele der Kinder kommen nicht aus Bombay, sondern verbringen die ersten Lebensmonate in Heimen auf dem Land oder in anderen Städten des indischen Bundesstaates Maharashtra.

Eines hat hier jedes Kind mittlerweile gelernt: Traue deiner Umwelt nicht, denn sie ist unberechenbar. Menschen kommen und gehen – sie können dich füttern und dir zu trinken geben, aber letztlich bist du allein. Selbst die Frauen, die mit dir spielen, bleiben nur kurze Zeit, setzen dich wieder in das Gitterbett zurück und gehen, egal wie sehr du auch schreist.

Wie anders hingegen die Erfahrung eines Babys in einer behüteten Familie. Dort erlebt ein Kind zunächst nur die Mutter und den Vater, vielleicht noch Geschwister und engste Familienangehörige. Der Kreis der Bezugspersonen ist überschaubar und auf Dauer erkennt das Baby, dass das

Verhalten dieser Menschen berechenbar ist, dass die Welt ein sicherer und verlässlicher Ort ist. Sobald dieses Kind an Hunger oder Durst leidet, kommen Vater oder Mutter, füttern, geben zu trinken und trösten. Durch diese kontinuierliche Befriedigung der Bedürfnisse des Kindes wird seine Entwicklung und auch sein Verhalten geprägt. In der täglichen zwischenmenschlichen Beziehung mit seinen Eltern lernt ein Kind Mimik, Gestik, Sprache und vor allem Vertrauen. Es weiß nach einiger Zeit, dass es sich auf seine Eltern als Ruhepol verlassen und ihnen trauen kann. So entsteht das Urvertrauen und die Bindungsfähigkeit. Nur mit dieser Sicherheit, die im Unterbewusstsein wirkt, wird sich das Kind später von seinen Eltern lösen, um selbstbewusst die Außenwelt zu erforschen.

Wie man sich an einen anderen Menschen bindet und ihm vertraut, lernt ein Kind in seinem ersten Lebensjahr. Ohne diese Bindung zu einer Bezugsperson fehlt in dieser prägenden Zeit ein wichtiger Baustein der Kindesentwicklung, der einen ausgeglichenen und selbstsicheren Menschen heranwachsen lässt.

Das Trauma der Trennung, das die Heimkinder schon erlebten, als sie von ihrer leiblichen Mutter in das Waisenhaus fortgegeben wurden, und die anschließende Irritation des wechselnden Pflegepersonals geben ihnen gar nicht erst die Möglichkeit, eine Bindung zu einer festen Bezugsperson aufzubauen. Eine psychisch gesunde Kindesentwicklung ist gefährdet. Das Fatale ist, dass man dieses Defizit in späteren Jahren nur bedingt wieder ausgleichen kann. Wichtige psychische Entwicklungsschritte, die ein Kind in seinem ersten Lebensjahr verpasst hat, sind fast nicht mehr nachzuholen. Das zeigt sich an den Verhaltensauffälligkeiten, die manche Heimkinder über Jahre, ja mitunter ihr Leben lang beibehalten.

Denn wenn das Kind seine Welt als ständig wechselnd, unsicher und brüchig erlebt, fühlt es sich bedroht und neigt zu Verhaltensweisen, die es vor dem Chaos und dem Schmerz schützen sollen. Diese Mechanismen sitzen tief und können, wenn überhaupt, oft nur über lange Zeit und mit viel Vertrauen und Verständnis der künftigen Eltern korrigiert werden.

Wenn mir Indira nicht richtig in die Augen sehen kann, dann deshalb, weil sie eine enge, intime Beziehung zu ihrer Mutter nie kennen gelernt und unbewusst sogar Angst vor dieser neuen, ungewohnt engen Beziehung hat – denn Menschen sind nach ihrer Erfahrung unzuverlässig und unberechenbar. Also ist es nur logisch, dass sie sich vor dem Risiko einer vielleicht wieder in die Brüche gehenden Bindung schützen will, indem sie mich gar nicht erst ansieht. Schließlich baut sich die emotionale Nähe zu einem Menschen auch über den Augenkontakt auf.

Wenn mich Manika kneift und kratzt und beißt, ist es eigentlich der verzweifelte Ausdruck nach Aufmerksamkeit und Liebe. Wenn ich mich dann wehre und sie ausschimpfe, bekommt sie zwar keine Liebe, aber immerhin ungeteilte Aufmerksamkeit. Selbst diese negative Aufmerksamkeit ist besser, als ignoriert zu werden. Damit kann sie erreichen, dass ich mich ihr zuwende und nicht den anderen Kindern.

Und wenn das große Mädchen drüben unter dem Bett liegt und so laut brüllt, dass ihr ganzer Körper zittert, dann ist auch das ein Zeichen, dass die Angst und Wut über diese chaotische Welt für sie zu groß sind. Kinder, die eine stabile Beziehung zu einer Bezugsperson haben, wissen, dass ihnen geholfen wird und dass Ängste sie nicht überwältigen müssen. Sie lernen von ihren Eltern, wie man Gefühle wie Freude, Wut und Angst äußern, aber auch kontrollieren kann. Kinder, die das nie erlebt haben, können Gefühle wie Wut oft nicht richtig dosieren und werden von ihren Emotionen überwältigt.

Dies gilt auch für den angemessenen Umgang mit Schmerzen. Wenn ein Kind nie erfahren hat, dass es Schmerzen äußern kann und wie ihm mit Liebkosungen, Trost und Pflastern geholfen wird, reagiert es kaum noch auf Schmerz. Ich habe im Heim Kinder beobachtet, die eine Steintreppe hinunterfielen, mit dem Kopf aufschlugen, beim Toben mit der Stirn an eine Tür rannten oder sich die Knie blutig schlugen – und in keiner Weise reagierten. Sie schrieen nicht, sie weinten nicht, sie rieben sich allenfalls den Kopf und weiter ging das Spiel. Das mag tapfer aussehen und man könnte zunächst meinen, dass sie fest die Zähne zusammenbeißen. Aber eigentlich ist es ein trauriges Anzeichen, denn sie haben nie erfahren, dass ein Schmerzschrei bei einem anderen Menschen eine mitfühlende Reaktion auslösen könnte.

Wenn Nirav neben mir am Balkongitter steht und rhythmisch hin und her schaukelt, an den Gitterstäben reißt und in Trance entgleitet, ist es sein Versuch, die tiefe innere Unruhe und Angst, die ihn in dieser chaotischen Welt begleiten, abzureagieren. Es ist ein hilfloser Versuch, sich selbst zu beruhigen, weil er es anders nicht kann und niemand da ist, der ihm helfen könnte. Selbst wenn ich jetzt neben ihm stehe und auf ihn eingehen will, ist Nirav weit davon entfernt, sich helfen zu lassen, denn er hat gelernt, dass er allein in dieser Welt ist und sich um sich selbst kümmern muss, weil es sonst keiner tut.

Selbst das Verhalten von Aisha ist symptomatisch. Dass sie den Nonnen am Rockzipfel hängt und sich wie eine gute Fee um die anderen kleinen Kinder kümmert, dass sie demonstrativ das brave Mädchen spielt, ist kein Grund, sie zu bewundern. Tief in ihrem Inneren hat sie erlebt, dass man sie fortgeschickt und verlassen hat. Aber warum? Weil sie nicht brav war? Weil sie etwas falsch gemacht hat? Weil sie nicht genug geholfen hat? Sie sucht bei sich die Schuld. Das wird ihr nicht noch einmal passieren und deshalb spielt sie die gute Fee. Sie tut es aus purer Angst. Angst davor, dass man sie wieder fortschicken könnte, weil sie sich nicht angemessen verhalten hat. Sie beugt vor.

Das Beängstigende ist, dass für all diese Kinder die Welt wieder zusammenbrechen wird. Keines wird in diesem Heim bleiben. Für sie kommt entweder das Trauma der Adoption, bei der sie zu wildfremden Leuten in eine völlig neue Umgebung katapultiert werden. Oder sie kommen in ein anderes Heim. So oder so wird sich ihre Erfahrung bestätigen, dass die Welt unberechenbar und gefährlich ist und dass auch die Schwestern sie leider nicht davor schützen können.

Genau aus diesem Grund bin ich hier. Ich möchte, dass Indira die Adoption nicht als totalen Zusammenbruch ihrer Welt erlebt. Es soll kein weiteres Trauma in ihrem Leben werden, das ihr bestätigt, dass man sich auf die Menschen nicht verlassen kann. Ich weiß, dass die bevorstehenden Veränderungen für Indira ein Schock sein werden. Aber vielleicht kann ich diesen Schock mildern und ihr etwas Vertrauen einflößen. Indira soll mich kennen lernen und sich langsam an mich gewöhnen, sodass sie sich bei mir geborgen fühlt, wenn wir gemeinsam das Heim verlassen.

Glücklicherweise haben dies die Nonnen und die jungen Frauen, die hier im Heim mithelfen, verstanden. Zu Hause hatte mir Schwester Lena telefonisch mitgeteilt, ich bräuchte nicht nach Bombay zu kommen – es ginge Indira ja gut. Aber seit ich hier im Heim bin, haben die Schwestern eingesehen, worum es mir geht: nämlich dass die Bindung, die Indira zu den Schwestern hat, langsam auf mich übertragen wird.

Deswegen erlauben mir die Nonnen, dass ich Indira täglich besuche und Schritt für Schritt die Rolle ihrer wichtigsten Bezugsperson übernehme. Erst mussten mir Schwester Martha und die Frauen des Pflegepersonals zeigen, wie ich Indira füttere und wickle, und es dauerte einige Zeit, bis Indira mich in dieser Rolle akzeptierte. Aber jetzt kümmern sie sich kaum noch um Indira, weil ich diese Aufgabe übernommen habe.

Dabei versuche ich, die Dinge so beizubehalten, wie sie hier im Heim gehandhabt werden. Nach dem Waschen und Wickeln öle ich Indiras Haar ebenso mit Kokosnussöl ein, wie es Schwester Martha mit allen Kindern macht. Ich binde das Haar in das gleiche Zöpfchen, bestäube die Haut Indiras mit dem gleichen weißen Puder gegen Hitzepickel und setzte ihr auch einen schwarzen Kajal-Punkt, das Bindi, auf die Stirn, wie ich es von Schwester Martha gelernt habe. Diese kleinen Rituale sind Indira vertraut, und deswegen möchte ich sie auch zu Hause beibehalten, damit ihr ein wenig Vertrautheit bleibt. Noch weiß ich nicht, dass das Einölen des Haares mit Kokosnussöl und das Bindi auf der

Stirn über Jahre hinweg kleine Aufmerksamkeiten bleiben werden, mit denen ich meine Tochter immer wieder fröhlich stimmen kann.

Ich füttere Indira mittlerweile auf dem Boden, wie es hier im Heim üblich ist. Allerdings gebe ich ihr die Milchflasche in meinem Arm, sodass wir uns dabei ansehen können und Augenkontakt haben.

Ich habe mir die Zeiten eingeprägt, wann Indira ihren Mittagsschlaf hält, und weiß, dass die Kinder im Heim keine Schnuller bekommen, sondern mit einer Flasche Milch oder Reiswasser im Mund einschlafen. In der Hitze schlafen sie ohne Bettdecke. Deshalb wird es mich später nicht wundern, wenn Indira noch fast zwei Jahre ohne Decke im Bett liegt, egal, wie kalt es bei uns im Winter ist.

Ich habe im Lauf der Zeit gelernt, eine indische Melodie, die Schwester Martha den Kindern vorsingt, nachzusummen. Und irgendwann fiel mir auf, dass die Kinder hier gern Ringelreihen spielen –, es würde über Jahre Indiras Lieblingsspiel bleiben.

Diese Kleinigkeiten sind für meine Tochter wichtig und werden uns helfen, wenn wir sie eines Tages aus dem Heim holen.

Wäre ich nicht hierher gekommen, hätte ich nie erfahren, dass die Schwestern Indira nicht bei ihrem Namen rufen, sondern ihr einen anderen Kosenamen geben. Ich hätte die Hindi-Worte nicht gelernt, die die Schwestern sprechen, wenn die Kinder schlafen oder essen sollen. Es ist ein kleiner Wortschatz, den ich mir über die Wochen eingeprägt habe und den ich über Jahre hinweg zu Hause gebrauchen werde.

Gleichzeitig fotografiere und filme ich viel. Später werde ich die Fotos von den Schwestern in Indiras Zimmer aufhängen. Ich habe für sie zudem ein kleines Fotoalbum mit Bildern aus dem Heim angelegt. Diese Fotos habe ich dort im Basar entwickeln lassen und schon jetzt schaut sich Indira das Buch neugierig an, tippt auf die Köpfe der Schwestern und brabbelt etwas vor sich hin. Aber noch weiß ich nicht, dass das Video, das ich derzeit vom Heimleben aufnehme, viele Jahre immer wieder Indiras Interesse und Fragen nach ihrer Vergangenheit in Indien anregen wird.

Entscheidend aber ist, dass meine Tochter nicht das Gefühl hat, plötzlich von den Schwestern und dem Heim fortgerissen zu werden. Jeden Tag besuchen wir beide die Schwestern unten im Hof, im Büro und im Säuglingszimmer. Die Nonnen liebkosen Indira und die Freude, das Schmusen und Bonbon-Füttern in meiner Gegenwart zeigen ihr, dass die Schwestern sie nicht fort stoßen und ich sie nicht aus den Armen der Nonnen reiße. Sie erhält Zeit, sich langsam von den Schwestern abzukoppeln und sich Schritt für Schritt mir anzunähern. So bestimmt Indira das Tempo, mit dem sie sich mir anvertraut und den nächsten Schritt in ihrem Leben geht.

Abends weint Indira mittlerweile, wenn ich meine Tasche packe, um für den Tag Abschied zu nehmen. Sie hängt immer mehr an mir. Ich kann ihr abends kaum noch einen Kuss auf die Wange drücken, weil sie sich dann fest an mich klammert und weint.

Auch meine Gefühle Indira gegenüber entwickeln sich, gehen immer tiefer. Anfangs verspürte ich eher ein großes Verantwortungsgefühl ihr gegenüber, aber ich merke jetzt, dass ich sie mehr und mehr als meine Tochter ansehe und zunehmend Angst habe, dass ihr etwas zustoßen könnte. Sie wird für mich von Tag zu Tag kostbarer.

Ich hoffe, dass wir uns beide so aneinander gewöhnen werden, dass wir uns eines Tages in Ruhe von den Schwestern verabschieden können. Das wäre mein Traum. Ich wünsche mir, dass Indira auf meinem Arm das Heim verlässt, ohne Panik, dass ihr wieder der Boden unter den Füßen fortgezogen wird. Vielleicht spürt sie dann, dass sie mir vertrauen darf, dass sie sich bei mir und Andreas geborgen fühlen kann. Nur dann wird sie selbstsicher werden und eines Tages den Mut haben, auf ihre Außenwelt vertrauensvoll zuzugehen. Deshalb sind die Wochen, die wir hier gemeinsam im Heim verbringen, so wichtig für ihr ganzes späteres Leben.

Das kleine und das große Glück

Drei Wochen sind seit meiner Ankunft verstrichen. Ich habe mich wieder an Indien gewöhnt. Mittlerweile kann ich mich kaum noch entsinnen, was mich zu Beginn so an Bombay schockiert hat. Mich stört der Schmutz und Gestank nicht mehr, ich bin sogar beeindruckt von der Sauberkeit. Wenn ich morgens hinausgehe und mein leeres Teeglas an den Stand zurückbringe, sind die Männer der Arbeitskolonnen schon lange verschwunden, die Straßen sauber gefegt. Die Händler auf dem Markt haben ihr Gemüse hübsch aufgeschichtet. Der Duft frischen Korianders mischt sich mit dem Duft vom Sandelholz der Räucherstäbchen.

Sogar die Slumhütten sind morgens ordentlich aufgeräumt. In den letzten Wochen ist wieder eine neue Hütte dazugekommen, in der eine Mutter mit vier kleinen Kindern lebt, die ihre Sprösslinge oft gemeinsam mit einer Schale Reis füttert. Unter einem der Treppenaufgänge zu den Bahnbrücken gibt es mittlerweile sogar eine Toilette. Seitdem hat der Fäkaliengestank an der Mauer des Heims etwas nachgelassen.

Auf der Straße springt der kleine Junge der Baby-Masseurin herum. Er hat sich eingeseift, einen Eimer Wasser über seinen Kopf geschüttet und steht nun splitternackt am Straßenrand. Sein Haar ist kurz geschnitten und er sieht aus, als ob er sich gleich ankleiden und zur Schule gehen würde. Seine Mutter hat einen frischen Sari an, sauber um ihren Körper gewickelt, ihr Haar in einen frisch geölten

Knoten gedreht. Nur die Hütte der kurz Geschorenen ist leer. Die zerrissenen Decken hat sie in einer Ecke ihres Verschlags zerknüllt liegen lassen.

Als ich um die Ecke zum Heim biege, bleibe ich überrascht stehen. Ich habe keine Chance, weiter vorzudringen, weil sich eine große Menschenmenge vor der verschlossenen Metalltür drängt; bitterarme Frauen, hager und ausgezehrt. Die meisten von ihnen halten ein unterernährtes Kind auf der Hüfte. Manche Frauen haben es aufgegeben, um einen Platz am Tor zu kämpfen, und hocken fast apathisch im Straßenstaub direkt neben der tiefen Gosse aus stinkendem Unrat und Plastikmüll. Zwei Kleinkinder in löchrigen, alten Jäckchen, mit verfilzten Haaren und verrotzten Nasen krabbeln gefährlich nah an die vorbeifahrenden Autos heran, was aber keine der Frauen zu kümmern scheint. Fast alle haben abgetragene, billige, verstaubte Baumwollsaris um ihre mageren Hüften und Brüste geschlungen.

Als sie mich sehen, verstummt ihr aufgeregtes Stimmengewirr, und sie treten etwas zur Seite, so dass ich mich hindurchzwängen kann. Dann rufen die Frauen etwas. Sie pochen gegen das Tor, das sich wenig später öffnet. Der Pförtner erkennt mich, zieht mich an der Hand in den Hof und schließt hinter mir das Tor sofort wieder.

Auch auf dem Hof herrscht dichtes Gedränge und ebenso lautes Stimmengewirr. Oben am Gitterfenster hängen Nirav und Anita und beobachten das Ganze. Eine breite Schlange von Frauen und einigen gebrechlichen Männern wartet. Sie halten erwartungsvoll Plastiktüten in der Hand. Als ich an den Anfang der Schlange vorgehe, erkenne ich, was den Hof und das Heim so in Aufruhr versetzt: die Armenspeisung. Neben den Büroräumen und Eingangstüren haben die Schwestern Berge von Kleidersäcken und Lebensmitteln aufgeschichtet. Eine Schwester kassiert von den Frauen eine zuvor in den Slums und auf den Straßen ausgeteilte rosa Lebensmittelkarte. Und dann ziehen die Frauen an den Haufen mit, Reis, Zucker, Salz, Mehl, Linsen, Milchpulver und Keksen sowie Paketen mit Altkleidern vorbei. Mehrere Schwestern reichen jeder Frau ein Bündel Altkleider, Pakete mit Lebensmitteln und zum Schluss eine Plastikflasche gefüllt mit Speiseöl.

Als mich Schwester Lena sieht, winkt sie mich heran.

»Jetzt können Sie mal weitermachen. Das geht noch den ganzen Tag so weiter.« Sie bittet mich, an ihrer Stelle den Reis auszuteilen. Es ist schon heiß. Die Lebensmittel werden in der prallen Sonne verteilt und Schwester Lena hat offenbar wieder Rückenschmerzen. Ehe ich mich versehe, stehe ich also in einer Reihe mit den Nonnen und bin für einen riesigen Berg von Reissäcken verantwortlich. Links von mir teilt Schwester Martha Linsensäcke aus und auf meiner rechten Seite steht Schwester Maria und gibt jeweils einen kleinen Sack Zucker und Salz in die Plastiktüte, die die Frauen uns entgegenstrecken.

Die Schlange wird schnell abgefertigt – schließlich sollen heute eintausend Familien versorgt werden, sagt mir Schwester Martha. Die Frauen und Kinder werden mit ihren Tüten auf die Straße entlassen und die nächste Gruppe darf auf den Hof kommen und sich in einer Reihe zum Lebensmittelempfang aufstellen.

Mitten im Hof steht ein beleibter, eifrig schwatzender indischer Geschäftsmann, der sich begeistert die Hände reibt – er hat einen großen Teil der Lebensmittel gespendet. Er macht keinen Hehl daraus, dass er glücklich und stolz ist, helfen zu können.

Ich arbeite mit und gebe den Reis aus wie am Fließband. Es geht so schnell, dass ich oft nur die Hände der Menschen sehe, die vor mir die Plastiktüte aufhalten. Hagere, harte Hände, dünne Hände, ausgezehrte Hände, die ein Leben lang knochenhart gearbeitet haben, viele Arme tätowiert. Ab und zu blicke ich in die erschreckend alten und zerfurchten Gesichter, die schwarz gegerbte Haut, die dunklen Augen – oft traurig, aber immer dankbar, fast schüchtern. Sie sind so glücklich über einen Sack Reis! Manche Frauen reichen mir die Hand und sagen: »Vielen Dank, Schwester«, ohne zu bemerken, dass ich gar keine Schwester bin. Ich blicke wieder auf die knöchernen, schwieligen, faltigen Hände vor mir, die oft so schwach sind, dass sie nur noch zittrig die Plastiktüte öffnen können. Für manchen sind die Säcke mit den Lebensmitteln schon zu schwer. Ihre Kinder müssen tragen helfen und schon platzt der Linsensack und das Öl schwappt beim Verlassen des Hofes aus den billigen Plastikflaschen, die nicht richtig schließen. Ich kann die dankbaren Blicke der Frauen kaum ertragen und bekomme Tränen in die Augen, obwohl ich so eine Situation immer herbeigesehnt habe: den Armen zu helfen. Nur helfen, austeilen, geben – ohne nachzudenken, nur geben, geben, geben. Es ist für mich wie ein Labsal nach meinem Job zu Hause.

Und so starre ich weiter auf die tätowierten Hände, die an mir vorbeiziehen, die bunten Saris – je greller, desto ärmer die Frauen – und das Lachen der betelroten Zähne, denn Betel unterdrückt den Hunger. Sie gleiten an mir vorbei, wunderschöne Gesichter, stolze, aber auch gedemütigte Gesichter, traurige und verzweifelte, verbitterte und verbissene Gesichter, aber auch stoische Gesichter und müde – sehr viele sehr müde Gesichter. Ich bekomme Rückenschmerzen, denn Zeit für eine Unterbrechung bleibt nicht. Die Schlange drängt voran und jede Frau, jedes Kind und jeder Greis wollen auch Reis und Milchpulver und einen Sack mit Altkleidern und eine Flasche mit Öl.

Auf einmal verstehe ich, warum die kurz Geschorene heute nicht in ihrer Hütte war, denn sonst liegt sie um diese Uhrzeit immer mit ihrem Sohn zwischen ihren Decken und schläft. Sie steht in der Nähe der Schlange am Rand des Hofes und gestikuliert. Sie mag sich nicht mit ihrer Lebensmittelkarte einreihen. Sie ist schon wieder zu aufgeregt, angespannt, entnervt. Schwester Lena, die die Lebensmittelhilfe generalstabsmäßig geplant hat und den Hof beaufsichtigt, deutet dem Sohn der Frau an, sich mit der Lebensmittelmarke in die Schlange einzureihen. Wir geben ihm einen Sack voll Lebensmittel, Kleidern und Öl. Plötzlich drängt sich ein verschlampter, ungepflegter junger Mann am Pförtner vorbei und stürmt in den Hof. Er fängt an, auf die Frau mit den kurzen Haaren einzureden. Es scheint, als ob er sich mit ihr in die Schlange einreihen wolle.

»Nein«, schimpft Schwester Lena. »Nicht schon wieder! Der war doch schon da. Raus hier! Hier gibt es alles nur einmal. Gebettelt wird nicht. Aber sofort raus hier!« Und sie scheucht den Mann mit Hilfe des Pförtners vom Hof. Der kleine Junge hat unterdessen seine Lebensmittel zusammen und wird von Schwester Lena mit seiner zerzausten, kurz geschorenen Mutter weggeschickt. »Dass einige immer versuchen müssen, alles zweimal zu bekommen«, schimpft die Schwester und achtet darauf, dass nicht gemogelt wird. Kein Betteln, kein Drängen, kein Schieben, kein Betrügen.

Das Austeilen läuft nach dieser Unterbrechung ohne Unterlass weiter. »Assalam Alaikum«, höre ich ein Mütterchen vor mir sagen. Sie hat ein schönes, gutmütiges, weiches Gesicht und freut sich so über den Reis und wiederholt immer wieder: »Assalam Alaikum«. Ich teile weiter Säcke aus und da sehe ich die Pflegerin Camilia mit Indira an der Hand. Sie führt sie zu mir und meine Tochter stolpert über die Reissäcke. Die Schlange stoppt an meiner Stelle und Schwester Lena bedeutet mir, eine Pause zu machen – sie teile weiter aus.

»Übrigens ist der Gerichtstermin für Indira in zwei Wochen«, ruft sie mir noch zu. »Das Gericht hat den Fall angenommen. Alle Papiere sind in Ordnung. Lassen Sie heute Nachmittag im Basar Passfotos von Indira machen. Die brauchen wir noch.« Schwester Lena nickt mir zu. Sie ist auch erleichtert, wenn es in einem Fall einen Schritt weitergeht.

Ich bin glücklich – glücklich über den verteilten Reis, über den Fortschritt im Adoptionsverfahren und glücklich über Indira, die brabbelnd auf meinen Arm steigt, sich an mich schmiegt und sich nicht von den Schwestern irritieren lässt. Selbst ihre geliebte Schwester Alissa, die im Schatten der Büros die Armenspeisung verfolgt, bringt Indira nicht von mir ab. Ich bleibe zufrieden mit ihr auf dem Arm im Schatten und in der Nähe des Tumults stehen.

»Sie nehmen die Kleine?«, höre ich plötzlich neben mir jemanden fragen. Es ist eine korpulente Inderin in Sari, mit einigen goldenen Armreifen an den Handgelenken. Ein dickes rotes Bindi ziert ihre Stirn und ihr Scheitel ist leicht rot gefärbt – ein Zeichen, dass sie verheiratet ist. Auch sie ist stolz auf die Armenspeisung. Sie zeigt auf den Geschäftsmann, ihren Mann, und betont, er habe einen Teil der Lebensmittel gespendet.

»Ja. Das ist Indira. In zwei oder drei Wochen können wir sie aus dem Heim holen«, antworte ich. Dabei habe ich das vage Gefühl, dass Indira nicht mehr so stark schielt wie noch vor drei Wochen. Ob es etwas genützt hat, dass ich sie aus dem dunklen Raum herausgenommen habe und sie jetzt so oft im Tageslicht spielt?

»Konnten Sie keinen Jungen bekommen?«, fragt mich die indische Ehefrau und lächelt mich an, wie hier mit Sicherheit Schwiegermütter ihre Schwiegertöchter anlächeln, wenn Familienangelegenheiten geklärt werden müssen.

»Nein. Einen Jungen bekomme ich nicht und will ich auch nicht. Ich bin sehr glücklich mit einer Tochter. Ich liebe Mädchen und sie hier ist eine ganz Tapfere«, betone ich und drücke Indira.

»Natürlich«, pflichtet mir die indische Schwiegermutter bei. »Sie sehen immer das Herz in den Kindern. Und Mädchen sind ja auch niedlich. Das stimmt – definitely«, gurrt sie. »Und es ist so lieb von Ihnen, dass sie dieses Kind adoptieren. Wissen Sie, bei uns hätte sie niemand genommen – niemals. Sie ist ja so dunkel.« Sie macht eine hilflose Handbewegung. »Aber Sie schauen ins Herz. Das ist gut so«, setzt sie nach und lächelt mich wohlwollend an.

Mir verschlägt es die Sprache. Indira hat wieder ihr giftgrünes Kleidchen an und sieht entzückend aus. Ich bin perplex. Was ist das bloß mit dieser Hautfarbe? Vor einigen Tagen hatte mir Schwester Alissa weismachen wollen, dass Indira zwar jetzt dunkel sei, aber bei uns in Europa natürlich heller werde. »Sie wird dann eine normale Farbe haben – da oben bei Ihnen ist es ja kalt«, hatte sie gesagt. Das war natürlich ausgemachter Blödsinn. Warum musste sie mir bloß einreden, dass Indira hell würde? Und was hieß schon »normale« Farbe?

Schwester Alissa war selbst tiefdunkel. Hatte sie so gelitten? Hatte man sie ihre dunkle Hautfarbe so spüren lassen?

Ich nehme Indira auf meinen Arm, verabschiede mich höflich von der Frau und gehe hoch zu den Kindern, denn der Brei für die Kleinen müsste gleich von Camilia und Didi gebracht werden. Nirav hängt am Fenstergitter und beobachtet die Austeilung der Lebensmittel aus der Vogelperspektive. Die anderen Kinder haben es aufgegeben: Sie sind zu klein und es ist für sie zu anstrengend, immer auf den Zehenspitzen zu balancieren, um einen Blick in den Hof zu ergattern. Aisha und Anita spielen indessen Ringelreihen mit den Kleinen. Aber sie können gegen das Weinen des schüchternen Kabir und des Jungen mit der Narbe an der Kehle kaum ansingen. Als ich komme, stürzen sie sich auf mich, reißen an meinen Sachen, wollen, dass ich mit ihnen singe und »Hoppe-Hoppe-Reiter« spiele. Jedes dieser Kinder liebt »Hoppe-Hoppe-Reiter«, weil sie sich so gern von meinem Schoß fallen lassen, und auch, weil sie sich so eng an mich schmiegen, wenn ich sie aus dem »Graben« wieder hochziehe.

Ich beschließe, ihnen heute in der Mittagspause einen großen Sack Spielzeug zu kaufen. Und Bücher. Ich kann die Langeweile der Kinder kaum noch mit ansehen.

Als Indira schließlich in ihrem Gitterbett nach Brei und Reiswasser eingeschlummert ist und die Großen in ihrem Saal für den Mittagsschlaf in die Betten müssen, streife ich durch den Basar. Einige Geschäfte haben mittags geschlossen, aber die meisten der kleinen Läden sind geöffnet. Es herrscht enges Gedränge. Dennoch ist die Hitze erträglich, denn der Basar ist überdacht, die Gänge und Läden sind schattig. Vorn am Eingang suchen sich zahlreiche Frauen in einem kleinen Laden passende farbige Armreifen zu ihren Saris aus. Der Händler hat hunderte abgepackter Plastikreifen in allen Regenbogenfarben und Größen vorrätig. Selbst Schwester Martha kommt mit diesem bunten Armschmuck ins Heim und streift den Kindern immer wieder neue Reife über die Handgelenke. Das kunterbunte Glitzern und Klappern an den Handgelenken erfreut die Kleinen und gibt ihrem Aussehen etwas Fröhliches, Unbeschwertes.

Eine Gasse weiter finde ich einen Spielzeughändler. Er kann es kaum fassen, wie viele Plastikautos, Gummienten, Kreisel und sonstiges Spielzeug er heute auf einen Schlag verkaufen kann. Ich achte lediglich darauf, dass das Spielzeug möglichst bruchsicher ist und so aussieht, als ob es eine Wutattacke von Nirav oder Ashok aushalten könnte. Schließlich halte ich für ein paar Rupien einen ganzen Sack voller Kinderträume in Händen. Bei einem anderen Händler entdecke ich noch recht schöne Bilderbücher mit Tieren, Autos und Flugzeugen.

An diesem Tag kann ich das Ende der Mittagspause kaum erwarten. Doch ich bin nicht darauf gefasst, was passiert, als ich mit meiner Wundertüte zu den Kindern komme. Nirav, zwei andere Jungen und auch Anita und Aisha erkennen sofort, was ich in dem Sack habe. Ehe ich mich besinnen kann, zerren sie an ihm, denn jeder hat Angst, nichts von dem Spielzeug zu ergattern. Ich reiße den Sack aus ihren Händen, halte ihn hoch über meinen Kopf und rufe ihnen zu, sich hinzusetzen. Erst dann teile ich an jedes Kind ein Spielzeug aus – ich habe sie vorher im Basar abgezählt und es kommt genau hin. Aber anstatt sich zu freuen, umklammert jedes Kind sein Spielzeug und schielt danach, was die anderen bekommen haben. Erst als sie begreifen, dass jedes Kind ein Spielzeug hat, wagt Nirav sein Plastikauto anzusehen, Anita den Kreisel, den sie mit Aisha ausprobiert, und der Junge mit dem Schnitt an der Kehle sein Auto, Kabir einen nickenden roten Plastikbären, den er hinter sich herzieht. Nur Ashok kann mit seinen Bauklötzen nichts anfangen, versteht nicht, dass man die einzelnen Stücke zu einem Turm aufschichten kann, und wirft frustriert die Bausteine auf den Boden. Die anderen spielen. Aber sie gehen grob, fast aggressiv mit den Spielsachen um und ich ahne, dass die Freude nicht lange anhalten wird.

Ich gehe zu den Gitterbetten und dort führt Indira einen wahren Freudentanz auf, als sie mich sieht. Als ich sie auf den Arm nehme, schmiegt sie sich an meine Schulter und beißt mir leicht in den Hals. Ich küsse sie und drücke sie fest. Es ist das erste Mal, dass Indira so herzliche Freude bei meinem Anblick zeigt. Ich habe langsam das Gefühl, dass sie sich wirklich auf mich freut, auf meine Person, und mich nicht mehr nur als Mittel zum Zweck sieht, aus ihrem Bett zu den Schwestern zu gelangen. Ich glaube, dass sie anfängt, die Augenblicke mit mir zu genießen und dabei glücklich ist. Noch geht alles ganz langsam, aber jetzt nach drei Wochen sind wir einen großen Schritt weiter. Mein langer Aufenthalt hier hat sich gelohnt.

Ich nehme Indira mit zu den großen Kindern und ziehe eines der Kinderbücher aus meiner Tragetasche. Dann setze ich sie auf meinen Schoß und sofort drängen sich die anderen Kinder, vor allem die Großen, um mich. Es folgt stilles und stummes Staunen. Nirav, Aisha und Anita flüstern, als sie die Bilder von Flugzeugen, Autos, Motorrädern und Schiffen sehen. Nirav legt vorsichtig seinen Finger auf jedes Bild, murmelt erstaunt etwas und dann wollen die Kinder von mir die Worte zu den Bildern hören und sprechen sie ganz langsam nach. Und wie eifrig! Tief konzentriert und bemüht radebrechen sie jedes Wort zu jedem Bild, und mir wird klar, wie ausgehungert sie nach Bildern, Sprache, Lernen und Schule sind, wie sie sich nach der Welt draußen sehnen – und wie furchtbar wenig sie im Heim davon mitbekommen.

Ich blättere eines der Kinderbücher durch und halte plötzlich irritiert inne. Auf einer Seite werden Gegensätze wie groß und klein, dick und dünn, hoch und tief und auch hübsch und hässlich gezeigt. Dort ist ein blauäugiges, blondes Mädchen zu sehen. Darunter steht »beautiful« – also hübsch. Daneben ist eine indische, dunkle Frau im Sari abgebildet. Und unter diesem Bild steht »ugly« – also hässlich. Ich kann es kaum fassen. Und das in einem Kinderbuch! Wo sollen die indischen Frauen, wo sollen die Mädchen hier ihr Selbstverständnis, ihre Selbstachtung, ihren Stolz hernehmen, wenn sie in einem Kinderbuch, das wie ein Schulbuch konzipiert ist, als hässlich abgestempelt werden? Da denke ich, dass es vielleicht gar nicht so schlimm ist, wenn ich Indira diesen Vorurteilen, diesen Schwiegermüttern, diesem gesellschaftlichen Druck entziehe. Aber wer weiß, welchen Diskriminierungen sie bei uns ausgesetzt sein wird?

In einem der anderen Bücher ist das Alphabet abgedruckt und da kommt mir eine Idee. In einem Schrank im Wickelraum finde ich schließlich Zettel, etwas Papier und einige Stifte. Und dann sitzen Nirav, Anita, Aisha und einige andere Kinder auf ihrer langen Bank am Esstisch und versuchen, Buchstaben zu malen. Indira sitzt eifrig daneben, kaut auf einem Stift herum und haut begeistert auf ein Buch. Aber Nirav bemüht sich tatsächlich, das A und das B zu schreiben, groß und ungelenk, aber so ernsthaft, dass er dabei ganz versonnen seufzt und vor Anstrengung und Eifer den Stift viel zu fest aufdrückt. Anita schafft es, eine ganze Reihe von As zu malen, langsam und etwas krakelig. Die Freude der Kinder und das Leuchten in ihren Augen spornen mich an, öfter mit ihnen Bücher anzusehen und Buchstaben und Zahlen zu malen. Ihre frustrierte Aggression ist verflogen, die sie sonst zermürbt und übereinander herfallen lässt.

Plötzlich kommt Schwester Martha herein.

»Ihr könnt runtergehen – wir sind im Hof«, ruft sie. Und kaum hören ihre Schützlinge dies, stürmen sie die Treppe hinab. Die Armenspeisung ist beendet. Es ist Spätnachmittag, die Hitze hat nachgelassen und einige Schwestern packen die Reste der Altkleider und noch einige Kanister Speiseöl zurück in die Lagerräume. Der Pförtner hat den Hof mit Wasser abgesprüht, sodass es frisch und nach tropischen Pflanzen duftet. Schwester Alissa und Schwester Maria haben sich zwischen einige Topfpflanzen auf das kleine Mäuerchen in den Schatten gesetzt. Schwester Martha hilft den Kindern, die zerbeulten und krummen Dreiräder und Laufgestelle aus einem Verschlag auf den Hof zu tragen.

Anita, Aisha und Nirav klettern bereits zwischen den Tropenpflanzen auf die klapprige Schiffsschaukel und schwingen wenig später ausgelassen vor Freude durch die Luft. Die Kleineren versuchen sich an den Dreirädern. Indira ist von Schwester Martha in ein rundes Laufgestell gehoben worden, mit dem sie sich eifrig über den Hof schiebt. Ich setze mich zu den Schwestern und genieße die ruhige, schattige Atmosphäre. Die Krähen krächzen von den umstehenden Palmen, die Kinder spielen ausgelassen und die Schwestern amüsieren sich darüber, wie ihre Zöglinge vor Eifer übereinander purzeln, stolpern oder ehrgeizig mit den Dreirädern und Laufgestellen versuchen, über den Hof zu fahren.

Ich überlege, was die anderen Adoptiveltern alles verpassen, wenn sie nicht hierher kommen. In Kürze werden mehrere der kleinen Kinder nach Europa zu ihren neuen Eltern gebracht. Aber diese Eltern werden keine Vorstellung davon haben, in welcher Welt ihr Kind gelebt hat. Sie haben keine Ahnung von seinen Freuden, Ängsten und seinem Kummer. Für sie sind es Kinder ohne Vergangenheit, ohne Geschichte. Natürlich wäre es nicht machbar, wenn alle Adoptiveltern wochenlang im Heim den Schwestern zwischen den Füßen herumliefen. Aber für die Kinder wäre es wichtig. Seit Tagen fotografiere ich Indiras Heimleben, mache Videoaufzeichnungen, achte darauf, dass ich von jeder Schwester, von jeder Pflegerin ein Foto mit Indira auf dem Arm habe. Es wird für sie später eine wertvolle Erinnerung sein.

Ich fotografiere auch jetzt, wie die Kinder auf ihren Dreirädern über den Hof fahren. Die Nonnen kennen ihre Schützlinge gut, die Eigenart eines jeden, und lachen über ihre Possen, stecken ihnen ab und zu Karamellbonbons zu und sind zufrieden mit diesem Tag.

Ich verstehe, dass ein solches Leben erfüllend sein kann. Die Schwestern schuften aus Leibeskräften dafür, dass sich eintausend Familien zumindest einige Tage lang wieder richtig satt essen können und sie die Kinder wieder einen Tag durchgebracht haben. Sie hegen bescheidene Ansprüche, sind zufrieden mit dem Ergebnis des Tages, haben sichtlich Freude in den Augen, weil sie helfen konnten. Vielleicht strahlen sie deshalb diese unglaubliche innere Ruhe aus.

Wie sehr unterscheidet sich ihr Ausdruck doch von den Gesichtern, die ich in meinem Berufsleben gesehen habe: der immer gehetzte, verbissen angestrengte Ausdruck in den Gesichtern der westlichen Menschen, diese ständige Unzufriedenheit um den Mund und die ewige Sorge, dass es nie genug ist, nie ausreicht, nie wirkliche Erfüllung bringt. Hier sind die Verhältnisse viel bescheidener – aber die Zufriedenheit kann umso größer sein.

Das Heim von Santa Cruz

Langsam quälen wir uns durch den Verkehr. Ich bin mit dem Zug mehrere Stationen bis nach Santa Cruz, einem Stadtteil von Bombay, gefahren. Aber bis zum Heim der Behinderten ist es noch so weit, dass ich mich von einer Autorikscha hinfahren lasse. Ich möchte sehen, was aus den Kindern wird, die geistig oder körperlich so behindert sind, dass niemand sie adoptieren will, weder aus Indien noch aus dem Ausland. Ich denke an das Kind, das seinen Kopf ständig hin und her schleudert, oder auch an das kleine Mädchen, dem in diesen Wochen das zweite Bein amputiert werden muss.

Der Stadtteil Santa Cruz liegt tief im Zentrum Bombays und ist dichter besiedelt als die Gegend um das Kinderheim der Ordensschwestern. Der Verkehr ist noch hektischer, die Häuser noch verfallener und die Slums noch trostloser. In den Hütten am Straßenrand wohnen so viele Menschen, dass die meisten Verschläge auf Kopfhöhe ein zusätzliches Brett eingezogen haben. Oben schlafen die alten Leute, ausgelaugte Männer oder größere Kinder, und unten auf dem Boden hocken apathische Mütter mit ihrer restlichen Kinderschar auf dem Boden. Sie versuchen, ein wenig Reis zu kochen, streiten mit den Nachbarn um einige Zentimeter Schnur, auf der sie Wäsche aufhängen wollen. Hier ist kein Fleckchen mehr übrig, weder zwischen den wackligen Plastik- und Pappverschlägen noch zu den Rädern der Autos und Lastwagen, die an den Hütten vorbeirollen. Verglichen mit diesen Slums wohnen die Masseurin und selbst die kurz geschorene Mutter bei uns am Bahndamm in einer Luxus-Behausung.

Der Fahrer drängelt mit unserer Rikscha durch den Verkehr, der mittlerweile zusammengebrochen ist. Die Lastwagen, Busse und Autos kommen nicht mehr voran, blasen ihre Dieselabgase in die Hütten; nur Motorräder und Autorikschas können sich zwischen den Bussen und Lastwagen hindurchquetschen. Wir schieben uns so dicht vorbei, dass ich die Radkappen und Kotflügel mit den Händen greifen könnte.

Plötzlich biegt mein Fahrer links ab und wenig später rollen wir knatternd auf den Hof einer Industrieanlage. Von der Auffahrt aus kann ich mehrere geräumige Fabrikhallen erkennen.

»Ich möchte zu einem Heim, nicht zu einer Maschinenfabrik«, beschwere ich mich beim Fahrer und deute auf ein verblichenes Schild mit dem Namen eines Unternehmens.

Aber der Fahrer schüttelt nur den Kopf und zeigt mir ein anderes Schild. Es hängt an einem kleineren Gebäude in der Nähe der Fabrikhallen und ist in der Tat vom selben katholischen Orden wie Indiras Heim. Nachdem der Fahrer sich bereit erklärt hat, auf mich zu warten, gehe ich auf den Eingang des kleines Gebäudes zu.

Auf den Stufen des Hauses und auf der Auffahrt stehen dichte Reihen von Blumentöpfen mit blühendem Hibiskus und Oleander. Direkt neben dem Haus und an der Mauer der nahe gelegenen Produktionshalle blühen ebenfalls Blumen. Ein kleines Paradiesgärtlein empfängt mich. Selbst auf der Veranda blüht es – eine Oase in dieser Betonwüste der Fabrik und der grauen Wellblech- und Plastikwelt der Slums.

Ich klopfe an die Tür und als niemand reagiert, öffne ich und rufe in die dunkle Eingangshalle hinein. Nach einigen Minuten kommt eine junge Nonne. Ich stelle mich vor, erzähle ihr von Schwester Martha.

»Sie meinte, ich könne mir das Heim einmal ansehen.« Ich erzähle der Schwester, dass ich ein kleines Kind aus dem anderen Heim adoptiere.

»Ja, gern«, sagt die Schwester. »Aber Sie müssen warten, bis die Mittagspause und Gebetszeit um ist.« Und damit verschwindet sie wieder im Haus und schließt die Tür. Jetzt erst fällt mir auf, dass wir im Verkehrstau viel Zeit verloren haben, dass es bereits Mittag ist und ich bis drei Uhr nachmittags warten muss, bis die Nonnen ihre Pause beenden. Und da die junge Schwester nicht gerade enthusiastisch über mein Kommen war und keinerlei Anstalten gemacht hat, mir das Heim trotz der Mittagspause zu zeigen, stehe ich nun ratlos auf der Veranda.

Zunächst warte ich. Ich will nicht umkehren und den langen Weg durch den dichten Verkehr umsonst gemacht haben. Aber auf der Veranda wird mir schnell zu heiß. Die Mittagssonne knallt auf den Hof und zwischen den Fabrikhallen und dem Haus der Schwestern steht die Hitze. Sie raubt mir fast den Atem. Ich bekomme Kopfschmerzen, denn es geht mir heute ohnehin nicht sehr gut. Mein Durchfall hat wieder begonnen und seit drei Tagen nehme ich wieder Antibiotika. Da ich Angst habe, dass es mit den Amöben wieder losgeht, schlucke ich die Tabletten, die ich noch habe. Allerdings habe ich das Gefühl, dass mich die Medizin nur schwächt.

Ich merke, dass ich es auf der Veranda nicht lange aushalten werde, vor allem keine zwei Stunden, die ich noch warten müsste. Der Fahrer der Rikscha liegt in einer schattigen Toreinfahrt und schläft offenbar. Also beschließe ich, mir das Heim auf eigene Faust anzusehen.

Und so betrete ich die Hölle. Eigentlich hatte ich mir die Hölle immer heiß, feurig, schreiend und laut vorgestellt. Ich wusste nicht, dass sie langsam ist, totenstill, wie Zeitlupe, dass sie einem die Luft abschnürt, das Herz stehen bleiben lässt und man verstummt und erstarrt wie Lots Frau.

Ich trete vorsichtig an die Gittertür der ersten Fabrikhalle. Ich weiß nicht, was mich erwartet. Das Fliegengitter in der Tür ist so dicht und die Halle dahinter so dunkel, dass ich zuerst nichts erkennen kann. Ich öffne die Tür und trete ein. Langsam gewöhnen sich meine Augen an das Zwielicht und dann sehe ich Reihen von Gitterbetten – endlos lange Reihen von Gitterbetten. Sie stehen dicht an dicht – die ganze riesige Halle voll. Einige Betten sind leer, in anderen liegen Kleinkinder und als ich langsam den Gang zwischen den Betten entlangschreite, sehe ich, dass jedes Kind behindert ist. Eine merkwürdige Stille lastet über diesem Raum und jede Bewegung ist langsam. Aus der Dunkelheit kommt ein Mädchen auf mich zu. Sie schlurft und hinkt, bewegt sich wie in Zeitlupe auf mich zu, lächelt mich geistig verwirrt an und ergreift meine Hand. Ich starre in ihr lächelndes Gesicht und ihre merkwürdig erloschenen Augen – und dann auf das Meer der Gitterbetten. Das Mädchen schmiegt sich an mich, als ob sie mich kennen würde. Dann zieht sie mich langsam und schlurfend tiefer in die Halle hinein – als ob sie mich erwartet hätte.

Hinten, am Ende der Halle, steht ein langer Wickeltisch, an dem eine Pflegerin ein körperlich behindertes Kind umständlich anzieht. Eine andere junge Frau trägt ein größeres behindertes Kind auf beiden Armen. Die Frauen sehen mich nicht, haben mich nicht erwartet, reagieren nicht. Das behinderte Kind wird von der Frau langsam durch die Reihen der Gitterbetten auf die linke Seite der Halle getragen. Nur hier fällt durch schmale kleine Fenster oben in der Wand etwas Tageslicht in den Raum. Und in dem Licht erkenne ich auf dem Boden eine Fläche, die mit Matten ausgelegt ist. Dort liegen Kinder, die zu behindert sind, als dass sie sitzen könnten. Auf dem Boden winden sich ihre Leiber, drehen, strecken und wenden sich langsam in dem fahlen Strahl, der von den Oberlichtern durch das Dunkel schimmert. Um dieses dunkle Knäuel von Leibern hat das Personal am Rand der Matten kleine Stühle aufgestellt. Dort sitzen die Kinder, die sich halbwegs aufrecht halten können. Sie hängen in den Stühlen, bewegen sich, drehen, verrenken sich wie wie Zuschauer, die verwirrt das groteske Schauspiel vor ihren Füßen betrachten. Es ist gespenstisch. Der Anblick schnürt mir die Kehle zu, ich bekomme das Gefühl, als ob ich in der dunklen Unterwelt gefangen bin, nie wieder hier herauskomme.

Das Mädchen an meiner Hand zieht, aber ich kann nicht mehr weitergehen. Ich kann mich vor Entsetzen kaum noch bewegen. Ich starre auf die sich unbeholfen verdrehenden Gliedmaßen und Köpfe, verkrampften Hände und Beine und in mir pocht nur noch ein Gedanke: Wie kommen die Kinder hier raus? Kommen sie jemals hier raus? Was, wenn ein Kind hier endet? Was, wenn es für immer in diesem Dunkel ausharren muss, in einer riesigen Halle voller behinderter Kinder? Das hier ist die absolute Endstation.

Ich halte es nicht mehr aus und ziehe meine Hand zurück. Das Mädchen dreht sich um und lächelt mich verwirrt an, lässt meine Hand traurig los. Ich gehe zurück – rückwärts. Ich wage nicht, mich umzudrehen, taste mich langsam den Flur entlang Richtung Ausgang, Richtung Licht – dort, wo hinter dem Gitter die Blumen blühen, der Himmel blau strahlt und die Sonne glüht: Die Sonne, die nicht grell genug scheinen und nicht heiß genug brennen kann. Ich lasse das Mädchen auf dem Gang zwischen den Betten im Dunkeln stehen und schlage die Gittertür wieder zu. Dann ziehe ich die Hand weg, als ob ich mir die Fingerkuppen verbrannt hätte, und drehe mich um. Erst jetzt spüre ich meine weichen Knie. Ich weiß nicht, ob es die plötzliche Hitze ist oder die Antibiotika oder die Halle, die mich so benommen machen.

Ich blicke zur nächsten Halle. Voller Beklemmung merke ich plötzlich, wie viele Hallen es hier gibt. Ich gehe langsam um das Blumenbeet und einige Töpfe mit blühendem Hibiskus herum und stehe vor der Gittertür der zweiten Halle. Dieses Mal bleibe ich vor dem Fliegengitter stehen, presse mein Gesicht an die Gaze und warte, bis sich meine Augen an die Dunkelheit gewöhnt haben.

Frauen. Hier sind die Frauen. Auch diese Halle ist voller Pritschen, die an vielen Stellen so dicht stehen, dass man sich gerade noch hindurchzwängen kann. Auf jeder Pritsche hockt, liegt, schläft eine behinderte Frau. Wieder irritieren mich die Zeitlupenbewegungen. Zwischen den Pritschen auf dem Gang kniet eine geistig verwirrte Frau im Nachthemd auf dem Boden. Wie besessen scheuert, wienert und putzt sie die Fliesen. Immer dieselben Fliesen. Sie rutscht zwischen den Pritschen auf dem Boden herum und putzt und wienert für alle Ewigkeit. Hier gehe ich nicht rein. Ich ziehe meinen Kopf vom Fliegengitter zurück und erkenne nichts mehr.

Dann drehe ich mich um und sehe gegenüber auf der anderen Seite des von Blumenbeeten gesäumten Weges eine weitere Halle, die allerdings keine Gittertür, sondern eine schwere Eisentür verschließt. Ich gehe langsam auch auf diese Tür zu und zögere. Soll ich weitergehen? Aber ich kann jetzt nicht aufhören. Ich will sehen, was in diesen Hallen verborgen ist, was unsere Sonnenseite der Welt nicht sieht, nicht weiß.

Ich öffne die Tür: ohrenbetäubender Lärm empfängt mich – es ist das Schreien, das ich von dem Mädchen aus unserem Heim an den Bahngleisen kenne, dieses durch Mark und Bein dringende Brüllen. Ich starre auf einen Tumult von Leibern, die schreiend auf mich zu kommen, fallen, versuchen sich wieder aufzurichten. Es sind Jugendliche. Einige Helferinnen bemühen sich, einen breiten Tisch notdürftig zu decken, aber das Gedränge der durcheinander laufenden und stolpernden Jungen und Mädchen ist unkontrollierbar. Die Frauen müssen ihre Arbeit immer wieder unterbrechen, um die Jugendlichen in ihre Schranken zu weisen oder ihnen zu helfen. Und erst jetzt erkenne ich, dass viele Mädchen und Jungen nicht gehen können, weil sie halb gelähmt sind und ihre Krücken auf den Fliesen abrutschen. Einige von ihnen schlurfen und hinken weiterhin auf mich zu. Aber ich will nicht. Ich trete zurück, gehe rückwärts aus der Halle raus und schlage die Tür wieder zu. Im gleichen Moment ist das Geschrei verstummt. Ich stehe wieder in der Stille zwischen den Fabrikhallen, in der Hitze zwischen den Blumenbeeten. Mein Fahrer schläft immer noch unter dem Torbogen. Ich blicke auf die anderen Hallen. Es kann doch nicht noch mehr geben, denke ich. Aber wo sind die Aids-Kranken?

Ich gehe langsam zwischen den Blumenbeeten zu Halle vier. Hier liegt der Eingang am Ende eines schattigen Hofes.

Ich bleibe kurz stehen und sehe im Hof mehrere Männer sitzen und liegen.

Da schießt es mir durch den Kopf – natürlich, die behinderten Männer. Die Gittertür steht offen, sodass sie die Halle verlassen und draußen im Schatten kauern können – den Himmel sehen, von weitem die Blumen erkennen. Und wieder dieses Zeitlupengefühl. Einer der Männer hat mich wohl erspäht und schlurft unbeholfen auf mich zu. Ich zögere, weiß nicht, was ich machen soll. Die Männer vor der Halle haben mich jetzt auch bemerkt und zwei weitere erheben sich mühsam vom Boden und hinken ebenfalls in meine Richtung.

Der erste Mann steht nun vor mir, barfuß, in einfacher Hose und Unterhemd, lächelt, redet auf mich ein. Er ist groß, sehr groß und ich kann kein Wort verstehen. Er kann nur langsam, gurgelnd sprechen und ohnehin wird es Marathi oder Hindi sein, das ich nicht verstehe. Erst überlege ich, ob ich mit ihm gehen soll. Ich lächele ihn unsicher an, aber als die zwei anderen Männer mich auch noch umkreisen, bekomme ich es mit der Angst zu tun. Ich bin mir plötzlich nicht mehr sicher, ob es eine gute Idee ist, hier alleine herumzuwandern. Ich kenne die Männer nicht, weiß nicht, ob sie alle so freundlich und harmlos sind, wie sie scheinen. Ich beschließe umzukehren. Freundlich hebe ich meine Hände und verabschiede mich mit einem »Namaskar«. Die Männer reden weiter auf mich ein, als ob sie mich zum Bleiben überreden wollten, aber ich gehe vorsichtig zurück und bin froh, dass sie mir nicht folgen.

Dann laufe ich zwischen den Blumenbeeten in Richtung Ausgang, verliere die Männer aus den Augen und drehe mich um. Ich wende den Hallen, dieser Hölle in Zeitlupe, den Rücken zu und eile zurück zur Autorikscha. Der Fahrer hat mein Kommen schon bemerkt und wenig später knattern wir vom Hof auf die Straße.

Wieder im Kinderheim kann ich gar nicht schnell genug zu Indira kommen. Ich nehme sie aus dem Bettchen und drücke sie an mich, stehe mit ihr auf dem vergitterten Balkon und blicke stumm auf die Bahngleise. Ich bin mir nicht sicher, ob sich Indira an mich klammert, oder ob ich bei ihr Halt suche. Ich vergrabe mein Gesicht in ihrem Haar, genieße den Duft des Kokosnussöls.

Da fällt mir auf, dass Nirav neben mir steht, seine Hände an die Fenstergitter geklammert. Auf dem Balkon liegen zerbrochene Reste des Autos, das ich ihm geschenkt habe. Drüben in einer Ecke sehe ich den roten Plastikbären für Kabir. Der Bär liegt zerbrochen im Staub. Nirav schaukelt rhythmisch von einem Fuß auf den anderen, hat wieder diesen verzweifelten Ausdruck im Gesicht. Seine Wangen sind noch nass von Tränen und wieder läuft ihm Speichel aus dem Mund. Ich beobachte ihn besorgt. Er schaukelt wie in Trance und starrt in Richtung der vorbeidonnernden Züge. Ich werde die Bilder des Behindertenheims in Santa Cruz nicht los. Ich schaue zu Nirav und denke voll schlechten Gewissens: »Andreas und ich haben es uns mit Indira sehr leicht gemacht. Das kleine bisschen Schielen – und es wird schon besser – bildet sich zurück. Ansonsten ist Indira gesund, blüht langsam auf. Wir haben es uns wahrlich leicht gemacht.«

Die Wäscherinnen auf dem Dach

Es ist neun Uhr morgens. Ich würde am liebsten im Bett liegen bleiben. Seit einer halben Stunde schon lausche ich auf die Rufe der Händler und Teekocher unten auf der Straße, auf die Lautsprecheransagen vom Bahnhof und das Heulen der Züge. Die Sonne scheint bereits in mein Zimmer, es wird heiß, aber ich kann mich nicht aufraffen.

In der Nacht habe ich kaum geschlafen, hatte Herzrasen, Magenschmerzen und Durchfall. Ich lag mit Schüttelfrost im Bett und lauschte auf die bellenden Hunde draußen und die hustenden Männer.

Seit Tagen kriecht in mir eine bleierne Erschöpfung hoch, lähmt meine Muskeln und Knochen. Ich bin mit hämmernden Kopfschmerzen aufgewacht und obwohl ich seit zwei Wochen Antibiotika nehme, hört mein Durchfall nicht auf. Ich habe abgenommen, kann die Rippen beim Einatmen fast zählen. Wenn ich seitlich im Bett liege, berühren sich meine Oberschenkel nicht mehr, so abgemagert bin ich.

Als ich mich zum Aufstehen zwinge, zittern meine Knie. Ich schaffe es, mich anzukleiden und mühsam zum Heim zu gehen. Aber irgendetwas stimmt nicht mit mir. Eigentlich müsste ich zum Arzt gehen, denke ich. Aber ich kenne hier keinen Arzt.

Im Heim setze ich mich erschöpft zwischen die Gitterbetten auf den Boden, lehne meinen Rücken an die Wand und lasse Indira hinter einem Ball herkrabbeln. Die anderen Kleinen hocken noch in ihren Bettchen. Nur eines der Bettchen ist leer. Dort hat in den vergangenen Tagen ein besonders krankes, kleines Mädchen gelegen, das nur spuckte und ständig Durchfall hatte. Gestern lag sie kreidebleich, reglos und apathisch da. Jetzt ist sie fort.

»Wir haben sie mit Verdacht auf Typhus ins Krankenhaus eingeliefert«, erklärt mir Schwester Martha, als sie wenig später zu uns kommt. Sie wirkt unruhig und besorgt. Ein Fall von Typhus wäre alarmierend, lebensgefährlich für das Kind und vielleicht auch für andere Kinder.

»Heute Nachmittag kommt übrigens die Sozialarbeiterin. Hoffentlich haben wir keine Schwierigkeiten mit Indira«, sagt sie. Ich habe lange auf den Besuch der Sozialarbeiterin gewartet. Sie muss Indira sehen und einen letzten Bericht über sie für unser Adoptionsverfahren vor dem Obersten Gerichtshof in Bombay anfertigen.

»Wieso Schwierigkeiten?«, frage ich überrascht.

»Na ja. Indira schielt nicht mehr so stark. Andererseits ist das Schielen aber einer der Gründe, warum sie in die Auslandsadoption gehen kann. Wenn sie nicht mehr schielt, entfällt ein Grund, weshalb sie von Ihnen adoptiert werden darf.«

Ich bin sprachlos. Erst schielt Indira zu viel und wird deshalb nicht von Indern adoptiert, sondern uns angeboten. Und dann schielt sie zu wenig.

»Aber wir haben der Sozialarbeiterin schon gesagt, dass Sie seit einem Monat hier sind und sich um die Kleine kümmern. Wir beten für Sie. Machen Sie sich keine Sorgen«, beschwichtigt mich Schwester Martha.

Ich mache mir aber Sorgen. Mir ist durchaus aufgefallen, dass sich das Schielen, seit ich Indira das erste Mal gesehen habe, deutlich zurückgebildet hat. Immerhin sind seither fast fünf Monate vergangen, eine Zeit, in der sich Kinderschielen durchaus etwas korrigieren kann. Ich hatte nicht geahnt, dass gerade dieser Fortschritt Indira nun zum Verhängnis gereichen könnte. Erst zu krank – dann nicht krank genug.

Als Schwester Martha sich verabschiedet, um die Typhus-Kranke zu besuchen, setze ich mich wieder zwischen die Gitterbetten und spiele mit Indira. Ich halte ihr Köpfchen, küsse sie auf ihre beiden großen, sanften Augen, die langen Wimpern und hoffe plötzlich, dass sie wenigsten heute Nachmittag noch kräftig schielt. Indira versteht das natürlich nicht und stopft mir begeistert den Rest einer matschigen Banane in den Mund.

Drüben im Wickelraum bemerke ich Manika, die der Helferin Camilia nachläuft. In den vergangenen zwei Wochen hat Camilia häufig mit der störrischen Manika gespielt. Ich glaube, Camilia hat erkannt, dass Manikas Aggressivität nur nachlassen wird, wenn sich jemand intensiv mit ihr beschäftigt. Ich hatte das vergangene Woche in der Mittagspause einige Male versucht, aber es war eine Dummheit. Sobald Indira schlief, spielte ich mit Manika, die mich sonst mit ihrem Kneifen, Haareziehen und mit ihren wütenden Blicken zu ärgern versucht. Manika war von meiner plötzlichen Hinwendung begeistert. Sie versuchte, mich sofort in Beschlag zu nehmen, und ging wie eine Furie auf Indira los, sobald ich mich wieder mit meiner Tochter beschäftigten wollte. Natürlich verstand Manika nicht, dass sie dann wieder zurückstecken sollte. Mit beiden Kindern gemeinsam spielen konnte ich nicht, da Manika Indira mit ihrer aggressiven Art fortdrängte und Indira offenbar fürchtete, ich verlasse sie wieder.

Das ist das Verhängnisvolle bei Heimkindern: sie sehnen sich nach Zärtlichkeit und menschlicher Zuwendung. Aber wenn man sich um sie kümmert und sich dann wieder abwendet, ist ihre Verzweiflung nur umso größer.

Ich beobachte Indira beim Spielen und Camilia, wie sie routiniert die Bettchen neu bezieht. Wir können nicht miteinander kommunizieren, da die Helferinnen kein Wort Englisch sprechen, sondern nur die regionalen Landessprachen Marathi oder Gujarati. Aber ich bewundere die jungen Frauen, die hier unermüdlich durcharbeiten, Tag und Nacht, immer Windeln wechseln, Betten neu beziehen, Brei füttern, Vitaminsaft und Medizin verabreichen, die Urinlachen vom Boden aufwischen, die Kinder waschen und umziehen, wenn sie sich beschmutzen, erbrechen oder immer wieder Durchfall haben. Und in all den Wochen habe ich trotz des Geschreis der Kinder, der Wutanfälle von Manika und Nirav, den Krankheiten, Eigenheiten und Tobsuchtsanfällen der Kleinen nie erlebt, dass die Frauen einem Kind auch nur einmal einen Klaps auf den Hintern gegeben hätten. Sie schreien die Kinder nicht an. Ihre größte Strafe ist, die Kinder zurück in ihr Bett zu setzen, aus dem sie dann nicht mehr herauskönnen. Hier im Heim erkenne ich allerdings noch nicht, welch fatale Konsequenzen es hat, wenn ein Kind sein Bett über lange Zeit als Strafe und Gefängnis erlebt.

Unerwartet kommen Besucher in den Saal. Heute sind es zwei indische Damen mit ihren halbwüchsigen Töchtern. Die Mütter sind in seidene Saris gekleidet, die Mädchen in frisch gestärkte Salwar Kameez. Camilia schickt die Damen sofort zurück in den Eingangsflur, denn sie haben sich die Schuhe nicht ausgezogen. Aus hygienischen Gründen laufen wir hier im Heim barfuß und dies gilt auch für Besucher. Die Damen streifen sich ihre Schlappen von den Füßen und geben Camilia eine Plastiktüte voll Bonbons, Lutschern und Schokolade. Einige Bonbons und Schokolade verteilen sie sofort an die »süßen Kinder«, die die Inderinnen mit vielen Kommentaren begutachten, als sie plaudernd von Bettchen zu Bettchen ziehen.

Wir erleben viele Besucher hier im Heim. Entweder sind es Schulklassen oder gut betuchte Inder, die spenden wollen und sich daraufhin das Waisenhaus ansehen. Oft sind es aber auch Inderinnen wie diese Damen heute, die ihren verwöhnten Töchtern einmal zeigen wollen, was es neben der indischen Filmwelt von Bollywood sonst noch alles in Bombay gibt. Außerdem könnte sich ja eine Diskussion daraus ergeben, woher diese Babys kommen und was einem Mädchen so alles geschehen kann, wenn es nicht aufpasst.

Ich reagiere von Mal zu Mal gereizter auf Besuche. Während mich eine der Damen ausfragt und nachbohrt, ob ich nicht einen Jungen hätte adoptieren können, gehen die Töchter von Bett zu Bett, tätscheln den Kindern die Wangen, streicheln über ihre Haare. Dann nehmen sie Babys aus ihren Bettchen und necken sie ein wenig. Als die Kleinen verängstigt reagieren, setzen die Frauen die Kinder indigniert zurück in ihre Betten. Es wirkt ein wenig wie im Zoo. Als eine der Mütter Indira zu fassen bekommt und sie auf den Arm nehmen will, reißt mir der Geduldsfaden. Vielleicht bin ich heute überempfindlich, denn ich werde tatsächlich eifersüchtig. Ich glaube, Indira vor den Annäherungen der Frauen bewahren zu müssen und flüchte mit ihr zu Nirav und den älteren Kindern. Als die Damen wenig später den Saal der Kleinen verlassen, brüllen die Kinder der Schokolade hinterher. Camilia lässt sich nichts anmerken – aber sie lässt sich nie etwas anmerken.

Das Geschrei und die Langeweile der Großen sind nervenaufreibend. Mein Spielzeug liegt zerbrochen in den Abfalleimern oder in Einzelteilen unter den Betten. Der kaputte rote Plastikbär schimmert mit einigen Bruchstücken von Spielzeugautos draußen auf dem Wellblechdach. Vielleicht hat Nirav sie in einem Wutanfall durch die Gitterstäbe des Balkons gestopft.

Ich halte es mit Indira bei den Großen kaum noch aus. Wir können nicht in Ruhe miteinander spielen oder singen. Der Lärm ist ohrenbetäubend, die Rauferei der Kinder zu aggressiv und drüben aus ihrem Schlafraum schrillt wieder das markerschütternde Geschrei des Mädchens herüber. Sie hat sich unter einem der Betten verkrochen.

Bei den Großen ist es zu wild für Indira. Nach wenigen Minuten wird sie umgerannt oder umgestoßen. Spielzeug wird uns sofort aus der Hand gerissen. Indira kann sich in dem Lärm nicht auf mich konzentrieren und rennt konfus durch den Saal. Zudem beobachte ich, dass sie sich das aggressive Verhalten der Großen abguckt und neuerdings haut, wenn ihr etwas beim Spiel mit den anderen Kindern nicht passt.

Ich packe daher meine Plastiktüte, in der ich täglich Spielsachen für Indira mitbringe: acht ineinander zu verschachtelnde Plastikbecher, einige Duplo-Steine, einen Stoffwürfel und einen leeren Lippenstift. Dann trage ich meine Kleine mit der Plastiktüte die steile Holztreppe hoch auf das Flachdach des Heims und lasse mich mit ihr erschöpft im Schatten eines Wellblechverschlags nieder. Es ist kochend heiß auf dem Dach, nur in den drei Metern Schatten kann man es noch einigermaßen aushalten. Der Blick aber ist geradezu erholsam. Vorn zur Straße sieht man einige Baumwipfel, die sich leicht im Wind, der von der Küste her weht, wiegen. Auf der anderen Seite kann man über die Bahngleise hinweg zu den nächsten Häuserblocks blicken.

Wir sind nicht allein hier oben. Auf der Straßenseite des Dachs stehen die beiden Wäscherinnen gebeugt in der brütenden Hitze und breiten frisch gewaschene Bettlaken und Windeln auf dem heißen Betonboden aus. Mir ist schleierhaft, wie sie auf dem glühenden Boden barfuß stehen können. Ich verbrenne mir auf dem sonnigen Teil des Dachs sofort die Füße.

Ich genieße die Ruhe, zumal ich mich immer schlechter auf den Beinen halten kann. Ich sehne mich nur noch nach Stille und einem kühlen Bett. Indira sitzt neben mir im Schatten, vergräbt ihre Händchen in der Plastiktüte und packt neugierig das Spielzeug aus und ein, brabbelt wonnig vor sich hin. Sie seufzt vor Konzentration und ist ganz vertieft in ihre kleine Spielzeugwelt. Wir sind glücklich – Indira über ihren Spielzeugtraum, ich über die Ruhe und die Ameisen über die Keksbröckchen, die meine Kleine fallen lässt.

Indira hat mir den Rücken zugewandt. Wieder fällt mir auf, dass sie nun schon eine halbe Stunde spielt und mich nicht ansieht – nicht ein einziges Mal. Wenn sie möchte, dass ich ihr helfe, um zum Beispiel den alten Lippenstift wieder zusammenzuschrauben, hält sie mir den Stift hin – schaut aber weiterhin auf den Boden, nicht in mein Gesicht.

Es ist mir auch aufgefallen, dass sie manchmal aufsteht und zur Treppe tapst, ohne sich nach mir umzusehen. Ich existiere dann in ihrer Welt nicht. Wenn ich sie beim Namen rufe, hört sie mitunter so schlecht, dass ich Schwester Martha vor einer Woche ernsthaft gefragt habe, ob das Gehör Indiras in Ordnung sei. Schwester Martha hat nur gelacht und mich beruhigt.

Aber ich sorge mich ein wenig. Ich kenne Indira nun recht gut, nachdem ich sie mehr als einen Monat täglich besucht und sie von morgens bis abends beobachtet habe. Sie hat sich an mich gewöhnt und hängt an mir – aber nur bis zu einem gewissen Grad. Ich habe das Gefühl, dass sie mich nicht ganz an sich heran lässt, als ob sie sich ihrer Sache noch nicht sicher sei. Das ist natürlich Selbstschutz. Je mehr sie sich auf mich einlässt, desto größer ist die Gefahr, dass sie den Verlust – sollte ich plötzlich wieder verschwinden – nicht verkraften würde. So schützt sie sich unbewusst vor einer solchen Enttäuschung. An Tagen wie diesen wird mir deutlich, dass wir noch sehr viel Zeit brauchen, bis wir zusammengewachsen sind. Ich muss einsehen, dass ich mit wenigen Wochen nicht gegen ein verlorenes Jahr ankomme – noch dazu das wichtigste prägende erste Jahr eines Kindes.

Die Wäscherinnen haben mittlerweile die Bettlaken auf dem Flachdach verteilt und kommen über den brütendheißen Boden auf uns zu. Der Schweiß strömt über ihre von der Sonne fast schwarz gegerbten Gesichter, ihre Saris sind durchgeschwitzt. Die Frauen nicken uns freundlich zu. Dann ziehen sie sich unter dem Wellblechverschlag ihre am Körper klebenden Saris aus, genießen den Windhauch und nehmen sich aus ihren Plastiktüten einen frischen Sari. Als eine der Frauen bemerkt, dass ich sie verstohlen beobachte, zeigt sie mir, wie sie ihren roten Sari wickelt – diese fast sechs Meter lange Stoffbahn, die sie geschickt dreimal um ihren Körper schlingt und die so leicht und luftig um den Körper fließt, dass man sie in der Hitze kaum spürt. Nachdem sie sich den Schweiß von der Stirn gewischt hat, beugt sie sich plötzlich zu Indira hinunter und sagt: »Du Glückliche.« Ich glaube zunächst, es sei die übliche Lobeshymne, wie gut es Indira getroffen habe. Aber dann spricht sie in gebrochenem Englisch langsam weiter: »Keine Mama, kein Papa, kein Bruder, keine Schwester, keine Tante – aber jetzt hast du Mama und Papa«, sagt sie und zögert etwas. Dann tippt sie mit dem Finger auf sich selbst und sagt: »Keine Mama, kein Papa, kein Bruder, keine Schwester, keine Tante – und nie Mama oder Papa.« Und da fällt es mir wie Schuppen von den Augen: Die Wäscherinnen hatten als Kinder selbst in diesem Heim gelebt. Und sie waren nie adoptiert worden. Wie auch. Früher wird es kaum jemanden gegeben haben, der ein »dark baby« aus einem Heim adoptierte, und ein Mädchen schon gar nicht – ob gesund oder nicht. Zudem gab es damals kaum Auslandsadoptionen.

Plötzlich begreife ich, dass ein Teil des Personals hier ehemalige Waisenkinder sind – vielleicht auch der große Pförtner vorn am Eingang und die bucklige Frau, die unten bei den Säuglingen arbeitet. Und jetzt erinnere ich mich an das, was mir Schwester Martha über die herzkranke Aisha angedeutet hat: Die Nonnen befürchten, dass sie nie Adoptiveltern für Aisha finden werden und dass sie sie als Hilfe im Orden behalten werden.

Die Wäscherin macht mir in ihrem radebrechenden Englisch klar, dass beide Frauen jetzt verheiratet seien. Sie selbst habe vier Kinder, die andere Wäscherin ein Kind. Ich staune. Trotz – oder vielleicht gerade wegen der Kinder – kommen sie täglich hierher und arbeiten so hart in der glühenden Hitze.

Gemeinsam klettern wir die Treppe wieder vom Dach herunter. Die Mittagshitze ist dort oben nicht mehr auszuhalten und vor meinen Augen flimmert es. Mir wird fast schwindlig, als ich Indira die Treppe hinuntertrage, und ich lasse mich im Gitterbetten-Saal sofort wieder auf den Boden sinken. Camilia gibt mir die Flasche Reiswasser für den Mittag und ich bin dankbar, dass Indira in meinem Schoß ruhig vor sich hin nuckelt und wir uns in die Augen sehen können. Ich würde mich am liebsten neben sie auf den Steinfußboden legen.

»Es geht Ihnen nicht gut«, höre ich plötzlich Schwester Martha vor mir sagen. Sie ist vom Krankenhaus zurückgekehrt. Der Verdacht auf Typhus hat sich bei dem kleinen Mädchen Gott sei Dank nicht bestätigt. »Es ist zu heiß und zu anstrengend. Sie sind das alles hier nicht gewöhnt – es ist zu viel für Sie«, meint Schwester Martha.

Aber ich will davon nichts wissen. Ich erkläre ihr, dass es nicht die Hitze ist, sondern der Durchfall und dass ich eigentlich zum Arzt müsste. Daraufhin drängt sie mich, eine Ärztin in der Nähe vom Bahndamm aufzusuchen, und obwohl Indira herzzerreißend weint, als ich sie in ihrem Bettchen zurücklasse, gehe ich. Ich spüre, dass ich sonst nicht mehr durchhalten werde.

In der Mittagshitze sind selbst die hundert Meter zum Haus der Ärztin für mich eine Tortur. Ich ziehe Schritt für Schritt die Füße nach und bleibe immer wieder stehen. Ich habe ein Gefühl, als ob sich in meinem ganzen Körper Gift ausbreite. Langsam erreiche ich das Haus – nein, es ist eher ein Schuppen. Wenig später sitze ich im Untersuchungszimmer der Ärztin – ein winziger Raum, in den gerade ein Stuhl, eine Liege und ein kleiner Tisch passen. An den Wänden kleben medizinische Poster. Und nachdem ich der Ärztin meine Geschichte mit den Amöben und den vielen Antibiotika erklärt habe, nickt sie nur vielsagend mit dem Kopf, klopft und hört mich ab und sieht mich streng an. Sie ist sehr sachlich, trotz der primitiven Ausstattung sehr professionell und meint, ich hätte mich mit den Antibiotika fast selbst vergiftet. Ich hätte niemals so viele Antibiotika nehmen dürfen. Dann schreibt sie etwas auf einen Zettel und meint, ich solle mir die Tabletten vorn bei ihrem Mitarbeiter abholen. Ich würde dann schnell gesund.

Etwas skeptisch schleppe ich mich zu dem jungen Mann, der in einem Holzverschlag über die Tabletten wacht. Ich schiebe ihm den Zettel der Ärztin hin, muss erst einige Rupien für den Arztbesuch bezahlen und als er nach einiger Zeit wiederkommt, traue ich meinen Augen nicht. Er schüttet ein ganzes Arsenal von grünen, blauen, gelben und rosa Tabletten auf den Tisch. Sie sehen aus wie Bonbons, in kitschigen Farben. Dann zählt er sie sorgfältig ab, sortiert die Tabletten nach Farben in kleine Papiertütchen und erklärt mir, wie viele der grünen, blauen, gelben und rosa Tabletten ich morgens und abends nehmen soll. Wäre ich zu Hause, hätte ich dieses Sammelsurium an Tabletten nie geschluckt. Aber mir geht es so schlecht, dass ich keine andere Wahl habe.

Ich brauche eine Ewigkeit, mich mit meinen Tabletten langsam den Bahndamm entlang zurück zum Hotel zu schleppen. Mir erscheinen die Hitze und der Schmutz auf der Straße auf einmal eine Zumutung und ich frage mich, wie man hier überhaupt ein Leben lang bleiben und auch noch arbeiten kann. In meinem Hotelzimmer sinke ich auf mein Bett und habe gerade noch die Kraft, eine grüne und zwei rosa Tabletten mit etwas Wasser hinunterzuspülen. Dann falle ich in einen tiefen Schlaf.

Ich bekomme an diesem Nachmittag nicht mehr mit, dass Indira beim Besuch der Sozialarbeiterin genug schielt, um von uns adoptiert zu werden. Die Sozialarbeiterin sei sogar ganz angetan davon gewesen, dass ich als künftige Adoptivmutter täglich in das Heim komme. Schwester Lena sagt mir später, die Sozialarbeiterin sagte, es wäre schön, wenn dies mehr Eltern tun würden.

In den nächsten Tagen schlucke ich wie auf dem Zettel vorgeschrieben meine rosa, grünen, gelben und blauen Tabletten – und werde überraschend schnell gesund. Der Durchfall ist fast weg und mir geht es wesentlich besser. Das haben die Ärzte bei uns zu Hause fünf Monate lang nicht geschafft.

Amerikanische Weihnacht

Mittlerweile ist Weihnachten. In Deutschland liegt Schnee, hat mir Andreas erzählt. Wir telefonieren täglich, und auch er kann den Gerichtstermin vor dem Obersten Gerichtshof in Bombay kaum noch erwarten. Verläuft der Termin positiv, will er sofort zu uns nach Bombay fliegen. Denn nach dem Gerichtstermin können wir Indira aus dem Heim holen. Zwar werden wir immer noch einige Wochen mit ihr im Hotel auf ihren Pass und das Visum für Deutschland warten müssen, aber für diese Zeit bekommt Andreas Urlaub.

Ich kann mir immer noch nicht richtig vorstellen, dass wir in wenigen Tagen eine Familie zu dritt sein sollen. Ich hätte nie gedacht, dass wir einmal so weit kommen werden. Schon jetzt bin ich aufgeregt und wage es nicht, mir auszumalen, dass wir mit Indira auf dem Arm das Heim verlassen können. Allerdings habe ich im Basar schon vorsorglich den gleichen Pulverbrei mit Bananen- und Apfelgeschmack gekauft, wie er im Heim verfüttert wird. Ich habe auch das gleiche Milchpulver besorgt, Kokosnussöl und den weißen Puder gegen Hitzepickel sowie Windeln. Auf die wird sich Indira leider umstellen müssen.

In Bombay ist von der Weihnachtszeit bisher wenig zu spüren. Nur im Hof des Heims haben die Schwestern zwischen den Palmen eine Krippe aufgebaut. Es ist merkwürdig, in dieser Hitze an Weihnachten zu denken. In der Adventszeit war ich noch nie in den Tropen. Aber hier im

Heim soll heute Nachmittag groß gefeiert werden. Mitarbeiter des amerikanischen Konsulats haben aus Wohltätigkeitsmitteln für die Kinder eine vorgezogene »Christmas Party« organisiert.

Wie jeden Morgen gehe ich durch den Hof zum Seiteneingang des Waisenhauses, streife meine Schlappen ab und steige langsam die Treppe hoch in den ersten Stock. Auf diesen wenigen Stufen habe ich immer Herzklopfen und kann es kaum erwarten, Indira zu sehen.

Heute hopst Indira vor Freude wie ein Gummiball in ihrem Bettchen, als sie mich erspäht. Ich beuge mich zu ihr hinunter und nehme sie in den Arm. Es ist so rührend zu sehen, wie sie versucht, ihrer Begeisterung Ausdruck zu verleihen. Das macht mir so viel Freude und Mut.

Sie hat sich mir gegenüber schon gewaltig geöffnet. Kein Vergleich mehr zu den ersten Tagen, als ich gerade angereist war. Ich hebe sie aus dem Bettchen und wenig später spielen wir mit den großen Kindern Versteck. Dieses Mal hat Indira damit angefangen, damit wir uns begeistert in die Arme fallen können, wenn wir uns gefunden haben. In diesen Spielen trainieren wir Augenkontakt und körperliche Nähe.

Indira läuft ausgelassen durch die Flure, verschwindet hinter Türen und Gitterbetten, rennt plötzlich strahlend auf mich zu und wirft sich mir entgegen. Ich bin so glücklich mit ihr. Nur noch wenige Tage bis zum Gerichtstermin! Dann kann uns niemand mehr die Adoption von Indira streitig machen – zumindest nach indischem Recht nicht. Und die Adoption nach deutschem Recht wird folgen. Weil Indien die Haager-Konvention zu Auslandsadoptionen nicht unterschrieben hat, wird die Bestellung von Eltern zum Vormund vor einem indischen Gericht in Deutschland nicht automatisch anerkannt. Der Adoptionsvorgang muss daher vor einem deutschen Gericht wiederholt werden. Aber der Termin vor dem indischen Gericht wird uns schon große rechtliche Sicherheit geben.

Unser Versteck-Spiel führt mich hinter Indira in den Schlafsaal der älteren Kinder. Ich dachte, der Saal sei um diese Zeit leer und alle Kinder spielten vorn im großen Speisezimmer. Aber ich habe nicht bemerkt, dass Aisha fehlt. Sie steht im Saal und blickt auf einen Jungen, den ich noch nie gesehen habe. Auch Indira ist stehen geblieben und beobachtet, wie der Junge auf dem Boden sitzt und umständlich mit Gehhilfen hantiert. Er ist vielleicht sieben Jahre alt, sieht mich flüchtig an und beugt sich dann wieder über seine Krücken. Ich bemerke, dass er sehr schielt. Aber noch schlimmer ist, dass er von den Hüften abwärts gelähmt ist. Es sieht nach Kinderlähmung aus.

Unbeholfen versucht er, sein schlaffes linkes Bein in eine metallene Schiene zu zwängen. Aber das ist schwer auf den rutschigen Fliesen – die Gehhilfe gleitet ihm immer wieder davon. Ich beuge mich herunter, greife die Schiene und will ihm beistehen. Da reißt er mir die Gehhilfe aus der Hand und stößt mich beiseite. Ich zucke zurück. »Wie Nirav«, schießt es mir durch den Kopf. Er verlässt sich nicht mehr auf andere, macht alles selbst.

Mit ziemlicher Verbissenheit schafft er es schließlich, sein Bein in die Schiene zu legen. Dann schnürt er die Lederriemen erstaunlich fest und routiniert zusammen und macht das Gleiche mit seinem rechten Bein. Er benötigt viel Zeit und es wäre mir ein leichtes, ihm zu helfen. Wie verletzt muss ein Kind sein, dass es sich so schroff von Erwachsenen abwendet, denke ich.

Schließlich muss er vom Boden hochkommen und dafür braucht er auf diesem rutschigen Grund Hilfe. Aber er sieht mich nur kurz und verächtlich an. In diesem Moment kommt Aisha, die gute Fee mit den traurigen Augen. Sie geht leise auf ihn zu. Und es sieht so aus, als ob er auf sie gewartet hätte. Mit ihrem schwachen Körper, ihrem schiefen Rücken und den dünnen Beinchen schafft sie es gerade, ihn so zu stützen, dass er sich an ihr und einem Gitterbett hochziehen kann. Er nimmt seine Krücken aus ihrer Hand. Und dann humpelt er langsam in seinen Schienen mit den Holzkrücken auf den Korridor. Aisha, das herzkranke Mädchen, stützt ihn und so gehen sie beide langsam hinkend und schlurfend den Korridor entlang.

Wie kann man Kinder so vereinsamen lassen und verletzen, dass sie sich von den Erwachsenen derart betrogen fühlen, sinniere ich traurig. Ich stehe am Ende des Korridors und sehe ihren Silhouetten gedankenverloren nach, als sie Arm in Arm den Gang hinunterhumpeln.

Aber im Gegensatz zu Aisha hat der Junge Glück. Er ist auf dem Weg in die Schweiz. Er kommt aus dem Heim in Kalkutta und ist auf der Durchreise, sagt mir Schwester Martha später. Morgen wird eine der Nonnen mit ihm in die Schweiz zu seinen neuen Adoptiveltern fliegen.

Ich folge dem Jungen, Aisha und Indira zurück in den Speiseraum der Großen. Dort herrscht ein unglaublicher Tumult, denn Schwester Martha hat eine ganze Kiste mit Bonbons und Lutschern ausgeteilt. Anita tanzt begeistert mit einem roten Lollipop durch den Raum und den anderen Kindern trieft das rote Zuckerwasser und der Karamellsirup aus dem Mund. Schwester Martha strahlt und genießt die Begeisterung der Kinder. Auch Indira ergattert sofort einen Lollipop von ihr. Ich bin nicht ehrlich und täusche Schwester Martha meine Freude über diese klebrige Zucker-Weihnachtsbegeisterung vor. Ich weiß, dass irgendjemand die Süßigkeiten gespendet hat und Schwester Martha die Kinder damit glücklich machen, sie zum Lachen bringen möchte, damit sie ihre Trostlosigkeit wenigstens einen Moment lang vergessen. Aber ich sehe auch, dass die Hälfte der älteren Kinder schon so schwarz verfaulte und verstümmelte Zähne hat, dass Adoptiveltern sie als Erstes zum Zahnarzt oder Kieferorthopäden bringen müssten. Viele der Kinder werden schon schlechte Zähne gehabt haben, bevor sie ins Heim kamen. Aber das tägliche Zuckerglück macht es nicht besser. Und jetzt in der Weihnachtszeit scheinen alle Besucher des Heims zu glauben, dass die Kinder in ihrem ganzen Leben noch nie Kekse, Lutscher oder Bonbons gesehen hätten. Niemand schenkt Bücher oder Liederkassetten. Hier existiert schließlich ein alter Kassettenrekorder. Stattdessen gibt es immer nur Süßigkeiten.

Die Kinder lieben Schwester Martha natürlich dafür und oft habe ich das Gefühl, dass sie diese Liebe ebenso braucht wie die Kinder ihre Zuneigung und Liebkosungen. Sie möchte gebraucht werden – das ist ihr Lebensinhalt. Die jungen Pflegerinnen füttern niemals Kekse, Schokolade oder Süßigkeiten und teilen keine Zärtlichkeiten aus. Es scheint daher eine klare Aufgabentrennung zu geben: Das Personal ist zuständig für das Füttern, Waschen und Bettenbeziehen, die Nonnen aber für die innigen Momente der Liebe und der Zärtlichkeit. Somit ist gesichert, dass die Kinder mehr an den Schwestern hängen, obwohl diese viel weniger Zeit mit ihnen verbringen als die Pflegerinnen. Vielleicht macht das Sinn. Schwester Martha sagte mir einmal, dass die kleinen Kinder sie gar nicht unbedingt unterscheiden würden, sondern auf die einheitliche Tracht der weißen Baumwollsaris reagierten. Da sie alle den gleichen Sari tragen, fallen die Kinder jeder Schwester um den Hals – ich habe dies bei Indira auch schon beobachtet.

Kurz bevor Schwester Martha wieder runtergeht, um bei der Vorbereitung der Weihnachtsfeier zu helfen, tanzen wir alle das englische Ringelreihen: *Ring a Ring of Roses*. Ich fische bei solchen Gelegenheiten oft die Videokamera aus meiner Plastiktüte und habe schon fast eine Stunde Film zusammen, wie die Kinder gefüttert und gewickelt werden, wie sie spielen und im Hof schaukeln, wie die Schwestern sie liebkosen und herzen, und auch dieses Mal spielt Schwester Martha geduldig mit. Sie weiß, dass dieser Film für Indira später wichtig sein wird.

Als Schwester Martha geht, bringe ich die Kamera zurück in den Gitterbetten-Saal, wo ich während des Tages meine Tasche lasse. Da sehe ich, dass die Kleinkinder, die immer noch in ihren Betten hocken, Perlenkettchen in den Händen halten. Jemand hat die Kettchen gespendet und Schwester Martha hat sie den Kleinen umgehängt. Aber sie haben sich die Ketten vom Hals gerissen und Manika und zwei andere Kinder stopfen sich die Perlen in den Mund. Didi und Sivana sind nicht da, weil sie unten wieder den Brei holen. Ich fluche und sammle von allen Kindern die Kettchen ein. Während ich versuche, der kratzbürstigen Manika die Perlen aus ihrem schreienden Mund herauszufischen, schimpfe ich über Schwester Martha. Sie überschüttet die Kinder mit Zuckerzeug und Perlenglitzer, erkauft sich damit die Kinderliebe und lässt die Kleinen dann mit den verfaulten Zähnen und Perlen im Mund sitzen. Ich weiß, dass ich vielleicht ungerecht bin. Vor allem bin ich noch sehr unsicher. Ich habe Angst, dass ich es nicht schaffe, Indiras Liebe zu gewinnen. Ich muss mir das, was andere Mütter automatisch mit der Geburt ihres Kindes in die Wiege gelegt bekommen, nämlich die Anhänglichkeit und das Vertrauen des Kindes, erst mühsam erkämpfen. Deshalb bin ich eifersüchtig, wenn Schwester Martha das Herz von Indira mit Bonbons und billigem Tand erobert.

Auf der anderen Seite weiß ich, wie schwer es den Schwestern fällt, mit anzusehen, wie sich Indira trotz Süßigkeiten und Liebkosungen langsam von ihnen abwendet. Vor zwei Tagen hatte Schwester Alissa Indira auf dem Schoß. Wir saßen unten im Hof und unterhielten uns und plötzlich glitt Indira von den Knien der Schwester – ihrer früher so heiß geliebten Schwester – und kam zu mir getapst. Als sie sich an mich schmiegte, schauten Schwester Alissa und ich uns überrascht an. Das wäre vor einigen Wochen noch unmöglich gewesen. Ich merke durchaus, wie Schwester Alissa wehmütig hinter Indira herruft. Indira läuft dann kurz hin, kehrt aber sofort zu mir zurück. Schwester Alissa ist nicht mehr die ganze Welt für Indira.

Es muss schwer für die Nonnen sein, dass sie immer wieder für kleine Kinder sorgen, sie länger als ein Jahr über alle Krankheiten, Tränen und Verzweiflung retten und diese Kinder dann wegkommen. Meist wissen sie nicht einmal, wohin ihre Schützlinge verschwinden, ob sie dort gut aufgehoben sind, geliebt werden und glücklich sind. Sie sehen die Kinder nie wieder, es sei denn auf Fotos in der Weihnachtspost.

Nach der Mittagspause hat sich das Heim in ein Tollhaus verwandelt. Schon im Hof dröhnt mir aus Lautsprechern *Jingle-Bells* entgegen. Lautes Stimmengewirr im Treppenhaus. Im Korridor und im Speisezimmer drängen sich Leute, die ich nie zuvor gesehen habe: amerikanische Mitarbeiter des Konsulats und indische Gäste. Ich kann mich kaum bis zum Speisesaal durchzwängen. Dort präsentiert ein wildfremder Amerikaner am Mikrofon eine Christmas-Party, erzählt auf Amerikanisch Geschichten von Santa Claus, verteilt Luftballons und lässt über eine Anlage *We wish you a merry Christmas* in den Saal dröhnen. Es herrscht ohrenbetäubender Lärm und es drängen sich so viele Gäste, dass man die Nonnen kaum noch ausmachen kann.

Aber Schwester Martha steht mitten im Gewühl mit den Kindern, umringt von den Gästen, und offenbar erwartet jeder, dass die Kinder mit glänzenden Augen fröhlich »Merry Christmas« feiern. Ein kleiner Plastik-Tannenbaum prunkt auf dem Tisch, viele Girlanden hängen von den Wänden und Luftballons tanzen durch den Raum. Der Amerikaner mit dem Mikrofon versucht, die Kinder zum Mitsingen zu animieren. Aber Aisha und Nirav starren den Mann nur sprachlos an. Der Amerikaner hat nicht verstanden, dass die Kinder kein Wort Englisch verstehen und nicht wissen, was dieses Spektakel eigentlich soll.

Die Kleinen sind völlig verängstigt. Sie haben nie Weihnachten gefeiert, wissen nicht, wer der alte Mann mit dem Bart und dem roten Mantel sein soll, begreifen nicht, was das merkwürdige braune Pferd mit den komischen Stangen auf dem Kopf sein soll und was all diese Leute hier wollen.

Dem Amerikaner und Schwester Martha macht es ziemlich viel Mühe, die Kinder in der Mitte des Raumes zu halten. Die meisten haben zu viel Angst, drücken sich hinter die Gäste an die Wand und in die Ecken oder klammern sich an die Schwestern.

Die älteren Kinder haben allerdings begriffen, dass es wieder Süßigkeiten gibt, und so klauben sie so viele Bonbons, Kekse und Schokolade zusammen, wie sie nur greifen können. Sie ergattern so viel, dass sie sogar den Kleinen davon abgeben, die schon gar nichts verstehen, sondern sich nur Bonbons und Schokolade in den Mund schieben. Nirav stopft sich die Taschen seiner dünnen Hose voll und verschwindet mit seinem Schatz in den Schlafsaal. Anita ist auch nicht mehr zu sehen. Die Kleinen sind so aufgelöst und irritiert, dass Schwester Martha einige der Kinder zurück in den Gitterbetten-Saal bringt.

In dem Tumult entdecke ich schließlich Indira, wie sie kopflos und aufgeregt mit ihrem schokoladeverschmierten Mund zwischen den anderen Kindern herumrennt. Ich ziehe sie aus dem Gedränge der Gäste heraus und versuche, sie auf dem Arm zu beruhigen. Aber das Gedröhne der Musik und der Lärm der Gäste sind nun so laut, dass ich Reißaus nehme und mit Indira hoch aufs Dach flüchte.

Auf dem Weg greife ich mir eine der kleinen Babybadewannen, die für die Schmutzwäsche gebraucht werden. Schnell fülle ich sie mit etwas kühlem Wasser und trage sie hinauf. Indira strahlt und tapst sofort zu der Wanne. Dies ist mittlerweile unsere Lieblingsbeschäftigung. Ich ziehe sie aus und setze sie in das kühle Wasser, was sie bei vierunddreißig Grad im Schatten ausgesprochen genießt. Sie klatscht begeistert mit ihren Händchen ins Wasser, sodass die Tropfen ihr ins Gesicht spritzen, und jauchzt dabei vor Freude. Ich glaube, sie wird mal eine echte Wasserratte. Ich hocke im Schatten und genieße ihren Spaß. So feiern wir das von unten empor tönende *Merry Christmas* auf dem Flachdach zwischen den Palmen und Bahngleisen in einer kühlen Kinderbadewanne.

In ein paar Tagen ist der Gerichtstermin und dann kommt Andreas. Ich bin so gespannt, wie Indira auf ihn reagieren wird. Hoffentlich nimmt sie ihn an und akzeptiert ihren neuen Papa!

Ich habe herrliche Wochen hier verbracht, denke ich. Sie waren oft hart, anstrengend und auch schrecklich traurig. Aber es war die spannendste und wertvollste Zeit, die ich je erleben durfte.

Fall Nr. 236

Eine Stunde muss ich noch warten. Ich bin so aufgeregt, dass ich mich viel zu früh auf den Weg gemacht habe. Heute ist der Gerichtstermin für unsere Adoption oder, korrekter ausgedrückt, Vormundschaft, vor dem Bombay High Civil Court. Nun wird von einem Richter endgültig über das Schicksal von Indira, Andreas und mir entschieden. Ich bete inständig, dass er uns als Vormund bestellt. Es wäre nicht auszudenken, wenn er anders urteilen würde, wenn Indira und ich uns umsonst aneinander gewöhnt hätten. Wegen dieser Unsicherheit ist Andreas bisher nicht gekommen. Er wird erst dann losfliegen, wenn alles geklappt hat. Andreas sitzt zu Hause auf gepackten Koffern und wartet auf meinen Anruf.

Um elf Uhr sollte ich mich im Büro des Anwalts Pandey in Colaba einfinden, um gemeinsam zum Gerichtstermin gehen zu können. Aber es ist erst zehn Uhr. Der Pförtner des Gebäudes, in dem sich die Kanzlei des Anwalts befindet, lässt mich noch nicht hinein, denn Mr. Pandey ist noch nicht im Büro. Aber der ältere Mann schiebt mir einen Stuhl in den schattigen Eingang, sodass ich mich von der Fahrt hierher ausruhen kann.

Ich bin mit dem Zug in dem monströsen Bahnhof Churchgate im Zentrum Bombays angekommen. Von dort ist es nicht weit bis zur Anwaltskanzlei von Mr. Pandey. Das Bürogebäude ist ein hässlicher, verwitterter Bau in einer schattigen Allee mächtiger Tropenbäume. Über die Straße eilen Geschäftsleute und Händler. Es herrscht emsiges Treiben.

Zahlreiche Anwaltskanzleien, Unternehmen und Handelsvertretungen haben ihren Sitz hier. Auch die Konsulate sind nicht weit entfernt. Durch das Stadtviertel pulsiert das Atmen von Churchgate, einem der beiden riesigen Bahnhöfe der Metropole. Täglich strömen Millionen von Pendlern in die Stadt. Viele von ihnen arbeiten nicht weit entfernt in den alten viktorianischen Prachtbauten, die immer noch an die englische Kolonialzeit erinnern.

Ich rücke meinen Stuhl etwas mehr in den Schatten und nehme einen meiner indischen Lieblingsromane zur Hand, *Die Prinzessin im Schlangenpalast* von Chitra Banerjee Divakaruni. Ist es Zufall, dass ich gerade heute das Kapital lese, in dem die junge Frau erfährt, dass das Kind in ihrem Leib ein Mädchen sein wird und ihre Schwiegermutter von ihr fordert, das Kind abtreiben zu lassen, weil es nicht der ersehnte Sohn ist? Eine Geschichte, in der die junge Frau am liebsten fortlaufen würde, aber die eigenen Eltern ihr sagen, sie müsse bei der Familie ihres Ehemannes bleiben und die Abtreibung notgedrungen über sich ergehen lassen. Dies gehöre zum Schicksal einer treu ergebenen Ehefrau. Aber sie liebt ihre ungeborene Tochter und sucht verzweifelt nach einem Ausweg, sie zu retten.

Bei solchen Erzählungen muss ich an Indira und ihre Mutter Isita denken. Wer weiß, in welcher verzweifelten Situation Isita steckte? Sie war unverheiratet, hatte sich mit dem »falschen« Mann eingelassen, war plötzlich schwanger und das auch noch mit einem Mädchen. Unter welchem Druck mag sie gestanden haben? Aber dennoch hat sie Indira nicht abgetrieben, sondern zur Welt gebracht. Sie hat das Leben des Kindes gerettet und es geschafft, es sogar in eine hoffnungsvolle Bahn zu lenken. Vielleicht war dies das Beste, was sie in ihrer Situation tun konnte. Wir werden nie wissen, in welcher Situation Isita gesteckt hat, und dürfen ihre Entscheidung daher nicht zu leichtfertig verurteilen.

Der Pförtner deutet mir an, dass ich nach oben in das Büro von Mr. Pandey gehen kann. Ich folge dem alten Mann in den dunklen Korridor hinein und staune, dass ein Anwalt in diesem Haus mit abgeblättertem Putz und rasselndem altem Metallaufzug seine Kanzlei hat. Aber in den dunklen Etagen des Gebäudes scheinen sich die Büros etlicher Unternehmen zu drängen.

Vielleicht können sich die Geschäftsleute nichts anderes leisten, denn die Immobilienpreise in Zentrum Bombays sind exorbitant hoch. Und viel scheint Mr. Pandey an unserem Fall nicht zu verdienen. Wir müssen dem Anwalt nur zweitausenddreihundert Rupien für die Bearbeitung der Adoption und die Beantragung des Passes bezahlen. Die Gerichtskosten betragen sechstausendfünfhundert Rupien.

Dies ist lächerlich wenig im Vergleich zu der Summe, die wir zu Hause allein an den Notar überweisen mussten. Insgesamt hat uns die Adoption auf der indischen Seite zwölftausend Rupien gekostet, also keine dreihundert Dollar – zu Hause macht es mehr als das Zehnfache aus.

Im dritten Stockwerk lässt der Pförtner den klapprigen Fahrstuhl mit einem Ruck anhalten, schiebt die rasselnde Metalltür zurück und führt mich zum Büro von Mr. Pandey, in zwei winzige Räume. Im Vorraum, in dem mich ein junger Mitarbeiter des Anwalts höflich begrüßt und mir sofort würzigen indischen Tee anbietet, ist gerade so viel Platz, dass einige Aktenordner, ein Faxgerät, ein schmaler Tisch und ein Stuhl hineingequetscht werden können. Ich soll deshalb in Mr. Pandeys Zimmer Platz nehmen. Die Kanzlei ist so klein, dass ich mit dem Stuhl direkt vor seinem Schreibtisch sitze. Der Raum ist sauber und hell, denn durch gelbes Milchglas fällt gebrochenes Sonnenlicht ein. Über dem Schreibtisch hängt ein Foto, das offenbar Mr. Pandey mit seinem Vater zeigt – beide im Talar der Anwälte. Jemand hat zu Ehren des Bildes eine Blumengirlande um den Rahmen gehängt. Auf einem kleinen Beistelltischchen thronen winzige Statuen von Krishna und Ganesh, vor denen der Mitarbeiter Mr. Pandeys bereits Räucherstäbchen angezündet hat. Schnell mischt sich der Duft des Sandelholzes mit dem Dampf meines Tees.

Ich blicke neugierig auf einen hohen Stapel Akten. Die Ordner sind mit Bändern umschnürt – zweifelsohne die Prozessakten für den Gerichtstermin heute. In diesem Moment geht die Tür auf und Mr. Pandey tritt ein, groß, kräftig, dickes, krauses Haar. Er begrüßt mich höflich, aber ich merke ihm an seiner ernsten und konzentrierten Miene an, dass er keinen Sinn hat für Plaudereien. Er setzt sich sofort an seinen Schreibtisch und schaut die Akten durch. Da ich direkt vor ihm sitze, kann ich die Nummer unseres Falles genau erkennen: 236.

Schließlich atmet er auf und sieht mich an. »Wir haben vierzehn Fälle heute. Es sind auch Fälle von anderen Heimen dabei. Es wird keine Schwierigkeiten geben. Richter Singh ist derzeit für Adoptionen zuständig. Er ist gut. Wir haben Glück. Vor einigen Monaten hatten wir einen anderen Richter. Der hat nur Schwierigkeiten gemacht, jeden Fall aufgehalten.«

Er erklärt mir das Prozedere. Dann nehme ich all meinen Mut zusammen und frage, ob es stimmt, dass Isita Indira im Heim abgegeben hat, ob sie wirklich Isita heißt und die Bestätigung für die Aufgabe des Kindes unterschrieben hat.

»Natürlich.« Er sieht mich erstaunt an. »Sonst hätte der Fall überhaupt keine Chance. Die Frauen müssen alle so ein Standardschreiben unterzeichnen. Darin erklären sie, dass sie das Kind aufgeben und dass sie wissen, dass sie nach drei Monaten sämtliche Rechte an dem Kind verlieren.« Mr. Pandey bestätigt die wenigen biografischen Angaben, die ich von Isita und Indira habe. Aber als ich weitere Einzelheiten wissen will, wird er einsilbig. Ich frage nicht weiter.

Er ist korrekt und darf mir nichts über die Mutter sagen. Dennoch fällt es mir schwer zu schweigen. Er bräuchte nur die Akte aufzuschlagen und könnte mir den Namen und die Adresse von Indiras Mutter vorlesen. Ich könnte theoretisch zu ihr gehen und sie fragen, ob die Geschichte stimmt. Ob sie Indira wirklich abgegeben hat und wirklich will, dass sie von anderen Eltern adoptiert wird. Aber das ist ausgeschlossen. Nach indischem Recht wird die Identität der Mutter geheim gehalten.

Das ist für mich das Schwierigste an der ganzen Adoption. Ich muss den Schwestern, dem Anwalt und Gericht vertrauen, dass Isita wirklich so ein Schreiben unterzeichnet hat. Ich selber werde dieses Schreiben nie zu Gesicht bekommen. Das ist indisches Recht. Selbst das deutsche Gericht, das später die Adoption nach westlichem Recht aussprechen muss, wird dieses Schreiben nicht erhalten. Es bleibt beim indischen Gerichtshof unter Verschluss.

Später wird mir Schwester Lena ein Schreiben für das deutsche Gericht mit auf den Weg geben. Darin steht: »Die aktuelle Adresse und die formale Zustimmung der leiblichen Eltern kann nicht herausgegeben werden, weil die Kinder in den meisten Fällen von unverheirateten Müttern geboren wurden und in Indien Frauen, die ein uneheliches Kind zur Welt gebracht haben, stigmatisiert werden. Deshalb wird dieses Dokument streng geheim gehalten. Es wird nur dem zuständigen Gerichtshof zur Entscheidung des Falles vorgelegt. Das Gericht stützt sich in seiner Entscheidung auf dieses Dokument und berücksichtigt die Umstände der Eltern. Dieses Dokument bleibt in der Verwahrung des Gerichts.«

Ich kann mich nur darauf verlassen, dass alle korrekt arbeiten. Und ich bin mir in unserem Fall sehr sicher, dass dem so ist. Ich weiß allerdings, dass es selbst in Deutschland vor einigen Jahren einige erschütternde Adoptionsfälle aus Indien gegeben hat, bei denen sich im Nachhinein herausstellte, dass die leiblichen indischen Mütter den Adoptionen anscheinend nie zugestimmt hatten. Die Papiere waren offenbar gefälscht. Es hatte sich dabei um ältere Kinder gehandelt, die angeblich dem indischen Heim nur zur Pflege, nicht aber zur Adoption anvertraut worden waren.

Dies waren zwar Einzelfälle Ende der Achtzigerjahre. Aber sie verunsichern mich natürlich. Zudem habe ich auch hier in Indien in den Zeitungen gelesen, dass es jüngst in Hyderabad einen Skandal um Adoptionen gab. Auch dort hatte ein Kinderheim Babys zur Adoption an Eltern gegeben und es stellte sich plötzlich heraus, dass die leiblichen Eltern davon nichts wussten. Bei diesem Fall handelte es sich nicht um Auslandsadoptionen, sondern um inländische.

Schwester Lena hatte mich auf diesen Fall aufmerksam gemacht und gestöhnt, weil er Sonderprüfungen der Behörden aus Neu-Delhi ausgelöst hatte. Die Schwester hatte großen Respekt vor solchen Prüfungen, die auch anberaumt wurden, wenn die Lizenz des Heims erneuert werden musste. »Die drehen jedes Blatt um«, seufzte sie, als sie mir von den Prüfern berichtete. Tagelang sei dann das Büro geschlossen und die ganze Arbeit bleibe liegen.

»Kommen einige Mütter irgendwann wieder und möchten wissen, was aus ihren Kindern geworden ist?«, frage ich Mr. Pandey vorsichtig.

»Nein. Nie«, sagt er und schaut mich kopfschüttelnd an.«Von denen hören wir nie wieder etwas. Die sind froh, wenn alles vorbei ist und sie neu anfangen können«, meint er sehr sachlich.

»Kommen Sie, wir müssen gehen.« Er greift seinen Talar und den dicken Stoß Akten und wir verlassen sein Büro.

Ich bekomme Herzklopfen. Es ist elf Uhr und wir machen uns auf den Weg Richtung High Court. Mitten im Zentrum Bombays laufe ich in glühender Hitze hinter Mr. Pandey her. Wir können uns kaum unterhalten, so laut ist der Verkehr auf den mehrspurigen Straßen. Mr. Pandey hastet mit Riesenschritten über die Zebrastreifen und ich habe Mühe hinterherzukommen. Dann lotst er mich zum richtigen Eingang des Bombay High Civil Court. Wäre ich nicht ohnehin schon aufgeregt, würde mich der wuchtige viktorianische Bau endgültig einschüchtern. Die Engländer demonstrierten mit ihrer imposanten Architektur drastisch, wo die Macht war.

Nach nur wenigen Schritten im Gebäude habe ich die Orientierung verloren. Mr. Pandey stürmt vor mir durch Korridore, Gänge, Höfe und führt mich durch ein Menschengewühl von Anwälten, Richtern und Amtsgehilfen zu einer ausladenden Wendeltreppe. Ich habe Mühe, ihm die Stufen hoch zu folgen, und blicke irritiert in neue Gänge und Korridore. Beeindruckende viktorianische Architektur mit Bögen, Balkonen, Säulen und Giebeln türmt sich auf. Ich blicke flüchtig in Sitzungszimmer mit kolonialer Einrichtung, mit wuchtigen Tischen, mit lederbezogenen Stühlen und Bücherregalen an den holzvertäfelten Wänden. Durch das Gebäude weht ein angenehm kühler Wind.

»Die Briten haben das Gebäude extra so gebaut«, erklärt mir Mr. Pandey. »Die Balkone und Alkoven sind so breit, dass die Sonne nie direkt in die Sitzungszimmer scheint. Das Gebäude ist so konstruiert, dass die Seebrise von der Küste her durch die Räume zieht, wenn man alle Fenster und Türen offen lässt.« Diese Bauweise war genau die richtige für die Hitze Bombays. Sie verleiht dem massigen, dunklen Bau eine offene und großzügige Atmosphäre.

Endlich sind wir vor unserem Saal angelangt. Über der Tür prangt ein Schild »Singh«. Mr. Pandey begrüßt in der Menschenansammlung vor dem Saal eine Dame und erklärt mir, dies sei Mrs. Metha, die Vertreterin des Sozialministeriums. Sie stehe praktisch auf der Gegenseite, plädiere also mitunter gegen die Adoptionen im Interesse der Kinder. Bei Richter Singh habe sie aber wenig Chancen, da dieser ein Befürworter von Auslandsadoptionen sei. Mit dem früheren Richter sei es schwieriger gewesen. Er sei ein orthodoxer Richter, der Auslandsadoptionen ablehne, den Einwänden von Mrs. Metha immer gefolgt sei und immer wieder Fälle vertagt habe.

»Daran können wir dann nichts ändern. Letztlich ist es die freie Entscheidung des Richters und eine Ermessensfrage«, betont Mr. Pandey.

Die Zuständigkeiten rotieren im Obersten Gerichtshof von Bombay alle paar Monate. Es sind also immer wieder andere Richter für Auslandsadoptionen zuständig. Eltern, die aus Indien adoptieren, bangen daher oft, ob sie nun einen »wohlwollenden« oder »ablehnenden« Richter erwischt haben. Es gibt nämlich durchaus Richter, die zum Beispiel eine Auslandsadoption ablehnen, wenn die Adoptiveltern medizinisch nicht nachgewiesen haben, dass sie keine leiblichen Kinder mehr bekommen können. Es gibt Richter, die eine Adoption nicht zulassen, solange das »Risiko« besteht, dass ein Ehepaar einem Adoptivkind leibliche Geschwister bescheren könnte.

Plötzlich gibt mir Mr. Pandey ein Signal, ihm zu folgen. Er führt seinen Mitarbeiter und eine ältere Engländerin, die von ihm begrüßt wird, in den Gerichtssaal. Zu der Engländerin gehört auch ein indisches Mädchen – ein Teenager. Sie folgt der Engländerin in den Sitzungssaal und Mrs. Metha begleitet uns mit ihren Akten.

Im Saal sitzt bereits Richter Singh an einem überdimensionalen Schreibtisch hinter einem Aktenberg. Direkt daneben befinden sich die weit geöffneten Türen des Balkons. Es weht so viel Wind in den Raum, dass fast die Papiere davonflattern. Aber vielleicht ist es auch der Luftzug der monströsen Ventilatoren, die unter der Decke auf voller Geschwindigkeit knattern.

Richter Singh sieht uns scharf über seinen Brillenrand hinweg an. Er hat das Haar streng zur Seite gekämmt und beobachtet mich etwas überrascht und amüsiert. Direkt vor ihm haben Mr. Pandey, sein Mitarbeiter mit all den Akten und Mrs. Metha Platz genommen. Der Richter und Mr. Pandey wechseln wenige Worte und schon gibt Mr. Singh das Zeichen zum Beginn der Verhandlung.

In atemberaubender Geschwindigkeit gehen der Richter, Mr. Pandey und Mrs. Metha die Fälle und Akten durch. Die Ventilatoren oben an der Decke rattern allerdings so laut, dass ich kaum ein Wort verstehe. Ich starre daher auf die Aktenordner, die Mrs. Metha schräg vor mir einsieht. Ganz offenbar präsentiert Mr. Pandey in wenigen Worten den Fall und der Richter fragt Mrs. Metha daraufhin nach ihren Einwänden. Dann kann ich nur an einem schnellen Kopfnicken und kurzen Bemerkungen von Richter Singh erahnen, ob der Fall durchgegangen ist oder nicht. Zwischendurch treibt der Richter seinen eigenen Amtsgehilfen an, ihm die Akten schneller vorzulegen. »Sie arbeiten so langsam wie der Fahrer eines Ochsenkarrens«, herrscht der Richter den eingeschüchterten Amtsgehilfen an.

Unser Fall ist noch nicht an der Reihe, aber meine Augen bleiben wie gebannt auf einem Schreiben hängen, das Mrs. Metha gerade aufgeschlagen hat. Es sind nur wenige Sätze auf Englisch: »... bestätige ich hiermit, dass ich am ... (Datum) ... das Mädchen ... zur Welt gebracht habe und ... erkläre ich hiermit ...« In diesem Moment schlägt Mrs. Metha die Akte zu und der nächste Fall wird besprochen.

Plötzlich kommt es zu einer Diskussion zwischen dem Richter, Mr. Pandey und Mrs. Metha.

»Und wo ist die Mutter?«, fragt der Richter. Die Verhandlung läuft auf Englisch ab und da jetzt alle lauter sprechen, verstehe ich sie auch.

»Das wissen wir nicht«, antwortet Mr. Pandey. »Sie ist verschwunden. Der Vater behauptet, die Mutter sei vor zwei Jahren weggelaufen. Er will das Kind zur Adoption freigeben. Aber die Unterschrift von ihr bekommen wir natürlich nicht, denn sie ist ja nicht da.«

»Aber die Frau müsste doch zu finden sein. Der Fall ist zu unsicher«, wirft Mrs. Metha ein.

»Haben die denn richtig nach ihr gesucht? Wie lange hat man nach ihr gesucht?«, bohrt der Richter nach. Es wird hin und her diskutiert.

»Also das geht nicht durch. Der Fall wird vertagt. Die müssen größere Anstrengungen machen, die Frau zu finden. Sie sollen erst noch weitersuchen«, erklärt der Richter.

Als ich dies höre, atme ich auf. Es ist offenbar so, dass auch Richter Singh sehr genau darauf achtet, dass die schriftliche Einwilligung der Mutter vorliegt. Selbst Richter Singh, der durchaus Adoptionen unterstützt, lehnt einen Fall ab, wenn dies nicht gegeben ist. Das beruhigt mich.

Dann gibt es wieder eine Diskussion.

»Kann ich das Kind mal sehen? Sie sollte zumindest mal in den Saal kommen«, sagt der Richter und nickt einem Amtsgehilfen an der Tür zu. Da tritt ein schüchternes, kleines Mädchen ein. Sie ist vielleicht acht Jahre alt. Sie steht dort, in ein ordentliches Kleid gesteckt, brav, starrt mit riesigen Augen auf den Richter und weiß überhaupt nicht, wie ihr geschieht.

»Mein Gott, hat das arme Ding Angst. Das ist ja furchtbar«, sagt der Richter und nickt mit dem Kopf wieder Richtung Tür und das Mädchen verschwindet. Später sagt mir Mr. Pandey, dass ein Kind in ihrem Alter persönlich vor dem Gericht zu erscheinen habe.

Da ich mir die Nummer unseres Falles eingeprägt habe, klopft mein Herz plötzlich bis zum Hals, denn auf der Akte, die Mrs. Metha als nächstes öffnet, steht Nr. 236.

»Sind Sie extra für diesen Fall hierher gekommen?«, fragt der Richter plötzlich und sieht mich aufmunternd an.

Ich werde rot und antworte: »Ja«.

»Ich kenne Europa. Meine Eltern haben in England gelebt. Ich habe in Baron's Court gewohnt. Da bin ich auch ausgebildet worden«, fügt er nicht ohne Stolz hinzu. Er hat also an den alten, ehrwürdigen Rechtsinstituten der Londoner City studiert.

»Sie schreiben über Finanzen? Was sagen Sie denn zu der finanzwirtschaftlichen Situation Indiens?«, höre ich ihn plötzlich fragen. Ich starre ihn an und weiß nicht mehr weiter. Mit allem habe ich gerechnet – zum Beispiel mit der Frage, ob ich mich über einen indischen Gott mit Elefantenkopf amüsieren würde. Das hatten mich Sozialarbeiter zu Hause gefragt. Aber ich hatte nicht damit gerechnet, dass meine finanzwirtschaftlichen Kenntnisse über Indien vom Obersten Gerichtshof in Bombay abgefragt würden. Ich stammle verlegen etwas vor mich hin, aber da grinst Richter Singh mich schon amüsiert an und ruft mir zu: »Viel Glück und viel Spaß mit der Kleinen!«

Erst als die Engländerin, die neben mir Platz genommen hatte, mir plötzlich die Hand drückt, begreife ich, dass ich Mutter bin. Die Engländerin nimmt mich mitfühlend in den Arm. Mir fällt ein Stein vom Herzen, ich bin überwältigt. Tränen steigen in meine Augen. Geschafft – hämmert es in meinem Kopf –, endlich geschafft. Aber ich spüre auch die Verantwortung. Jetzt gibt es kein Zurück mehr. Ich bin Indiras Mutter – für immer. Wir sind ihre Eltern. Wir sind ab heute voll verantwortlich für Indira.

Beim nächsten Fall gibt es wieder eine Diskussion, der ich aber nicht folgen kann. Wieder rattern die Ventilatoren laut. Aber plötzlich strahlt die Engländerin neben mir, nimmt das indische Mädchen in den Arm und lächelt mir zu. Sie hat die wärmsten, braunen Augen, die ich je gesehen habe. Es ist offensichtlich, dass auch ihr Fall durchgegangen ist.

Später erklärt mir Mr. Pandey, dass es nach indischem Recht bisher für einen in Indien lebenden Ausländer nicht möglich war, ein indisches Kind zu adoptieren. Daher habe diese Engländerin das indische Mädchen fünfzehn Jahre lang lediglich als Ziehmutter bei sich behalten können. Nach einer Gesetzesänderung sei die Adoption jetzt genehmigt worden.

Plötzlich stehen alle Beteiligten auf, denn die Sitzung ist beendet. Richter Singh schaut mich fast ein wenig gönnerhaft an. Ich signalisiere ihm von meinem Sitz ein Dankeschön und er reagiert mit dem typischen indischen Kopfnicken, dieses Mal die Version: »Ist schon gut so, mache ich gern.« Er genießt ganz offenbar seine Machtfülle und seine Schlüsselfunktion, mit der er über Schicksale entscheidet.

Als wir den Gerichtssaal verlassen, gratulieren mir Mr. Pandey und die Engländerin und sogar die Dame vom Familienministerium, Mrs. Metha. Dann verhandelt Mr. Pandey mit einem Amtsgehilfen des Gerichtes, wann er die Gerichtsurkunden erhält. Ohne die Urkunde kann weder der Pass noch das Visum beantragt werden.

Die Anfertigung der Gerichtsurkunde dauert in der Regel zehn Tage, erklärt mir Mr. Pandey. Später, bei Erhalt der Urkunde, werde ich staunen. Sie ist mit dickem rotem Siegel abgestempelt. In dem Text wird von uns die Zahlung von zweitausendfünfhundert Rupien für die Begleichung von Gerichtskosten und Auslagen der Sozialarbeiter gefordert und erläutert, welche Pflichten wir nach der Adoption dem Kind und dem Gericht gegenüber haben. Dort steht, dass die Antragsteller »… sich um sie zu kümmern, sie zu erziehen und großzuziehen haben, als wäre sie ein Kind der Antragsteller«. Und weiter, dass wir sie »… im Unterhalt, der Erziehung und der Erbfolge gleichstellen«. Es wird verfügt, dass wir Indira innerhalb von zwei Jahren nach deutschem Recht adoptieren müssen und den indischen Behörden fünf Jahre lang Sozialberichte über die Entwicklung von Indira vorlegen müssen.

Der gesamte Text ist in einem einzigen Satz formuliert. Dieser in verschachtelter, richterlicher Sprache verfasste Satz zieht sich über drei Schreibmaschinenseiten. Und auf der dritten Seite steht noch der Nebensatz: »… und ich verfüge des weiteren, dass die Antragsteller … hiermit zum Vormund … der genannten Minderjährigen … ernannt werden …« Und weiter unten: »… die Erlaubnis erhalten, die genannte Minderjährige persönlich aus der Gerichtshoheit dieses Ehrenwerten Gerichts zu entfernen … und die Minderjährige in die Heimat der Antragsteller im Ausland mitzunehmen, wo immer und/oder wann immer sie es wünschen ...«

Nachdem ich mich von Mr. Pandey verabschiedet und das Gerichtsgebäude verlassen habe, gehe ich wie auf Wolken. Draußen auf der Straße gleite ich durch das Gewühl der Menschen und könnte jedem um den Hals fallen. Ich bin stolz und gerührt. Ich blicke auf den Verkehr der breiten Prachtstraßen des alten, kolonialen Bombays, auf die breiten Rasenflächen der Stadt, auf der junge Männer Kricket spielen, und auf die Händler, die auf der einen Seite der Kreuzung abgegriffene Bücher und auf der anderen Seite billige Herrenhemden und kitschiges Plastikspielzeug feilbieten, und ich denke, wie sehr ich Indien liebe. Dieses Land hat uns ein Kind geschenkt. Und ich bin dankbar für dieses Vertrauen.

Trotz des lauten Verkehrs rufe ich Andreas von meinem Mobiltelefon an.

»Du bist Vater«, schreie ich ins Telefon und erzähle ihm vom Gerichtstermin. Auch ihm fällt ein Stein vom Herzen. Wir sind so erleichtert. Was war das für ein Kampf! Jetzt, wo unser Fall gerichtlich entschieden ist und nichts mehr schief gehen kann, wird er in wenigen Stunden zum Flughafen fahren und noch in dieser Nacht in Bombay ankommen. Morgen sind wir endlich eine Familie.

Auf der Zugfahrt zurück in den Norden Bombays sitze ich verklärt am Fenster und genieße den Ausblick auf die Kricket-Clubs am Bahndamm, den Blick auf Marine Drive und die lange Meeresbucht, dann die schäbigen Wohnblocks, die brackigen Abwasserkanäle, die Müllhalden, die Baustellen, die Slums und schließlich erreiche ich unseren Bahnhof, von dem aus ich das Heim erkennen kann. Ich kann gar nicht schnell genug ins Waisenhaus gelangen, um *unsere* Tochter zu umarmen.

Indira freut sich sehr und zerrt mich an einem Finger hinter sich her. Langsam tapsen wir in den Hof und besuchen die Nonnen, die uns sofort beglückwünschen. Mr. Pandey hat schon angerufen und erzählt, dass alle Fälle des Heims durchgegangen sind.

Ich habe beschlossen, Indira noch zwei Tage im Heim zu lassen, damit sie sich etwas an Andreas gewöhnen kann und er Zeit hat, sich einzuleben und Indira nun richtig kennen zu lernen. Für die Zeit danach habe ich ein Hotel im Norden Bombays am Strand gebucht, denn wir müssen noch einige Wochen auf Indiras Pass und Visum warten, bevor wir Indien mit ihr verlassen können.

Als ich schließlich im Gedränge des späten Nachmittags in das Gewühl der Markstraße trete, bleibe ich fasziniert stehen. Auch andere Passanten stoppen, schauen überrascht hoch und lächeln. Mit wiegendem Kopf kommt ein Arbeitselefant die Straße entlang – mitten durch das Verkehrsgewühl. Er ist so riesig, dass sein Kopf majestätisch über die Autos, knatternden Rikschas und umhereilenden Menschen emporragt. Der Elefant trottet langsam an den kleinen Läden und Ständen der Händler vorbei und streckt über-all seinen Rüssel aus. Er sammelt auf dem Heimritt von der Arbeit Geld ein und befördert die Münzen, die Passanten in den Rüssel werfen, geschickt zu einem sehnigen, jungen Mann hoch, der auf dem Nacken des Elefanten sitzt. Ich habe den Elefanten hier schon öfter beobachtet – neulich waren sogar zwei dieser imposanten Tiere unterwegs.

Ich nehme es als Zeichen, dass der Elefant gerade am heutigen Tag wiederkommt, und beschließe, den Elefantengott Ganesh zum indischen Schutzgott für Indira auszuwählen. Wir werden Indira zwar nach christlichen Grundsätzen erziehen, aber ein wenig indische Mystik kann nicht schaden, denke ich. So kaufe ich im Basar nicht nur neue Armreife für Indira und noch etwas Brei und Milchpulver, sondern bei einem Händler auch ein mit Goldpapier verziertes Heiligenbild von Ganesh.

Zurück im Hotel lege ich mich sofort schlafen, denn mitten in der Nacht werde ich zum Flughafen fahren. Ich hole Andreas ab und wir haben nun wirklich einen Grund um zu feiern.

Abschied vom Waisenhaus

Wir feiern einen herzlichen und glücklichen Heiligabend. Andreas ist da und wir sitzen fröhlich auf dem Hotelbett. Der Raum ist heiß, muffig – in letzter Zeit vermehren sich auch die Moskitos und nach wie vor dröhnt der Lärm der Züge durch das Hotel. Aber es ist dennoch eines der schönsten Weihnachten, das ich je erlebt habe.

»Prost – auf Indira und eine glückliche Familie!«, sagt Andreas feierlich und wir erheben unsere Gläser, die wir uns aus der Küche haben bringen lassen. Dann stoßen wir mit Champagner an. Andreas hat die Flasche extra von daheim mitgebracht. Und während wir erzählen und dabei die Weihnachtspost öffnen, die Andreas eingesteckt hat, schneiden wir ein Stück Schinken an. Auch den hat Andreas aus seinem Gepäck gezogen – als Weihnachtsüberraschung. Schließlich habe ich seit Wochen kein Fleisch, keine Wurst und keinen Alkohol zu mir genommen.

»Ich habe noch überlegt, einen Plastik-Weihnachtsbaum mitzubringen. Man kann die sogar zusammenklappen. Aber ich war mir nicht sicher, ob du das gut gefunden hättest«, meint er scherzhaft. Wie rührend. Nein – hätte ich nicht gut gefunden. Ich habe genug von Plastik-Weihnachtsbäumen und Karamellbonbons.

Ich genieße das Zusammensein mit Andreas sehr nach den langen Wochen allein in Bombay. Während wir erzählen und ich die Weihnachtspost unserer Familie und Freunde überfliege, merke ich, wie weit ich von zu Hause fortgedriftet bin.

Und so viel kann ich gar nicht erzählen. Ich berichte ihm zwar voller Vorfreude über Indira. Aber wie soll ich Andreas die Trostlosigkeit der Kinder und den Schrecken in den Heimen beschreiben und dies am Heiligabend, wo wir uns nach so langer Zeit wiedersehen und doch feiern und uns freuen wollen? Später, Jahre danach, werde ich feststellen, dass ich eigentlich nie von der Traurigkeit in den Heimen erzähle. Zu Hause sind die Menschen auf so viel Elend nicht vorbereitet. Das Leben ist bei uns so anders, dass man gar keinen Anknüpfungspunkt findet, um das Leid und den Schmerz, den man hier in Indien empfunden hat, auszudrücken. Ich bleibe einfach stumm. Erst nach vielen Jahren wird mich Andreas auf Partys und Festen fragen, warum ich nicht richtig mitfeiere und Spaß habe und ob mir die Partys denn nicht gefallen. Ich selbst weiß dann auch nicht recht, woher diese nachdenkliche Stimmung kommt, die mich gefangen hält.

Am nächsten Tag besuchen wir das Heim und der ganze Tag ist ein einziger Jubel. Die Nonnen begrüßen Andreas herzlich und erleichtert, weil sie endlich den Vater etwas näher kennen lernen. Schwester Lena kokettiert mit ihrem hohen Arbeitspensum und Schwester Martha mit den Kindern, die sie so brauchen. Die Schwestern sind so stolz. Und ich bin glücklich, denn mit Andreas spüre ich, dass das Ende der Zeit hier im Heim naht. So kann ich die letzten Tage noch ganz genießen.

Ich führe Andreas hoch in den Gitterbetten-Saal und da hopst schon Indira in ihrem Bettchen und streckt uns ihre Händchen mit lila Daumen entgegen – jawohl, lila Daumen. Schwester Lena hat heute Morgen schon ihre winzigen Fingerchen in blaue Tinte getunkt und sie auf die Antragsformulare für den Pass gepresst.

Als ich Indira aus dem Bettchen hebe, schaut sie verwundert auf Andreas. Als ich sie aber Andreas auf den Arm setze, bekommt sie sofort einen alarmierenden Blick und sie flüchtet wieder auf meinen Arm. Ich ziehe Indira im Wickelraum um und währenddessen ist Andreas faszinierender Mittelpunkt für die großen Kinder. Anita und Nirav erklären den kleinen Kindern aufgeregt, dass dies nun der Vater sei – das kann ich an ihrer Gestik deutlich erkennen. Und sie freuen sich über Andreas, lachen und spielen mit ihm. Sie sind fast glücklich, einmal einen Mann zu sehen – so sieht also ein westlicher Vater aus. Die Kinder sind ganz aufgeregt und es scheint, als ob sie sich wirklich für Indira freuen und weniger an ihr eigenes Schicksal denken.

Nur bei Aisha spüre ich, dass sie Andreas fast wehmütig ansieht. Ich weiß, dass sie am liebsten auf der Stelle mit uns mitgehen würde. Auch im Blick von Nirav bemerke ich einen leichten Hoffnungsschimmer, den ich vorher nie gesehen habe. Er reagiert auf Andreas anders als auf mich. Er hätte so gern einen Vater! Aber ich bleibe stumm. Wie könnte ich Andreas fragen, ob wir Nirav auch noch adoptieren? Wie soll das gehen? Wir müssten noch einmal von den Sozialarbeitern geprüft werden. Der gesamte bürokratische Prozess würde wie eine Lawine von vorn losgehen und jeder Sozialarbeiter würde uns mahnen, dass es absurd sei, sofort nach einer Adoption einen älteren, verhaltensauffälligen, verstörten Jungen zu adoptieren – die Garantie für ein Desaster zu Hause. Und ich weiß, dass sie Recht hätten und dass ich es nicht schaffen würde. Nirav braucht eine unglaublich einfühlsame Betreuung, unendlich viel Liebe der Eltern und professionelle Hilfe von Therapeuten. Ich würde beiden Kindern, Indira und Nirav, gegenüber nicht gerecht. So sage ich nichts. Später werde ich Andreas von Nirav erzählen – aber eben nur erzählen.

Zunächst einmal verschwinden Andreas, Indira und ich auf das Dach im Schatten der Wellblechhütte. Wir brauchen Zeit für uns allein. Andreas ist fasziniert von Indira und viel zärtlicher und einfühlsamer, als ich je gedacht hätte. Er respektiert, dass sie viel Zeit braucht, und zeigt ihr erst einmal ein kleines in Papier eingewickeltes Paket. Indira seufzt vor Anstrengung, als sie das Papier zerreißt und langsam eine Stoffpuppe herauszerrt, die meine Schwiegermutter Andreas mitgegeben hat. Indira ist unglaublich stolz auf diese Trophäe.

»Sie schielt gar nicht mehr so«, meint Andreas plötzlich. »Und sie ist viel größer und offener als damals.« Mir ist die langsame Veränderung von Indira durch die täglichen Besuche gar nicht so aufgefallen, aber Andreas meint, der Unterschied sei erheblich.

Und so sitzen wir oben auf dem Dach und beobachten, wie Indira die Puppe drückt und an sich presst, in den Mund nimmt und auf ihr herumkaut. Wir sind einfach nur glücklich. Es gibt gar nicht viel zu sagen. Es ist das erste Mal, dass wir als kleine Familie zusammen sind und es ist ein so berauschendes neues Gefühl, dass wir uns erst noch daran gewöhnen müssen. Aber die Freude über Indira, der Stolz, dass wir es endlich, endlich geschafft haben und zusammengehören, bläst wie eine frische Brise über uns. Es sind mit die glücklichsten Momente in meinem Leben und ich werde mich an diesen Anfang unserer Familie, oben auf dem Flachdach des Heims, neben den heulenden Zügen und krächzenden Krähen, mein Leben lang erinnern.

Plötzlich ruft uns Schwester Martha nach unten und dort angekommen, sehen wir, dass alle Kinder feine Sonntagskleider tragen. Sivana und Didi haben zur Feier des Tages sogar die Kleinkinder in rosa Tüll- und Rüschenkleider gesteckt. Und noch ehe wir uns versehen, wird auch Indira von Schwester Martha in ein rosafarbenes, etwas zu kleines Kleid gezwängt. Die Kinder schwitzen, denn die Kunststoffkleidchen sind zu heiß bei vierunddreißig Grad im Schatten und fünfundachtzig Prozent Luftfeuchtigkeit. Aber Schwester Martha kennt kein Erbarmen. Unten wartet der Priester, der eine kleine Weihnachtsmesse für die Kinder halten und sie segnen wird.

Wenig später tragen die Schwestern die plappernden und schreienden rosa Bündel nach unten in den großen Schlafraum der Babys. Es dauert nicht lange und der Saal ist so voll gepfercht mit Schwestern, Säuglingen und Kleinkindern, dass wir uns kaum noch hineinzwängen können. Aber die Schwestern lassen keinen Zweifel daran, dass Präsenz Pflicht ist, und der Priester ist wirklich rührend.

Es wird viel gebetet an diesem Tag. Mittags, als Andreas im Hotel wegen der Zeitverschiebung einige Stunden Schlaf nachholt, bitten Schwester Alissa, Schwester Martha und Schwester Lena mich, mit in die Gebetskapelle zu kommen, um zum Abschied mit und für Indira zu beten. Sie haben selbst jetzt nach dem Gerichtstermin eine Taufe von Indira abgelehnt, denn Indira sei ja immer noch nicht endgültig unser Kind – das deutsche Gericht befinde ja auch noch. Aber Beten und Segnen zum Abschluss müsse sein. Und so finde ich mich mittags mit Indira in der kleinen Kapelle neben dem Heim ein und bekomme von Schwester Alissa einen Platz zugewiesen.

Vorn auf dem Altar stehen Heiligenfiguren der Mutter Gottes, Kerzen, Blumen und ein ewiges Licht. Vor dem Altar liegen Bastmatten auf dem Steinfußboden, auf denen ich mich niederknien muss. Das Gebet dauert eine Ewigkeit – in kochender Hitze mit summenden Moskitos um mich herum kniee ich eineinhalb Stunden mit den Nonnen vor dem Altar. Ich bete wirklich zu Gott und danke ihm für Indira und bitte ihn, sie zu beschützen. Dennoch bin ich mit dem Beten nach einigen Minuten fertig, denn ich kann mich nicht richtig konzentrieren.

Ganz anders war es, als ich mit Indira die Sonntagsmesse der Kirche direkt neben dem Heim besucht habe. Anfangs bin ich dort lediglich aus Langeweile hingegangen, denn die Kirche war der einzige Ort, den ich mit Indira außerhalb des Heims besuchen durfte. Ich konnte das Heim vor dem Gerichtstermin ohne ausdrückliche Genehmigung der Schwestern nicht verlassen – Indira war rechtlich schließlich noch nicht mein Kind.

Aber in die Kirche durfte ich gehen und so nahm ich Indira mit zur Messe. Bis ins Heim konnte man sonntags die Stimme des Priesters hören und das Singen der Gemeinde. Die Kirche war voll. Auf der einen Seite des Mittelgangs drängten sich die Männer auf die Bänke und auf der anderen Seite die Frauen in ihren frischen Saris, ihrem fein geölten Haar und mit geflochtenen Zöpfen. Sie hatten sich extra Jasminblüten in die Flechten gesteckt, ihren Schmuck angelegt und ihre Kinder in adrette Sonntagskleidchen gesteckt, mit Spitzensöckchen und sauberen Lackschuhen. Vorn predigte der Priester, die Schwestern saßen in den ersten Bänken und über allen ratterten die Ventilatoren. Durch die Kirche wehte der Tropenwind, denn alle Türen standen offen. Von draußen drang das Knistern der Palmen in der leichten Seebrise herein und das Geschrei der grünen Papageien, die um die Kirche kreisten.

Ich habe mich mit Indira sonntags oft in eine Kirchenbank gesetzt und auf den Gesang der Gemeinde gelauscht. Die Lieder waren so viel fröhlicher und inniger als bei uns zu Hause und die Stimmung so viel wärmer und intensiver. Ich war derart gerührt, dass ich gar nicht mitsingen konnte, nicht nur, weil ich die Lieder nicht kannte, sondern weil ich so dankbar und überrascht war, dass ich überhaupt hier stand, mitten in Bombay, in einer Kirche, mit einem Baby auf dem Arm – unserem Baby, der kleinen Indira, die an den Seiten des Gebetsbuchs kaute. Und ich hatte plötzlich das Gefühl, dass uns Gott vielleicht doch geholfen hatte – wenn es ihn denn gab. Er hatte uns nicht im Stich gelassen. Aber das wurde mir erst jetzt klar. Und dafür dankte ich ihm, fiel ein in das Vaterunser, das die Gemeinde anhob, und betete dafür, dass Indira nicht unglücklich sein wird – und dass ich niemals erleben muss, dass sie vor mir stirbt.

Hier in der Kapelle aber finde ich keine Ruhe und bleibe nur aus Höflichkeit. Die Nonnen lassen keinen Zweifel daran, dass Indira und ich die eineinhalb Stunden ausharren müssen. Es macht ihnen nichts aus, dass Indira nicht still sitzen bleibt und beginnt, die Gebetsbücher durchzustöbern, mit den Rosenkränzen der Schwestern spielt und an ihren Kruzifixen herumzerrt.

Aber die Nonnen beten jeden Tag und es ist ihnen mindestens ebenso wichtig wie ihr Dienst an den Kindern, Kranken und Behinderten. Ich knie also wirklich eineinhalb Stunden in der Kapelle, bis meine Haut von den Moskitostichen zu jucken beginnt und meine Knie vor Schmerzen fast platzen. Ich weiß schließlich kaum noch, wie ich mich setzen soll. Die Schwestern hingegen knien, ohne eine Miene zu verziehen. Sie besinnen sich auf die Gebete, die sie leise vor sich hin murmeln. Und ich merke, wie unterschiedlich unsere Lebensweise ist. Mir wird plötzlich bewusst, wie sehr ich draußen in der Welt lebe und wie sehr die Nonnen sich hinter den hohen Mauern des Heims auf das Gebet und ihre Arbeit konzentrieren, wie sie darin ruhen.

Später bindet Schwester Martha Indira einen kleinen Mutter-Gottes-Anhänger um den Hals. Ich werde ihr den Anhänger lassen, bis sie sich selbst entscheidet, ihn abnehmen zu wollen. Es wird viele Jahre dauern und Indira sollte ihn erst dann nicht mehr mögen, als sie auf einem Spielplatz wegen des Anhängers gehänselt wurde. Wenige Wochen später sollte ich ihn ihr dann allerdings doch wieder um den Hals hängen.

Die nächsten zwei Tage besuchen wir Indira von morgens bis abends, nehmen sie nachmittags sogar einige Stunden mit auf unser kleines Hotelzimmer neben dem Heim. Das funktioniert erstaunlicherweise besser, als ich dachte. Indira klammert sich zwar an mich, wenn wir das Heim verlassen, und auf den Arm von Andreas will sie noch nicht. Aber im Hotel hält sie es auf unserem Bett einige Zeit aus, trinkt eine Flasche Milch, wickelt selig eine Rolle Toilettenpapier ab und zufleddert das Papier in kleine Stücke – herrlich.

Mit der Annäherung an Andreas nimmt sie sich allerdings Zeit. Ich spüre an ihrem Verhalten, dass sie mit Andreas das durchmacht, was sie mit mir vor einigen Wochen erlebte. Jetzt bin ich in der Position der Schwestern und bin ihre Vertrauensperson. Sie rettet sich auf meinen Arm, will bei mir sein und tastet sich an Andreas nur langsam heran. Es tut mir um Andreas Leid und ich versuche, ihm das zu erklären. Er scheint es auch zu verstehen, wenn es ihm auch wehtut, dass Indira sich von ihm abwendet und immer nur zu mir will, auf meinen Arm und mir hinterher rennt.

Für Indira bricht jetzt die entscheidende schwere Zeit an. Es sind die letzten Tage im Heim und da wir sie stundenweise mit ins Hotel nehmen, zerstören wir ihre Routine und ihren normalen Tagesablauf. Wir verunsichern sie. Kommen wir mit Indira ins Heim zurück, freut sie sich, rennt zu den Schwestern und lässt sich in deren Arme fallen. Aber dann will Indira wieder zu uns. Wenn wir abends gehen, schreit und weint sie hinter uns her.

»Sie ist völlig hin und her gerissen«, sagt Andreas. »Sie weiß jetzt überhaupt nicht mehr, wohin sie gehört.«

Er hat Recht. Indira ist viel unruhiger, weinerlicher und aufgedrehter als sonst. Es ist deutlich zu erkennen, dass sie eine klare Entscheidung und einen eindeutigen Weg braucht – sie muss aus dem Heim raus. Und so sagen wir den Schwestern, dass wir sie in zwei Tagen morgens aus dem Heim nehmen werden.

Der Abschied fällt den Schwestern letztlich schwerer als Indira. Wir versprechen den Nonnen, dass wir vor dem Abflug noch einmal im Heim vorbeischauen, denn das Hotel am Strand ist viel zu weit weg vom Flughafen. Es ist also kein endgültiger Abschied, aber es ist trotzdem ein eindeutiges »Auf Wiedersehen«.

Noch einmal zieht Schwester Martha Indira an – mit dem Kleidchen, dass ich vor einigen Wochen mitgebracht habe, und das Indira nun schon oft getragen hat. Schwester Martha findet noch einmal ein paar Armreife für Indira, sie malt das Bindi auf der Stirn besonders schön und bindet das Zöpfchen auf dem Kopf von Indira besonders liebevoll zusammen. Sie sucht aus ihrem Schrank noch mehrere Mutter-Gottes-Anhänger heraus und steckt sie uns zu – für den Fall, dass Indira ihren Anhänger um den Hals verliert. Dann wünscht sie uns und Indira alles Liebe und Gute, sie drückt Indira und sagt: »God bless you«. Sie zeichnet Indira ein Kreuz auf die Stirn, zögert etwas, sagt dann abrupt »good-bye« und dreht sich um. Sie kommt zum Abschied nicht hinunter auf den Hof und ich verstehe sie gut.

Dann sagen wir den Großen »good-bye«. Anita und Aisha klammern sich an mich, aber das ist eher, um mir ihre Zuneigung zu zeigen. Als ich sie drücke und mit Indira zum Treppenhaus gehe, bleiben sie zurück und sehen mir fast verständnisvoll hinterher. Sie sind in vielerlei Dingen schon so alt, so erfahren, gar keine Kinder mehr. Und so wussten sie immer, dass ich die Mutter von Indira sein würde und dass sie dieses Mal wieder leer ausgehen würden.

Indira begreift den Abschied nicht, sondern lässt sich von mir wie immer die Treppe hinunter in den Hof tragen. Aber mir schlägt das Herz bis zum Hals. Was wird uns erwarten? Wird sich Indira bei uns einleben? Werde ich mit ihr fertig? Wird sie vielleicht doch schreien und verzweifelt zurück ins Heim wollen? Ich werde plötzlich unsicher, bekomme Angst vor den nächsten Tagen. Ob ich das schaffen werde? Es ist niemand mehr da, der uns helfen kann. Wir müssen von einem auf den anderen Tag allein mit Indira zurechtkommen. Und dies ist kein neugeborenes Baby, das stundenlang selig in seinem Bettchen schläft, sondern ein Kleinkind, das den ganzen Tag unterhalten, erzogen und betreut werden muss. Ich bekomme weiche Knie, lasse mir aber nichts anmerken.

»Wir schaffen das schon«, flüstert mir Andreas zu und nimmt mich in den Arm. Er hat meine Aufregung bemerkt und ich bin so froh, dass er da ist.

Unten im Hof warten schon Schwester Maria, Schwester Lena und Schwester Alissa. Schwester Maria hat noch eine Plastiktüte mit Milchpulver, Breipulver und Medizin zusammengepackt. Und dann hebt jede Schwester Indira auf ihren Arm, küsst sie, zeichnet das Kreuz auf ihre Stirn und wünscht ihr alles Gute. Indira lässt dies über sich ergehen, will dann aber wieder auf meinen Arm.

Dann gehen wir. Wir winken den Schwestern zu und sagen »bye-bye« und als ich mich langsam von ihnen abwende, winkt Indira plötzlich auch etwas ungelenk und sagt »da-da-da«, ihr Wort für »bye-bye«, das sie manchmal sagte, wenn ich abends das Heim verließ. Schwester Alissa ist eher den Tränen nahe als Indira. Es ist, wie ich es mir gewünscht hatte. Ich hätte nichts mehr gehasst, als Indira mit Tränen und Schreien aus dem Heim zerren zu müssen. Indira fühlt sich wohl und geborgen – solange ich sie auf dem Arm habe. Ein guter Anfang! Und ich bin froh, dass wir endlich unser neues Leben anfangen können.

Als ich zurückblicke, sehe ich Nirav, wie er hoch oben am Gitterfenster hängt und uns nachwinkt – bis wir um den Torbogen entschwunden sind. Ich werde ihn nie vergessen.

Als wir das Heim hinter uns lassen, werde ich wehmütig und kämpfe mit den Tränen. Diese Zeit wird nie mehr zurückkehren.

Trotz aller Traurigkeit habe ich so vieles in diesem Heim geliebt: wie ich mit Indira oben auf dem Flachdach gespielt habe, die ersten Momente unserer Zweisamkeit – um uns herum der warme Tropenwind, der durch die Palmenwipfel strich, und Indira, die immer wieder auf meinen Arm wollte, um die Züge fahren zu sehen – die ruhige Nachmittagsatmosphäre unten im Hof, wenn wir mit den Schwestern zusammensaßen und über die Kinder lachten, die mit karamellverschmierten Mündern Dreirad fuhren. Und drüben jauchzten Aisha und Anita in der Schiffsschaukel; oder die Stille am Mittag, wenn die Kinder in ihren Bettchen schlummerten, ihnen die Flaschen mit Reiswasser langsam aus dem Mund glitten und sich die Vorhänge leicht im Wind bewegten. Für kurze Zeit trat Ruhe ein, schliefen die Kinder unschuldig und wir konnten uns alle einen Moment entspannen. Oder die Zeit, die ich mit Indira unten vor dem Säuglingszimmer verbrachte, wo wir durch ein Gitterfenster schauen konnten und uns Schwester Maria zeigte, wie sie einen wenige Tage alten Säugling einölte, ihn liebevoll massierte und Indira so staunte.

Ich habe das Strahlen und Lachen der Schwestern so genossen, ihre Ruhe und Ausgeglichenheit, ihr unerschütterliches Engagement und ihr großzügiges Verzeihen menschlicher Schwächen. Ich habe hier viel gelernt und mich verändert. Ich habe andere Werte zu schätzen gelernt – und vielleicht etwas Oberflächlichkeit hinter mir gelassen. Das Wichtigste aber ist: Ich habe erleben dürfen, wie sich Indira von dem verängstigten fremdelnden Heimkind in ein fröhliches, offenes und anhängliches Mädchen verwandelte – unsere Tochter, über die wir so glücklich sind, von der ich mich nie wieder trennen werde und die ich über alles liebe. Was für ein Geschenk!

Paradiesisches Zwischenspiel

Der Rasen ist wie ein Teppich – fein, dicht, fest und sattgrün. Alles hier ist grün, leuchtend grün in der gleißend strahlenden Sonne. Am Rand des parkähnlichen Rasens wiegen sich turmhohe Königspalmen im Wind, die Seebrise streicht warm durch blühende Bougainvilleen, Oleanderbüsche und andere Tropenpflanzen. Wir sind in einem gepflegten tropischen Garten und durch die Bäume kann man sogar den Strand und das glitzernde Meer erkennen. Ich kann es kaum erwarten, bis Andreas endlich die Formalitäten an der Rezeption erledigt hat. Drüben schimmert der Swimmingpool blau durch die Palmen. Ich halte mein Gesicht in die Sonne und atme tief ein, als ob ich die Helligkeit, Freude und den Glanz in mich aufsaugte. Es ist wie eine Auferstehung. Im Nachhinein kommt mir das Heim so dunkel und erdrückend vor, die letzten Wochen finster und erstickend.

Fast eine Stunde sind wir mit dem Taxi aus Bombay an die nördliche Küste der Metropole gefahren. Wir haben die Stadt, diesen Moloch, weit hinter uns gelassen: die vom Monsun und Dreck verwitterten Wohnbocks; die Baustellen, wo schweißgebadete Frauen in verstaubten Saris den beizenden Teer mit Schaufeln verteilen und ihre Babys nackt neben der Baustelle im Dreck spielen; vorbei an den Betonkernen neuer Wohnblocks, an denen schwankende Baugerüste aus zierlichen Bambusstangen kleben; vorbei an Werbeplakaten für martialische Bollywood-Filme, Computer oder Mobiltelefone. Und immer werden wir begleitet von Motorrädern, die uns rasant überholen und von denen wir nur noch die im Fahrtwind flatternden Saris der Frauen auf dem Rücksitz erkennen. Und vor uns ein qualmender Tanklastzug, der langsam schaukelnd seinen Weg um die Schlaglöcher in der Straße sucht. Irgendwann wird der Verkehr ruhiger, säumen Stallungen mit hunderten von Wasserbüffeln und kleinere Ortschaften die Straße und zieht sich der Weg schließlich durch Sümpfe Richtung Küste.

Das Hotel liegt direkt am Arabischen Meer, wo sich breite Strände an der Küste entlangziehen, wohlhabende Inder am Strand joggen und nachts die Lichter der Fischerboote am Horizont glitzern.

Indira hat während der Taxifahrt auf meinem Bauch geschlafen – so einfach hatte ich mir das nicht vorgestellt. Jetzt halte ich sie auf dem Arm, und da sie mir langsam schwer wird, stelle ich sie mit ihren Patschefüßchen auf den Rasen. Sie starrt mich ungläubig an, tritt irritiert von einem Fuß auf den anderen und beginnt herzzerreißend zu schreien. Sie blickt verängstigt auf ihre Füße und versucht, wieder auf meinen Arm zu kommen. Es ist das erste Mal, das sie etwas anderes unter ihren Fußsohlen spürt als Bodenfliesen.

In den nächsten Stunden werde ich erleben, wie wenig Indira kennt. Als wir oben im Zimmer sind und ich nach der heißen Fahrt duschen will, löst dies bei ihr panisches Gebrüll aus. Wieso steht Mama plötzlich hinter einer Wand, warum wird es plötzlich laut und Mama wird nass und sieht ganz anders aus? Indira schreit wie am Spieß. Es wird viele Wochen dauern, bis ich duschen kann, ohne dass Indira verzweifelt vor der Dusche weint.

Aber abgesehen davon, läuft es mit Indira fantastisch. Solange sie sich an mir festhalten oder auf meinen Arm fliehen kann, ist sie beruhigt. Sie bewegt sich allerdings keine zwei Meter von mir fort. Das bedeutet, dass ich sie überall mitnehmen muss, selbst auf die Toilette – und auch da krabbelt sie auf meinen Arm. Indira weicht keinen Schritt von mir.

Wir verbringen einen herrlichen ersten Tag. Zum Mittagessen lässt sich Indira zwischen uns auf einen Kinderstuhl im Restaurant setzen und stopft sich schmatzend Pommes frites in den Mund. Anschließend füttere ich ihr einen Joghurt. Sie strahlt und reibt sich den Joghurt über das Gesicht, badet förmlich in dem duftenden Geschmiere und seufzt selig vor sich hin. Nachmittags sind wir am Swimmingpool und dort würde sie sich ohne Zögern sofort ins Wasser stürzen, hielte Andreas sie nicht zurück. Sie ist eben eine Wasserratte.

Der Tag verläuft viel, viel besser als ich erwartet hatte – kein Schreien, kein Nörgeln, keine Panik. Ich kann unser Glück kaum fassen. Nachmittags, als die Schatten der Palmen langsam über den Rasen kriechen, stellt der Gärtner einen ausladenden Sprenger an und wir rennen in der schwülen Nachmittagshitze durch das herabrieselnde Wasser. Indira quietscht vor Vergnügen.

Später quengelt sie zwar, aber es ist auch Zeit für ihren Brei und selbst den kann ich ihr auf dem Zimmer zusammenmischen und ohne Schwierigkeiten füttern. Abends sitzen Andreas und ich auf unserem Hotelbett. Indira hockt in einem kleinen Kinderbettchen. Eigentlich soll sie schlafen, aber sie gluckst vor Freude und grinst uns an. Dann hebt sie ihr Händchen, winkt und sagt »da-da-da«, ihr Wort für »bye-bye«. Aber wir gehen nicht und das amüsiert sie. Indira kann es kaum fassen, dass sie schlafen soll und wir nicht verschwinden. Immer wieder winkt sie aus ihrem Bettchen und ruft »da-da-da« und kichert, als wir immer noch auf unserem Bett hocken. Schließlich wird sie so müde, dass sie sich zusammenrollt und einschläft. Andreas und ich können unser Glück kaum fassen und bestellen uns ein köstliches Curry und Tiger-Bier aufs Zimmer.

Als Andreas schließlich im Bad verschwindet, um zu duschen, klopft es an der Tür. Ein junger Mann von der Rezeption steht ernst vor mir und druckst etwas herum.

»Es gibt ein Problem. Könnte ich mit Ihrem Mann sprechen?«, fragt er unsicher.

»Der ist im Bad. Warum? Was ist denn?«, frage ich unruhig.

»Es ist eine Anweisung vom Management des Hotels«, sagt er entschuldigend. Dann wird seine Stimme fester und er sagt:

»Sie möchten bitte das Hotel verlassen. Sie können hier nicht bleiben. Ihr Kind ist doch adoptiert, oder?«

Ich starre ihn an und reagiere nicht, weil ich gar nicht weiß, wie ich reagieren soll.

»Wieso – was? Ja, sie ist adoptiert? Warum?«, stammele ich.

»Wir akzeptieren keine Ehepaare mit adoptierten Kindern. Das machen wir nicht mehr. Das ist dic Politik des Hauses«, sagt er und schaut etwas verlegen, weil ihm das Gespräch offenbar unangenehm ist. »Sie müssen bitte jetzt gehen und das Hotel verlassen. Wenn wir von der Adoption gewusst hätten, hätten wir Sie gar nicht erst aufgenommen.«

Mir wird heiß und über mir schlägt eine Woge von Unverständnis, Wut und Resignation zusammen.

»Wieso denn? Warum sollen wir denn gehen?«, frage ich verzweifelt.

»Sie müssen verstehen, Madam«, hebt der junge Mann wieder an. »Vor einigen Wochen waren hier auch europäische Eltern mit zwei adoptierten Kindern. Plötzlich kam die Polizei und dann hat man herausgefunden, dass die Leute mit den Kindern auf ihrem Zimmer schlimme Videos gemacht haben. Wissen Sie, was ich meine? Es war ganz furchtbar. Es ist durch die ganze Presse gegangen und die Zeitungen haben behauptet, dieses Hotel habe dabei geholfen und wir hätten das alles gewusst. Deshalb hat der Geschäftsführer verfügt, dass Eltern mit adoptierten Kindern hier nicht mehr wohnen dürfen. Wir müssen Sie wirklich bitten zu gehen.«

»Aber wir sind doch keine Pädophilen«, schreie ich ihn an. »Ich lasse mich doch nicht von Ihnen kriminalisieren. Ich verschwinde jetzt doch nicht mit meinem Kind, als ob ich etwas verbrochen hätte. Wir haben eine ordentliche, korrekte Adoption gemacht, waren gerade beim Gerichtshof. Ich habe alle Papiere. Ich habe mein Kind doch nicht in einem Hinterhof gekauft«, rufe ich ihm ins Gesicht und fange an zu zittern und zu heulen. Gerade das – gerade das hatte ich doch extra ausgeschlossen. Deshalb hatte ich doch diesen ganzen bürokratischen Hürdenlauf auf mich genommen, damit alles juristisch einwandfrei war und wir unserem Kind und unserer Umwelt immer gerade und offen in die Augen sehen konnten. Und jetzt werden wir gleich aus dem ersten Hotel rausgeschmissen.

»Was ist denn los?«, fragt Andreas durch die geöffnete Badezimmertür. Er hat mein Schreien gehört.

»Die wollen uns rausschmeißen«, heule ich ihm vor.

»Ach, Quatsch«, sagt Andreas. »Warten Sie vor der Tür. Ich komme gleich«, ruft er dem jungen Mann zu. Während er sich anzieht, stehe ich da, bin aufgelöst und habe Angst, dass Indira von dem Theater wach wird.

Schließlich geht Andreas vor die Tür und nach kurzer Zeit wird es ziemlich laut. Dann kommt Andreas wieder herein, knallt die Tür zu.

»Ich gehe runter zum Geschäftsführer. Die sind völlig verrückt geworden«, sagt er.

»Wir können hier nicht weggehen, Andreas«, rede ich auf ihn ein. »Nicht nur, weil wir hier in der Nähe um diese Uhrzeit kein anderes Hotel finden. Sondern weil wir das nicht zulassen dürfen. Wir haben nichts falsch gemacht. Wir dürfen uns nicht so behandeln lassen.«

»Ja, das weiß ich auch. Beruhige dich. Wir bleiben hier. Die werden sich noch wundern«, schimpft Andreas und geht.

Ich setzte mich auf das Bett und starre auf Indira, die unschuldig schläft. Es kann einfach nicht sein, dass wir schon am ersten Tag so kämpfen müssen! Was kommt noch alles auf uns zu?

Es dauert lange, aber schließlich kommt Andreas wieder ins Zimmer. Er hat den Geschäftsführer offenbar überzeugt, dass er uns nicht einfach aus dem Hotel scheuchen kann.

»Wir bleiben. Sie sind jetzt ziemlich kleinlaut. Es ist eine Unverschämtheit – eigentlich müsste man das Hotel sofort verlassen«, schimpft Andreas und ich flüstere: »Sei leise. Indira soll nicht aufwachen.«

Aber sie wacht nicht auf. Nicht in dieser Nacht. Noch schläft sie ruhig, weil sie in ihrem tiefsten Innern noch gar nicht begriffen hat, dass sich ihre Welt auf den Kopf gestellt hat. Das wird sich erst in den nächsten Tagen ändern.

Wir bleiben in dem Hotel und das Personal ist überaus bemüht. Nur wenige Geschäftsleute treffen sich hier zu Sitzungen. Am Pool sind wir meist allein und genießen unser neues Familienleben mit Indira. Es ist so rührend zu sehen, wie sie am Strand mit ihren Füßchen in die Wellen steigt, wie sie es genießt, mit Andreas in dem kleinen Kinderpool zu plantschen und wie sie die verflohte Hündin am Strand mit ihren vier Welpen anstaunt. Indira entdeckt die Welt und dies ganz langsam. Meist spielt sie mit ihrem Sonnenhütchen direkt zwischen unseren Sonnenliegen. Aber sie wagt sich jeden Tag einige Meter mehr von meiner Strandliege fort und nach einer Woche bleibt sie schon einige Minuten allein bei Andreas. Endlich kann auch ich einmal in den Pool gehen und schwimmen, wenn auch Indira ängstlich nach mir ruft. Aber sie vertraut Andreas mehr und mehr.

Es geht alles sehr langsam. Besonders für mich ist es anstrengend, denn Indira entfernt sich nie von meinem Rockzipfel und will meistens auf den Arm. Zudem hat sie Durchfall. Die Umstellung mit dem Wasser und Essen war vielleicht zu groß.

Es gibt dennoch keine einzige Situation, in der wir sie nicht beruhigen können. Im Gegenteil, sobald ich sie auf den Arm nehme, ist sie friedlich. Wir haben sogar das Gefühl, dass sie uns jeden Tag besser versteht. Abgesehen von dem Grundvokabular, das ich mir in Hindi eingeprägt habe, sprechen wir mit ihr konsequent deutsch. Sie erzählt und redet viel – allerdings in Babysprache. Sie gewöhnt sich jeden Tag besser an uns. Nur abends, wenn sie müde ist, geht sie auf Wanderschaft, sucht herum und rennt im Hotelzimmer zur Tür. Ich glaube, sie sucht dann die vertraute Umgebung des Heims, ihren Brei und ihr Gitterbett.

Beunruhigend empfinden wir allerdings ihre Panikattacken in der Nacht. Drei Abende erleben wir das gleiche Schauspiel: Indira schläft um sieben Uhr abends relativ gut im Hotelzimmer ein und Andreas und ich essen leise unser Curry, lesen und wachen über unser schlafendes Kind. Spät abends geschieht etwas Merkwürdiges: Indira steht urplötzlich wimmernd auf, sucht irgendetwas mit vor Schreck weit aufgerissenen Augen. Sie starrt wie in einer Horrorvision ins Leere. Ihr Gesichtchen und ihre Augen spiegeln die nackte Angst wider. Die Panik in ihren Augen ist so grauenerregend, dass ich kaum in ihr Gesicht sehen kann – es ist, als ob sie auf ein Ungeheuer starre, das direkt hinter uns steht. Ich selbst bekomme es mit der Angst zu tun.

Es sind schwere Albträume, so genannte »night-terrors«, bei denen sich das Kind trotz der weit aufgerissenen Augen im Schlafzustand befindet. Indira reagiert daher nicht auf unsere Versuche, sie zu beruhigen – sie nimmt uns schlicht nicht wahr. Nach einigen Minuten vergeht die Panikattacke und sie schläft weiter. Die Vorfälle zeigen uns allerdings deutlich, dass die gravierende Veränderung im Leben Indiras nicht ohne Spuren an ihr vorbeigeht. Noch ahne ich nicht, dass die schwere Zeit der Eingewöhnung erst kommt, wenn wir zu Hause sind. Es wird mich physisch und psychisch an die Grenzen meiner Kräfte bringen.

In den drei Wochen, die wir in dem Hotel am Strand verbringen, kann Andreas schließlich auch den Pass von Indira bei den Schwestern im Heim in Empfang nehmen und beim Konsulat das Visum abholen. Auch das musste Wochen im Voraus vorbereitet werden, denn das Konsulat verlangt einen umfangreichen Satz von Originaldokumenten zur Prüfung. Schließlich versichert sich das Konsulat, dass wir zu Hause als Adoptiveltern von den Sozialarbeitern überprüft wurden. Und selbstverständlich müssen die Gerichtsdokumente von Bombay vorliegen. Nur dann wird das Visum für das Kind ausgestellt. Es ist ein einjähriges spezielles Visum für Adoptivkinder, das unter der Bedingung erteilt wird, dass sofort zu Hause die Adoption nach deutschem Recht beantragt wird. Eine entsprechende Mitteilung ergeht von der Botschaft in Indien an die Behörden und das Jugendamt zu Hause.

Endlich naht die Nacht, in der wir Indien mit Indira verlassen können. Der Flug von fast neun Stunden startet in den frühen Morgenstunden. Ich habe Angst davor, denn das Gewühl am Flughafen ist immens, die Warterei auf den Flug mitten in der Nacht zermürbend und der neunstündige Flug mit einem kleinen, verängstigten und frisch adoptierten Kind um acht Stunden zu lang.

Wir ziehen zunächst wieder in das kleine Hotel neben dem Waisenhaus in Bombay und prompt wird Indira unruhig und schreit. Sie schreit und schreit und ich kann sie nicht mehr beruhigen. Dennoch nehmen wir sie zu einem letzten »good-bye« noch einmal zu den Schwestern mit. Dort werden wir mit großem Hallo und Umarmungen willkommen geheißen. Aber Indira fremdelt, schmiegt sich an mich und scheint das Heim, ihr Zimmer, die Kinder und die Pflegerinnen zunächst nicht erkennen zu wollen. Erst nach einigem Zögern lässt sie sich von Didi auf den Arm nehmen. Unten im Hof allerdings genießt sie die liebevolle Begrüßung und die Küsschen der Schwestern, will dann allerdings schnell wieder auf meinen Arm zurück.

Indira ist von dem Hotelwechsel überanstrengt und beginnt auch im Heim wieder zu schreien. Schließlich meinen die Schwestern, Indira sei dehydriert und bevor wir etwas sagen können, legen sie Indira an einen Tropf. Schwester Maria meint, ich hätte Indira zu wenig zu trinken gegeben, vor allem angesichts der Hitze und des Durchfalls. Ich bin mir nicht sicher, ob das stimmt. Indira schreit wie am Spieß und ich halte es plötzlich für einen riesigen Fehler, zurück ins Heim gegangen zu sein.

»Sie spürt die Veränderung. Kinder merken, wenn eine große Reise bevorsteht und sich ihr Leben ändert«, meint Schwester Martha. »Wir hatten einen Fall, da hat ein Mädchen an dem Tag, an dem sie nach Europa geflogen werden sollte, hohes Fieber bekommen. Wir haben den Flug verschoben. Das ging dreimal so. Beim vierten Mal haben wir sie trotz hohen Fiebers nach Europa gebracht.«

Dieses Mal ist der Abschied nüchterner als zuvor. Indira sitzt auf meinem Arm und ist immer noch verstört vom Tropf und weint. Und wir Erwachsenen sorgen uns zu sehr über den Flug, als dass wir wehmütig werden könnten. Ich achte nicht mehr auf die anderen Kinder, die Slumhütten am Wegesrand, all die Einzelheiten meiner kleinen Welt, in der ich all die Wochen gelebt habe. Ich habe nur Angst vor der Reise, denn ich weiß weder, wie Indira den langen Flug überstehen wird noch wie wir sie beruhigen sollen, wenn sie in Panik gerät. Ich habe entsetzliche Angst davor, dass sie stundenlang im Flugzeug schreit und wir hilflos sind. Bisher war der Aufenthalt im Hotel ein paradiesisches Zwischenspiel. Jetzt habe ich das Gefühl, dass tatsächlich die Feuertaufe ansteht und wir uns das erste Mal mit Indira wirklich in die Welt hinaus wagen.

Und der Flug ist wirklich anstrengend. Wie erwartet, zermürbt uns das Einchecken des Gepäcks im schwülen Gewühl des Flughafens und die lange Warterei in der Schlange vor der Passkontrolle. Um Indira zu beruhigen, tragen Andreas und ich sie abwechselnd, aber meistens halte ich sie, bis meine Arme und Schultern schmerzen. Ich sehne mich nach Hause ins Bett. Nein – eigentlich sehne ich mich nach der Zeit, wo sich Indira endlich bei uns eingelebt hat und die Anstrengungen der Adoption nachlassen.

In der Warteschlange vor der Passkontrolle erleben wir dann das erste Mal, wie wir mit Indira von anderen Passagieren angestarrt werden. Die meisten Inder lächeln freundlich. »Haben Sie die Kleine hier adoptiert?«, fragt mich plötzlich eine eigentlich nett aussehende Europäerin in der Nebenschlange und weil sie ja eigentlich ganz freundlich wirkt, antworte ich ihr und gehe auf ihre Fragen ein.

Erst später werde ich merken, dass diese Frage uns wieder und wieder gestellt wird und ich im Interesse des Kindes nicht jedes Mal unsere Adoption öffentlich diskutieren kann. Es wird allerdings Jahre dauern, bis ich gelernt habe, in solchen Situationen zu sagen: »Ich rede über die Herkunft meines Kindes nicht mitten im Flughafen. Bitte respektieren Sie die Privatsphäre unserer Familie.« Manchmal werde ich auch einfach nur auf die Kinder meines Gegenübers starren und fragen: »Wo kommen die denn her – sind das etwa Ihre Kinder?« Manche Leute begreifen erst dann, wie sehr sie mit ihrer Fragerei in die Privatsphäre unserer Familie eindringen.

Aber noch antworte ich ihr und dann meint sie:

»Ach, wissen Sie. Wir haben ja auch überlegt, ob wir adoptieren sollen. Und manchmal denken wir immer noch daran. Man hilft diesen Kindern ja doch.« Und in mir verkrampft sich alles. Immer diese Einstellung, dass man nur selbstlos adoptiert, um den Kindern zu helfen. Das klingt so gönnerhaft – als ob einem die Kinder später auch noch dankbar sein müssten. Und nichts hasse ich so sehr wie die heuchlerische Versicherung von so vielen Leuten, dass sie ja vielleicht auch adoptiert hätten, anstatt dass sie zu der Entscheidung stehen, dass sie nicht adoptieren wollten – was völlig in Ordnung ist.

Als wir dem Beamten an der Passkontrolle für die Ausreise mit Indira auf dem Arm gegenübertreten, kommt ein weiterer Beamter hinzu – offenbar sein Vorgesetzter. Sie lassen sich nicht nur den indischen Pass von »Baby Indira« und das Visum zeigen, sondern auch das Gerichtsdokument vom Obersten Gerichtshof in Bombay und die Geburtsanzeige. Ein viel sagendes Nicken mit dem Kopf und der laute Knall des Stempels in unsere Pässe macht deutlich, dass wir ausreisen dürfen.

Dann aber dreht Indira in der Wartehalle am Gate richtig auf. Die Menschen, der Lärm, die Koffer, die Unruhe in uns – das ist zu viel für sie. Indira rennt ziellos zwischen den Menschen und Koffern hin und her und lässt sich von mir und Andreas nicht mehr festhalten und nicht beruhigen. Sie zerrt überdreht an fremden Taschen und ich merke, wie sie entgleist. Sie hört nicht mehr und ich werde zunehmend besorgter. Schließlich weiß ich mir nicht mehr zu helfen und packe das Wundermittel aus, das mir Schwester Maria, die im Heim für die Medizin zuständig ist, zugesteckt hat. Es ist ein Gebräu, das Indira zum Einschlafen bringen soll. Auf der Damentoilette flöße ich ihr einen Löffel des Safts ein. Ich komme mir schäbig dabei vor, mein Kind so zu behandeln. Aber ich habe Angst, dass ich mit Indira in dem engen Flugzeug nicht fertig werde.

Als wir uns draußen mit Andreas wieder in die Warteschlange eingliedern und für den Einstieg ins Flugzeug anstehen, spricht uns ein indischer Vater an: »Na, ich kann mir gut vorstellen, wie Sie sich freuen, wenn Sie diese Reise erst einmal hinter sich haben.«

»Ja, wir hoffen, dass sie möglichst lange schläft«, antworte ich.

»Wenn es nicht klappt, kommen Sie zu mir«, sagt er und deutet grinsend auf seine beiden Kleinkinder. »Ich habe einen herrlich einschläfernden Hustensaft. Der wirkt immer.«

Ich bedanke mich, bin tatsächlich erleichtert und hoffe nur, dass ich im Notfall seinen Sitzplatz im Jumbo finde.

Dann steigen wir ein. Ich habe Indira auf dem Arm und bin so aufgeregt und angespannt, dass ich kaum gehen kann. Als wir an den Stewardessen vorbei ins Flugzeug steigen, hämmert in meinem Kopf immer nur die eine Frage: »Ist es richtig, was wir tun? Ist es richtig, sie aus Indien fortzunehmen?« Umständlich richten wir es uns mit Indira, der Babydecke, Milchpulver, Babyflasche, Ersatzwindeln und Stofftier auf den engen Sitzen ein. Wir können uns kaum bewegen. Ich seufze wieder mein tiefes Seufzen und Andreas greift meine Hand. »Das schaffen wir schon,« beruhigt er mich.

»Ja, ja«, sage ich abwesend und dann kommt die Stewardess, die uns ankündigt, dass das Babybettchen für Indira nach dem Start in die Wand vor uns eingehängt wird. In der Tat würde Indira darin fünf der neun Flugstunden schlafen, während ich auf das winzige Flugzeug starre, das auf dem Bildschirm vor mir langsam auf der Landkarte von Indien aus über den Iran und die Türkei kriecht. Das ganze Flugzeug schläft und schnarcht und als ich die Jalousie hochziehe, ist es draußen noch dunkel. Schade – auf dem Hinweg konnte man im fernen Osten der Türkei den Ararat erkennen, diesen mächtigen, erloschenen Vulkan, an dessen Fuß Noah mit seiner Arche gelandet war. Ich versuche, auf jedem Flug von und nach Indien diesen Blick zu ergattern. Das ist für mich der schönste Moment des Flugs.

Aber noch steht die Maschine am Gate, desinfiziert der Steward den Jumbo mit Insektiziden. Auf den Bildschirmen werden die Sicherheitsvorkehrungen demonstriert. Indira zerfleddert zwischen meinen Beinen die Broschüren der Fluggesellschaft. Aber als die Maschine zum Start rollt, fängt sie an zu gähnen und krabbelt auf meinen Schoß. Ich kann sie ohne Schwierigkeiten mit dem Babygurt an mir festschnallen.

Sie begreift nicht, was mit ihr geschieht. Sie schläft auf meinem Bauch ein, noch bevor das Flugzeug startet und sich in den schwarzen Nachthimmel hebt. Ich blicke durch das Fenster, suche nach den Lichtern von Bombay und Tränen laufen über mein Gesicht. Sie merkt nicht einmal, wie wir sie aus ihrer Heimat entführen. Sie ist so unendlich klein, unwissend und unschuldig. Ich bete nur, dass wir keinen Fehler begangen haben, dass sie ein glückliches Leben vor sich hat und dass wir die Kraft haben werden, ihr zu beizustehen.

4
Kinder des Monsuns

Verlustängste

Das war vor vier Jahren. Inzwischen ist Indira ein fünfjähriges, gesundes, ausgelassenes und fröhliches Mädchen. Das Schielen hat sich nach der Adoption von selbst zurückgebildet – sie trägt nicht einmal eine Brille. Und mit etwas Zynismus muss ich betonen: Ihr Kopfumfang ist offenbar ausreichend. Sie ist sehr aufgeweckt, liebt ihre Schule, wächst zweisprachig auf – spricht englisch und deutsch mit uns.

Sie hat mit ihrer Freundlichkeit und ihrem strahlenden Lachen Licht in unsere Familie gebracht. Wir lieben sie über alles und sind dankbar, dass wir mit ihr die herrlichsten Elternfreuden erleben dürfen. Es gibt nichts Schöneres, als an einem Sonntagmorgen auf leeren Straßen neben einem Kinderfahrrad herzurennen und seinem Sprössling das Fahren ohne Stützräder beizubringen. Außer Puste sind Andreas und ich straßauf, straßab gerannt, bis sie uns wacklig und zittrig davonfuhr und wir den Atem anhielten, ob sie nicht in parkende Autos fiel. Oder wenn Indira es wagt, ohne Schwimmhilfen zu Andreas zu paddeln, der ihr die Arme entgegenstreckt. Sie prustet, kann ihren Kopf gerade noch über Wasser halten, ihre großen schwarzen Augen werden noch größer und auf einmal huscht ihr herrliches Lachen über ihr Gesicht, denn sie hat die rettenden Arme von Andreas erreicht. Wenn ich in diesen Momenten den Stolz in ihren Augen sehe und den Eifer erlebe, mit dem sie wieder und wieder neue Dinge ausprobiert, dann haben sich all die Anstrengung und Verzweiflung der langen Adoptionsgeschichte tausendmal gelohnt.

Sie ist eine solche Bereicherung für unser Leben, dass wir zwei Jahre später aus demselben Heim der katholischen Nonnen in Bombay noch einmal adoptiert haben – Sushmita, die Draufgängerin, die meine silbernen Kerzenleuchter im Sandkasten versteckt und Bücher in die Toilette wirft und umrührt. Sushmita, die Andreas' großes Handtuch in die volle Badewanne wirft, die Bänder aus den Märchenkassetten von Indira herauszieht und mit ihrer Kinderschere unser Maßband zerschnippelt. Und dann schaut sie mich an und sagt kopfschüttelnd »nein, nein, nein«, denn sie weiß genau, dass Mama genau dies gleich sagen wird. Indira und Sushmita lieben, necken, streiten und küssen sich, wie es Schwestern eben tun. Es ist eine Freude.

Wir hätten vielleicht noch ein drittes Mal adoptiert, wenn es nicht jedes Mal so kolossal anstrengend wäre. Auch bei Sushmita war es nicht viel leichter als bei Indira.

Der bürokratische Prozess und der Heimaufenthalt glichen sich mit all ihren Höhen und Tiefen sehr.

Es ist Abend und ich bringe die Kinder zu Bett. Ich decke Indira warm mit ihrer Lieblings-Bettdecke zu. Sie ist rot mit gelben Elefanten drauf.

»Mama – Kuss«, sagt sie und schlingt ihren Arm um meinen Hals. Ich gebe ihr einen Gute-Nacht-Kuss, streiche über ihre langen seidigen Haare, die ich gerade im Badezimmer zu einem Zopf geflochten habe, denn sonst ziept es am Morgen so beim Durchkämmen.

»Kommst du gleich noch mal?«, fragt sie. Das fragt sie immer.

»Ja, ja. Ich komme noch mal. Freue dich mal auf morgen. Morgen hast du Sport in der Schule.«

Ich gehe hinüber zum Bett von Sushmita, die unter ihrer Decke nach ihrem kleinen Teddy sucht. Sushmita hat bald ihren dritten Geburtstag. Ich beuge mich über sie, will ihr einen Kuss geben, aber sie dreht ihr Gesicht fort, rollt sich zusammen und vergräbt ihr Gesicht im Kissen.

»Schlaf gut«, flüstere ich ihr ins Ohr. Ich weiß, dass beide Kinder in der Nacht in unser Schlafzimmer schleichen werden und unter unsere Bettdecke krabbeln. Andreas flucht jeden Morgen, dass es zu eng sei und er nicht richtig schlafen könne. Mein Körper hat sich daran gewöhnt, dass ich mehrere Male in der Nacht aufwache – aber ich schlafe mittlerweile sofort wieder ein.

Damals, nach der Adoption von Indira, war das nicht so. Ich erinnere mich an die ersten Wochen und Monate, als wir mit ihr gerade bei uns zu Hause angekommen waren. Es war mit Abstand die schlimmste Phase der ganzen Adoption. Ich war mit meiner Kraft und meinen Nerven am Ende, denn ich war der Anstrengung der ersten Wochen zu Hause einfach nicht gewachsen.

Am auszehrendsten waren die Nächte. Indira schlief schon nach wenigen Tagen im Hotel in Bombay nicht mehr durch – aber es waren nicht die furchterregenden Albträume, die mich irritierten. Die waren nach einigen Nächten verflogen. Was mich wirklich zermürbte, war Indiras nächtliches Wimmern und Schreien. Als wir zu Hause ankamen, wurde es schlimmer. Wir versuchten, sie in ihrem Bettchen in ihrem Zimmer schlafen zu lassen. Aber das war für sie zu beängstigend, denn sie hatte nie in ihrem Leben allein in einem stillen Raum geschlafen. Es war ihr völlig fremd, allein in einem Raum zu sein.

Sie schrie und wollte, dass ich bei ihr blieb – aber ich konnte schließlich nicht um sieben Uhr abends ins Bett gehen. So blieb ich bei ihr, bis sie schlief. Aber dann schrie sie nachts wieder. Und je öfter ich zu ihr ging, um sie zu beruhigen, desto öfter wachte sie auf, bis sie nach zehn Tagen nachts fast stündlich schrie. Wir waren wie gerädert. Andreas floh in unser Gästezimmer, denn er musste am nächsten Tag arbeiten. Ich war morgens um fünf Uhr, wenn Indira endgültig aufstehen wollte, schon am Ende meiner Kräfte und völlig übernächtigt.

Meine Versuche, Indira in mein Bett zu nehmen, scheiterten ebenso. Sie war es ja nicht gewöhnt, mit jemandem ein Bett zu teilen. Für sie war meine Anwesenheit das Signal zum Spielen. Und wenn sie einmal eingeschlummert war, hatte sie einen so unruhigen Schlaf, dass ich kaum ein Auge zutat und spätestens um vier Uhr morgens nicht mehr einschlafen konnte.

Es war ein Teufelskreis, aus dem ich keinen Ausweg fand. Die Nächte waren eine Katastrophe und schon morgens war ich so übermüdet, dass ich ihren Mittagsschlaf herbeisehnte. Der dauerte allerdings nur zwanzig Minuten. Länger hielt es Indira im Bett nicht aus. Je übermüdeter ich war, desto gereizter reagierte ich auf ihr Weinen. Das löste bei ihr noch mehr Jammern und Klammern aus. Und das zermürbte mich zusätzlich.

Darüber hinaus war Indira anfangs sehr verängstigt. Die erste Woche konnte ich sie keine Minute von meinem Arm lassen, ohne dass sie nicht herzzerreißend schrie. In den ersten Tagen putzte ich mir sogar die Zähne mit Indira auf dem Arm. Sie krabbelte selbst auf meinen Schoß, wenn ich auf der Toilette saß. Ich heulte fast vor Anstrengung und hatte das Gefühl, von Indira völlig vereinnahmt und eingekerkert zu werden. Über Wochen konnte ich keinen Schritt machen, ohne dass sich Indira nicht an mir festkrallte. Und wenn ich sie fortschob oder auf den Boden setzte, stand sie wenig später neben mir und zitterte am Körper wie Espenlaub.

Es war zu viel für sie. Und das, obwohl ich ihre Vertrauensperson war und sie mich nun seit Wochen kannte. Sushmita würde später ähnlich reagieren. Auch sie besuchte ich wochenlang im Heim. Aber auch sie reagierte traumatisiert, als wir zu Hause ankamen. Sie verzerrte ihren Mund, schlug sich mit den Fäusten ins Gesicht und hämmerte ihren Kopf auf die Küchenfliesen, dass es krachte. Diese extremen Zeichen des Traumas verflogen Gott sei Dank nach wenigen Tagen.

Aber das Schreien blieb – auch bei Sushmita – über viele Wochen. Ich erinnere mich, dass ich das Schreien von

Sushmita irgendwann nicht mehr aushielt, aus dem Haus rannte und hinter mir die Tür zuknallte. Sushmita stand oben in ihrem Kinderbett und schrie und schrie und schrie. Ich verlor die Nerven, stürzte heulend die Straße hinunter zum nächsten Café und trank dort einen Kaffee, mit zittrigen Händen und so enttäuscht, dass ich Rabenmutter mein Kind allein schreiend zu Hause ließ – aber ich hielt es nicht mehr aus.

Ich fühlte mich in den ersten Wochen wie eine Gefangene des Kindes. Da ich diejenige war, die im Heim gewesen war, waren Indira – und später auch Sushmita – auf mich fixiert. Sie akzeptierten zunächst weder meine Schwiegermutter noch unsere Haushaltshilfe. Lediglich Andreas konnte sich am Wochenende um das Kind kümmern, während ich endlich einmal ausschlafen konnte. Aber es gab Zeiten, da war ich so überdreht, dass ich nicht einschlafen konnte, selbst wenn ich denn einmal die Gelegenheit dazu hatte. Mein Schlafrhythmus war vollkommen durcheinander. In jenen Anfangswochen schlief ich nicht mehr als drei, vielleicht vier Stunden pro Nacht.

Schließlich wusste ich keinen anderen Ausweg mehr, als die von manchen Ärzten empfohlene »kontrollierte Schreimethode« anzuwenden. Ich ließ Indira in ihrem Bett schreien und beruhigte sie nach einem gestaffelten Zeitplan bis sie einschlief. Es dauerte drei Tage, an denen ich oft im Flur vor dem Zimmer Indiras stand und ihr trauriges, verlassenes Weinen kaum noch ertragen konnte – aber es wirkte Wunder.

Nach ein paar Tagen schlief sie nach wenigen Minuten ein – und die Nächte durch. Es war geschafft. Die schwerste Zeit lag jetzt hinter uns. Endlich konnte ich selbst wieder schlafen, war morgens ausgeruht und konnte mit größerer Geduld auf Indira eingehen. Da sie selber besser schlief und ich ausgeruhter war, blühte sie auf. Es dauerte nicht lange, und wir hatten ein fröhliches, offenes, kleines Mädchen, das die helle Freude war. Wir hatten endlich den fatalen Kreislauf durchbrochen. Es ging vorwärts und das Glück zog in unsere Familie ein.

Nach vier Monaten fanden wir wieder zur Routine unseres Tagesablaufs zurück und Indira hatte sich weit gehend eingelebt. Sie gewann schnell an Sicherheit, und da sie nun besser schlief, konnte ich es ihr erlauben, die Nacht auf einer Matratze neben unserem Bett zu verbringen, morgens in unser Bett zu krabbeln und auf meinem Bauch weiterzuschlafen. Es war rührend zu spüren, wie wichtig dieser Körperkontakt für sie war, wie viel menschliche Nähe sie nachholen musste. Ich liebe es noch heute, wenn sie sich mit ihren kleinen kalten Füßen an mich kuschelt.

Ich empfinde es immer noch als schwierig, bei den Kindern eine konsequente Erziehungsstrategie zu verfolgen. Ich denke, dass dies vielleicht mit leiblichen Kindern leichter ist. Da Indira aufgrund des Heimaufenthalts so ausgehungert nach Zärtlichkeit und Nähe war und ich die enge Bindung mit uns erst fördern musste, »verzog« ich sie zunächst. Ich nahm sie ständig auf den Arm, trug sie, setzte sie auf den Schoß, ließ sie bei uns im Bett schlafen. In einem Alter, wo andere Eltern darauf bestehen, dass die Kinder endlich alleine schlafen, gewöhnte ich Indira – und später Sushmita – genau an das Gegenteil. Später waren wir gezwungen, die Uhr wieder zurückzudrehen. Wir mussten die Kinder wieder auf »normalen Erziehungskurs« bringen, was sie natürlich irritierte.

Zudem neigen wir dazu, immer wieder ihre Verhaltensauffälligkeiten mit den Nachwirkungen des Heimlebens zu entschuldigen. In diese Versuchung kommen Eltern mit leiblichen Kindern nicht. Leibliche Eltern können leichter zwischen den berechtigten Bedürfnissen und Launen ihres Kindes unterscheiden. Uns fällt das schwerer.

Ich wende mich von Sushmita, die unter ihrer Bettdecke eingeschlafen ist, ab und gehe zurück zu Indira.

»Noch einen Kuss, Mama«, bettelt Indira. Ich küsse sie nochmals auf die Wange und auf ihre langen schwarzen Wimpern. Sie ist so hübsch geworden, wie ich es nie für möglich gehalten hätte. Ein Gottesgeschenk.

»Du bist meine liebe Mama. Wo gehst du jetzt hin?«, fragt sie.

»Ich sitze im Wohnzimmer. Papa kommt morgen wieder. Ich schreibe am Computer, wie immer.«

»Wo bist du?«

»Im Wohnzimmer, Indira.«

»Kann ich dich da hören?«

»Ja, natürlich. Aber du sollst schlafen, Schatz.«

»Ja, aber wenn was ist, hörst du das dann?«

»Ja, aber es ist nichts. Du schläfst jetzt schön.«

»Kannst du die Tür auflassen?«

»Ja, natürlich.« Ich gehe langsam aus dem Zimmer und lasse die Tür weit auf, wie jeden Abend.

»Kannst du das Licht im Flur anlassen?«

»Ja.« Ich lasse das Licht an – wie jeden Abend.

»Kommst du noch mal wieder, Mama?«

»Ja. Schlaf jetzt.«

»Aber du kommst doch nachher noch mal?«

»Ja, natürlich. Ich komme immer, bevor ich ins Bett gehe«, sage ich. Es ist jeden Abend dasselbe Ritual. Es ist immer diese leichte Unsicherheit, die bei Indira mitschwingt – ihre immer wiederkehrende Frage: Mama, wo bist du? Bleibst Du auch?

Andere Mütter meinen, ich interpretierte zu viel in Indira hinein. Ihre Kinder würden abends auch betteln, dass die Tür aufbleibt. Das stimmt sicherlich. Aber das ist genau der Punkt. Wir wissen nie, was bei dem Verhalten von Indira auf ihren Charakter zurückzuführen ist, was mit dem Heimaufenthalt und mit dem Trauma der Adoption zu erklären ist und was aus unserer Erziehung resultiert. Wir können es schlecht auseinander halten.

Daher bin ich vorsichtig. Ich erinnere mich an einen Vater, der drei Kinder adoptiert hatte, die mittlerweile schon älter sind. Er sagte mir einmal: »Lassen Sie sich von Ihren Freunden nicht einreden, alles sei normal. Das haben wir auch lange gemacht. Und Jahre später haben wir begriffen, dass eben nicht alles normal war und dass die Kinder

Schwierigkeiten hatten, auf die wir eingehen mussten. Wir hätten es viel früher tun sollen.«

Ich beobachte die Kinder daher sehr genau. Und bei Indira fällt mir auf, dass sie immer noch klammert. Ich kann heute noch nicht aus dem Garten in die Küche gehen, ohne dass Indira die Schaukel verlässt und hinter mir herrennt.

»Was ist denn, Indira?«

»Ach nichts, Mama. Ich wollte nur wissen, wo du bist.«

»Ich bin nur in der Küche und mache Essen.«

»Ja.«

»Möchtest du nicht schaukeln gehen? Sushmita ist doch auch noch draußen.« Aber Indira verzieht das Gesicht, steht in der Tür und wartet.

»Nein, ich will lieber bei dir sein.« Sie wird nicht allein in den Garten gehen – auch nicht mit Sushmita. Sie kontrolliert, ob ich auch wirklich da bin und nicht weggehe.

Ich liebe Indira und Sushmita über alles. Ich hänge an ihnen und würde verrückt, stieße ihnen etwas zu, und ich weiß, dass Andreas genauso fühlt. Es ist rührend zu sehen, wie er auf die Mädchen eingeht, viel liebevoller, zärtlicher und besorgter als ich je gedacht hätte und bei anderen Vätern beobachte. Wir wissen, dass die Kinder ihre Vergangenheit nie ganz abschütteln können. Wir werden mit den Spuren leben müssen, die der Schock bei ihnen hinterlassen hat, als die leiblichen Mütter sie aufgegeben haben. Und es werden Narben aus der Zeit des Heimlebens in der Seele unserer Kinder bleiben. Sie werden blasser – aber eine feine Narbe bleibt.

Manche Eigenarten brauchen länger, bis sie sich korrigieren: der mangelnde Augenkontakt; die Schwierigkeit, menschliche Nähe zu ertragen; das anfänglich verkrampfte Verhalten und der verzweifelte Futterneid von Sushmita, der erst nach einigen Monaten verflog; die Schlafstörungen, das übertriebene Klammern und die Schwierigkeit, mit Emotionen umzugehen. Professionelle Ratgeber sagen da immer dasselbe: Die Kinder brauchen Zeit, Ruhe, Sicherheit und Routine. Alles andere kommt von selbst – oder auch nicht. Daran können Adoptiveltern nichts ändern.

»Du wirst es nicht ganz auffangen können«, sagt mir eine Freundin, die selbst adoptiert wurde. »Wenn du adoptiert bist, begreifst du irgendwann, dass dich deine Mutter nicht haben wollte und dich abgelehnt hat. Und das sitzt ganz, ganz tief. Das ist eine tiefe Verunsicherung, die du als Adoptivmutter niemals ausgleichen kannst.« Sie sagt, dass diese Zurückweisung dazu geführt habe, dass sie im Leben immer ganz besonders nach Sicherheit gesucht habe, vor allem in Beziehungen zu Menschen. Sie habe sich ihre Freunde nach deren Verlässlichkeit ausgewählt. »Ich achte weniger auf Äußerlichkeiten«, sagt sie.

»Problematisch ist es, wenn du von einem Menschen irgendwann wieder zurückgewiesen wirst – zum Beispiel, wenn ein Freund die Beziehung beendet. Das bestätigt dann diese Urangst, wieder verlassen zu werden, und das ist dann nur sehr schwer zu verkraften«, warnt sie mich vor. »Man hat als adoptiertes Kind enorme Angst, von anderen Menschen zurückgewiesen zu werden.« Daher sei eine gute Ausbildung so wichtig, um dem Kind zumindest in beruflicher Hinsicht die Chance zu geben, Stabilität und Anerkennung zu erreichen.

»Und ihr müsst lange leben, lange für die Kinder da sein – als Ruhepol, als Sicherheit«, sagt sie. Die Furcht, wieder verlassen zu werden, löse bei ihr im Übrigen ein größeres Verlangen nach harmonischen zwischenmenschlichen Beziehungen aus. Sie will keinen Anlass geben, ihr Gegenüber zu verärgern und zu vertreiben.

»Das Schlimme ist, dass man als adoptiertes Kind an der ganzen Misere unschuldig ist. Man kann doch nichts dafür, dass die Eltern einen als Kind weggegeben haben.« Dies habe bei ihr dazu geführt, dass sie einen ausgeprägten Sinn für Gerechtigkeit habe. Schließlich kenne sie ja die Situation des unschuldigen Opfers so gut.

Für mich sind diese Warnungen bitter. Obwohl ich genau dies in den Fachbüchern über Adoption immer gelesen hatte, bildete ich mir ein, die Unsicherheiten und Ängste von Indira und Sushmita abfedern und auffangen zu können. Aber mir haben auch andere, ältere Adoptivmütter gesagt: »Eine Grundunsicherheit bleibt. Und die sehe ich bei Indira in ihren täglichen Fragen nach mir durchschimmern.

Aber Kinder haben eine bemerkenswerte Kraft, sich bis zu einem gewissen Grad zu regenerieren. Ich habe gelernt, dass sich die Kinder schubweise weiterentwickeln und plötzlich Entwicklungsschritte nachholen, die vieles wieder wettmachen. Sushmita konnte zu Beginn der Adoption menschliche Nähe noch viel weniger ertragen als Indira. Sie schlug mir mit den Fäusten ins Gesicht, wenn ich mich ihr zu sehr näherte, wandte sich ab und sah mich nicht an, solange ich nicht eine Mindestdistanz einhielt. Ich konnte ihr einen ganzen Teller Griesbrei füttern und sie würdigte mich keines Blickes. Ich las ihr Kinderbücher vor, ohne dass sie auch nur einmal in meine Augen geschaut hätte. Sie stand oft in der Küche, fragte nach Apfelsaft und starrte dabei aus dem Fenster.

Wir erkannten schnell, dass dieses Verhalten nicht »normal« und eine Konsequenz des Heimlebens war. Wir machten uns keine Illusionen – anders vielleicht als eine Bekannte von mir, die ein zweijähriges Heimkind aus dem ehemaligen Ostblock adoptiert hatte. Sie saß eines Tages bei uns auf dem Sofa und berichtete, wie fantastisch das Kind sei – schon so unabhängig. Ihre Tochter lief durch die Wohnung, hielt den Kopf tief gesenkt und sah keinen von uns auch nur eine Sekunde an. Ich fragte die Bekannte vorsichtig, ob sie Bücher über die Heimfolgen von Adoptivkindern gelesen habe. Aber sie war dafür beruflich zu sehr eingespannt, glaube ich. Sie sah die Warnzeichen im Verhalten ihres Kindes gar nicht. Vielleicht aber verdrängte sie die Sorgen auch.

»Schau mich an, wenn du was willst«, sagte ich Sushmita manchmal. Ich war so frustriert, wenn sie wie erstarrt aus dem Fenster blickte, anstatt mich anzusehen. Dann zwang sie sich, zwei Sekunden in meine Augen zu schauen – aber ich spürte, wie widerstrebend sie dies tat. Es dauerte fast zwei Jahre, bis sich das etwas besserte. Dieses Verhalten erinnerte mich an eine Mutter, die einmal im Internet schrieb, dass ihr adoptierter Sohn sie nach über zwei Jahren das erste Mal angesehen hätte.

Kinder aus einem Heim öffnen sich nach der langen Zeit im Waisenhaus nur langsam und zögernd. Vor einigen Tagen erhaschte ich einen Blick von Sushmita, den ich bei ihr noch nie gesehen hatte: Er war zärtlich, liebevoll – sie wirkte in dem Moment fast schüchtern, verletzbar. Andreas hat von Anfang an gesagt, dass Sushmita ein sehr sensibles, gefühlvolles Kind sei und sie sich ihr grobes Verhalten als Schutz gegen die harte, grausame Umwelt angewöhnt hätte. Ich glaube, er hat Recht. Sushmita hat nur nicht gewagt, dies zu zeigen. Als sie aus dem Heim kam, waren in ihrem Antlitz kaum Gefühle oder Mimik zu erkennen. Ihr Gesicht war wie versteinert – schlimmer noch, als ich es bei Indira erlebt hatte. Es war, als ob Sushmita einen Panzer um sich aufgebaut hätte. Sie hatte ihren emotionalen Kern wie eine Knospe verschlossen. Nach außen hin war sie aggressiv, grob und immer provozierend. Sie wartete förmlich darauf, dass unser Geduldsfaden riss und unser Verhalten ihr Gefühl des »Leidens«, des »Verstoßenseins« und »Abgelehntwerdens« bestätigte. Langsam öffnet sich nun die Knospe. Wie in Zeitlupe blättern die äußeren Schichten ihres Panzers ab, können wir Schicht um Schicht ihre wahre Seele, ihre wirklichen Gefühle und Eigenschaften erahnen. Es wird noch lange dauern, bis wir sie richtig kennen. Sie gibt nicht viel preis. Wir werden darum kämpfen müssen.

Ähnlich war es auch mit Indira. Unsere Mädchen waren für uns zunächst ein verschlossenes Buch, das wir nur langsam öffnen konnten und uns nun Seite um Seite behutsam erschließen. Immer wieder fragen wir uns, was dort noch zum Vorschein kommt an Charaktereigenschaften, an Überraschungen, an Marotten und Liebenswürdigkeiten. Unsere Mädchen werden für uns immer ein Abenteuer an menschlichen Entdeckungen bereithalten.

Seit einigen Wochen krabbelt Sushmita morgens in unser Bett, umschlingt meinen Hals und küsst mich schmatzend, feucht, streichelt mir ungelenk über die Wange und verkündet stolz »Das war ein großer Kuss.« Und ich bin so dankbar über diesen feuchten Liebesbeweis – er wäre vor zwei Jahren undenkbar gewesen.

Indira schläft diese Nacht sogar allein in ihrem Bett, denn dafür bekommt sie morgens einen Sticker in ihren Kalender. Wenn sie fünfzehn Sticker zusammen hat, werden wir die neuen Sommerschuhe kaufen – aus rotem Lack, die sie sich so sehr wünscht.

Nicht die richtige Mutter

Wir haben Ferien und sind nach Schottland gereist. Mir wird langsam kalt. Ich hatte nicht damit gerechnet, dass hier oben in den Bergen noch Schnee liegt, und so stehe ich mit Halbschuhen im Garten von McCraig und blinzle durch den Sucher meines Fotoapparats.

»Lakshmi – schieb deine Mütze aus dem Gesicht«, ruft Paul hinter mir. Aber die Kinder albern nur herum. Indira und Lakshmi werfen sich gegenseitig in den Schnee und Sushmita lässt sich gleich mitfallen. Nur Roshini, die so lange mit einem Nierenleiden gekämpft hat und immer noch kränklich und blass ist, steht brav im Schnee und wartet auf das Erinnerungsfoto.

Aber dann gelingt es mir, die vier Mädchen in einem Schnappschuss festzuhalten – alle mit Wollmützen, Handschuhen und Gummistiefeln vor einem Schneemann, den Paul und Andreas mit den Kindern gebaut haben. Lakshmi, Roshini, Indira und Sushmita auf einem Foto – was für ein Glück. Alle vier kommen aus demselben Heim an der Bahnlinie in Bombay und alle vier sind in den vergangenen zwei Jahren von uns beiden Ehepaaren adoptiert worden. Wir haben uns durch Zufall über einen Verband von Adoptiveltern kennen gelernt.

Lakshmi und Indira waren zwar nie gleichzeitig im Heim, zumindest nicht in demselben Raum. Lakshmi ist ein Jahr älter als Indira und Roshini ein Jahr älter als unsere Sushmita. Aber sie verstehen schon, dass das Heim sie verbindet. Wir Eltern haben verabredet, dass wir diese Verbindung über die Jahre festigen wollen. Es mag für die Mädchen irgendwann wertvoll sein, andere Kinder zu kennen, die dasselbe mitgemacht haben.

»Kommt. Es wird kalt. Wir wollten doch noch die Videos anschauen«, ruft Shanon, die Frau von Paul. Und so gehen wir alle wieder rein, trinken Tee und Kakao, essen Muffins, die Shanon selbst gebacken hat. Dabei werden die Videos eingeschoben. Zuerst das Video, das Paul und Shanon gedreht haben, als sie Lakshmi aus dem Heim geholt haben. Es ist nicht lang, denn sie waren nur zwei Tage da. Aber einige Aufnahmen von Schwester Alissa mit Lakshmi sind zu sehen. Indira wird ganz aufgeregt, als sie die Nonne sieht. Danach läuft unser Video und es ist auch für uns Erwachsene eine schöne Erinnerung. Die Mädchen halten es allerdings nicht lange aus, stillzusitzen, sondern toben nach einiger Zeit im Kinderzimmer. Es ist wichtig, dass sich Lakshmi, Indira und die beiden Kleinen kennen lernen – mit Sicherheit wichtiger, als die Videos anzuschauen, denn die kennen sie schon von zu Hause

Anfangs hat Indira das Heim-Video fast täglich gesehen und vor dem Fernseher mitgetanzt, wenn die Stelle kam, an der Schwester Martha mit den Kindern Ringelreihen singt. Heute verlangt sie nur noch selten danach – meist, wenn sie Heimweh nach Indien hat. Dann stellen wir das Video an und ich krame einen Beutel mit Erinnerungsstücken aus dem Heim hervor, die ich für Indira mitgenommen habe: ihre erste kleine Nuckelflasche, einige der selbst genähten Baumwollwindeln, die vielen Mutter-Gottes-Anhänger von Schwester Martha, Indiras erstes eigenes Kleidchen, die winzigen Armreife, die die Schwestern ihr über die Handgelenke streiften, und eine Kinderrassel, die ich bei ihr im Gitterbettchen gefunden hatte. Für Indira ist die Erinnerung an den Heimaufenthalt in Bombay bei den Schwestern immer noch schön. Sie hat bis heute nicht verstanden, dass es eigentlich eine traurige Zeit war.

Indira brauchte lange, um zu begreifen, was es bedeutet, dass sie aus Indien adoptiert ist. Richtig einordnen kann sie es immer noch nicht. Da wir mehrere Familien mit adoptierten Kindern aus Indien kennen, überraschte sie uns zunächst mit kindlicher Logik. Sie deutete in der Stadt auf einen Inder und fragte: »Mama, kommt der auch aus dem Heim?«

Sie glaubte, alle Inder seien adoptiert. Doch das hat sie schnell begriffen. Ich erkläre ihr bei solchen Gelegenheiten die Adoption in einfachen Sätzen, behutsam und kurz. Ich habe gelernt, immer nur das Nötigste zu sagen und immer nur ihre Fragen zu beantworten. Meist stellt sie ohnehin nur ein oder zwei Fragen zur Adoption und wechselt dann das Thema. Ein Kind fragt nur, was es verkraften kann, und das ist immer nur ein kleines Stückchen mehr. Abends lese ich ihr eines unserer Kinderbücher vor, die für Adoptivkinder geschrieben sind. Zum Beispiel von dem winzigen Elefanten, der Liebe und Geborgenheit sucht und schließlich von Mama und Papa Flussschwein adoptiert wird. Oder dem lustigen Vögelchen Choco, das bei Mama Bär ein neues Zuhause und andere adoptierte Geschwister findet. Ich weiß nie, was Indira alles begreift. Aber Kinder verstehen mehr, als man denkt.

Deshalb ist es so bitter mitzuerleben, wie unsensibel uns manche Leute auf der Straße ansprechen und offenbar glauben, dass Indira das Gespräch der Erwachsenen nicht mitverfolgen kann. Viele Neugierige meinen wohl auch, dass Indira kein Deutsch versteht.

»Ach. Die kann Deutsch?«, kommt dann die überraschte Frage. Und ich denke: Natürlich versteht sie Deutsch – wieso eigentlich nicht?

Und so steht Indira staunend daneben, als zum Beispiel der Zollbeamte am Frankfurter Flughafen fragt: »In welcher Beziehung stehen Sie zu diesem Kind da?« Er sieht zwar unsere Pässe an, überliest aber, dass sie als unsere Tochter eingetragen ist und unseren Nachnamen trägt.

Indira bekommt natürlich auch mit, wenn uns Passagiere im Flugzeug über zwei Reihen hinweg fragen: »Sind das Ihre Kinder?« Mittlerweile drehe ich mich dann um, deute auf die Kinder des Neugierigen und entgegne: »Natürlich sind das meine Kinder. Und das da, sind das Ihre Kinder?« Oft begreifen die Leute erst dann, wie sehr ihre Neugierde in unsere Privatsphäre eindringt. Ich bin eigentlich nicht patzig zu anderen Leuten. Aber die ständige Fragerei hat mich so weit gebracht.

Noch verletzender ist es, wenn ich auf offener Straße gefragt werde: »Konnten Sie denn keine eigenen Kinder bekommen?«

Dann nehme ich Indira in den Arm und sage: »Wieso? Das sind doch meine eigenen Kinder«, und die Diskussion ist beendet.

Und immer wieder die Frage: »Woher kommen die denn?« Dann sage ich: »Oh, wir kommen aus Deutschland.«

Mitunter bleibt uns die Luft weg, so unverschämt sind manche Bemerkungen. So schrie uns ein Radfahrer mit einem Fingerzeig auf unsere Töchter hinterher: »Woher haben Sie die denn ausgeliehen?«

Dem wäre ich am liebsten hinterher gerannt und hätte ihn vom Fahrrad geholt. Und auch Andreas, der ruhiger ist als ich, war verletzt. Was soll Indira denn denken, wenn wir gefragt werden, wo wir sie »ausgeliehen« haben?

Eines Tages kommt Indira vom Spielplatz wieder. Sie ist still und ich spüre, dass sie etwas auf dem Herzen hat, aber es dauert bis zum Abendessen, bis sie sich öffnet: »Mama, die Kinder haben gesagt, du bist nicht meine richtige Mama. Ich habe gesagt, du bist doch meine richtige Mama. Aber die behaupten, das stimmt nicht.«

Das war, als Indira drei Jahre alt war. Und wieder nehme ich sie in den Arm und erkläre es ihr noch einmal: dass sie eine indische Mutter hat, die Isita heißt und dass sie bei Isita im Bauch war. Aber dass Isita nicht für sie sorgen konnte und sie ihr Baby deshalb zu den Nonnen ins Heim gebracht hat. Und dass Schwester Lena uns gefragt hat, ob wir Indiras Eltern sein wollten, also Mama und Papa. Und deshalb sei ich ihre Mama. Isita sei ihre indische Mutter von früher und ich sei jetzt ihre Mama. Das nenne man »adoptiert«.

Aber in den nächsten Wochen sagt sie mir täglich bestimmt zwanzigmal: »Du bis meine Mama. Du bist meine Mama.«

Und sie sagt es so oft und so bestimmt, als ob sie gegen etwas anreden müsste. Eines Tages drehe ich den Spieß um und bestätige von mir aus zwanzigmal am Tag: »Ich bin deine Mama. Du bist meine liebe Indira.«

Zwei Tage später verliert sie kein Wort mehr darüber. Sie wollte es nur aus meinem Munde bestätigt haben.

Mittlerweile spricht Indira recht selbstbewusst über die Adoption. Es kann durchaus vorkommen, dass Andreas, die Kinder und ich Sonntagmorgens am Frühstückstisch sitzen, und während wir den Kindern ihre Brötchen mit Erdnussbutter bestreichen, rufen sie plötzlich: »Hände festhalten«, und dann reichen wir uns die Hände, und die Mädchen rufen im Chor: »Wir sind eine Familie.« Wir wissen bis heute nicht, wo sie das aufgeschnappt haben.

Richtig verstanden hat Indira ihre Adoption erst auf unseren Reisen nach Indien. Vor der ersten Reise zurück nach Bombay hatte sie große Angst. Damals war sie drei Jahre alt. Eigentlich freute sie sich darauf, Sushmita das erste Mal sehen zu dürfen. Wir hatten ihr so viel von ihrer neuen, kleinen Schwester erzählt. Sushmita war damals neun Monate alt und wir wollten alle gemeinsam nach Bombay fliegen, um Sushmita zu besuchen. Aber kurz vor dem Flug wurde Indira krank und hatte hohes Fieber. Abends brach sie plötzlich in Tränen aus. Sie saß wie ein Häufchen Elend auf dem Teppich im Wohnzimmer, weinte bitterlich und es war das erste Mal seit langer Zeit, dass ich wieder dieses tiefe, einsame Adoptionsweinen hörte. Sie rief »Mama, Mama«, ließ mich aber nicht an sich heran. Ich saß hilflos neben ihr und wusste nicht weiter. Ich war bestürzt, weil sie sich das erste Mal seit langer Zeit nicht von mir helfen ließ, obwohl sie ganz in Angst und Trauer gefangen war. Schließlich schluchzte sie, sie wolle nicht nach Indien. Andreas solle alleine fahren. Sie wolle mit mir zu Hause bleiben. Erst dann ließ sie sich trösten. Am nächsten Tag war sie gesund.

Wir flogen dennoch gemeinsam nach Indien und in den ersten Tagen konnte Indira sprichwörtlich nicht die Füße auf den Boden ihres Heimatlandes setzen. Sie klammerte sich an Andreas' Arm, umschlang seinen Hals und stolperte, sobald er sie auf den Boden setzte. Also trug Andreas sie die ersten zwei Tage durch den Basar, die Straßen und schließlich sogar ins Heim.

Sie hatte Angst vor dem Heim, den Schwestern und vor allem vor den Räumen. Sie konnte ihre Gefühle nicht einordnen: In ihrer Erinnerung und nach den Eindrücken unseres Videos war das Heim etwas Schönes und löste bei ihr ein Gefühl der Geborgenheit und Vertrautheit aus. Aber als sie den Raum mit den Gitterbetten betrat, müssen in ihrem Unterbewusstsein die Furcht und Angst von damals wieder hochgekommen sein, die Furcht vor der Einsamkeit in den Gitterbetten, dem Schreien, dem Weinen und der Trostlosigkeit. Indira hielt es nicht lange im Gitterbetten-Saal aus.

Aber wir blieben drei Wochen in Indien, verbanden die Besuche im Heim mit einem geruhsamen, friedlichen Urlaub in Kerala und als wir von unserer Bootsfahrt durch die Kanäle und Sümpfe der Palmenhaine Keralas nach Bombay zurückkehrten, war Indira wieder zutraulicher. Sie hatte Zeit, sich wieder an die Schwestern zu gewöhnen. Da saß sie schließlich doch auf dem Schoß von Schwester Alissa, ließ sich von ihr wieder Karamellbonbons füttern und Fruchtsaft einschenken. Und ihre ganze Zuneigung und Liebe für diese Urmutter kam wieder hoch. Das war wie eine Rückkehr, wie die Erfüllung einer Sehnsucht – für beide. Auch Schwester Alissa war gerührt, dass sie Indira wiedersah, kräftig gewachsen, gesund und fröhlich. Sie erlebte es so selten, dass Kinder das Heim wieder besuchten und dann auch noch die Anhänglichkeit und Herzlichkeit wieder aufflammten. Wir haben heute noch ein Foto in unserer Wohnung stehen, auf dem Schwester Alissa Indira liebevoll auf dem Arm hält. Es ist ein Bild voller Innigkeit und Zuneigung.

Als wir Sushmita ein halbes Jahr später aus Indien abholten und wieder einige Wochen in Bombay neben dem Waisenhaus lebten, fiel Indira der Heimbesuch wesentlich leichter. Sie freute sich sogar auf die Schwestern und freundete sich schnell mit den Kindern im Heim an, schaukelte mit ihnen unten im Hof und nahm begeistert die kleine Sushmita als ihr Schwesterchen in ihre Arme.

Ein Jahr später kehrten wir noch einmal nach Indien zurück. Dieses Mal war Indira fast fünf und Sushmita zwei Jahre alt. Wir tingelten von Bombay quer durch Indien nach Kalkutta, wo wir Schwester Alissa besuchen wollten. Sie war dorthin versetzt worden und Indira wollte sie unbedingt wiedersehen.

»Mama, wenn wir jetzt nach Indien fahren – können wir dann Isita sehen und in den Arm nehmen? Isita ist doch lieb«, fragte Indira vor der Reise – und mir lief es siedend heiß den Rücken herunter.

»Ja, natürlich ist Isita lieb«, stammelte ich. »Aber nein. Wir können sie nicht sehen. Sie ist doch wieder weggegangen.«

»Wohin denn?«

»Nach Hause, Indira. Aber wir wissen nicht, wo das ist. Deshalb können wir Isita nicht sehen. Das werden wir nie tun können. Aber wir können an sie denken«, sage ich und spüre Indiras Enttäuschung.

»Kommt sie nicht wieder?«

»Nein, Indira. Das tut sie nicht – nie wieder.«

Es schmerzt mich, wenn ich ihr so etwas sagen muss. Jedes Mal, wenn Indira Fragen stellt, muss ich sie ein wenig mehr enttäuschen, jedes Mal ein Stückchen Wahrheit mehr, das ich ihr sagen muss und das sie verletzt. Ich weiß das. Aber besser Schmerz in kleinen Dosen, als eine heile Welt, die auf Lügen aufgebaut ist und irgendwann eine riesige Enttäuschung, mit der sie dann nicht fertig wird. Deshalb bemühen wir uns, so oft und so natürlich über die Adoption zu sprechen wie möglich. Es darf kein Geheimnis sein, kein Tabuthema. Es muss natürlich in unser Leben integriert werden. Nur dann wird Indira es wagen, immer wieder zu fragen. Und nur dann können wir mit unseren Antworten helfen, ihren Kummer aufzufangen.

Als wir schließlich nach Bombay fuhren, war sich Indira sehr bewusst, warum sie als Kind dort war. Die Schwestern legten Indira sogar einen Säugling in den Arm, um ihr zu verdeutlichen, wie klein sie war, als Isita sie in das Heim gebracht hatte. Sie zeigten ihr das Bettchen, in dem sie zuerst gelegen hatte, und Indira bat, das Bettchen mit unserem Fotoapparat aufnehmen zu dürfen. Sie fotografierte den Raum und wollte nachmittags noch einmal ins Heim.

»Damit ich es später wiedererkenne«, sagte sie. Wir konnten es kaum fassen, wie ernsthaft und verständig ein Kind mit gerade mal fünf Jahren sein konnte. Aber es war dennoch zu viel für sie. Sie hielt den Gedanken nicht aus, dass sie dort so lange allein im Heim gewesen und dann bei uns in einem anderen Land gelandet war – diese beunruhigende Reise durch die Welten ihrer Kindheit.

»Mama. Ich habe vier Schwestern«, verkündete sie uns abends. »Die waren auch hier im Heim und sind auch adoptiert worden. Sie sind jetzt in anderen Ländern. Aber sie kommen heute und besuchen auch das Heim. Sie kommen gleich und werden mit uns essen.«

Wir waren sprachlos. War dies eine indirekte Frage, ob sie leibliche Geschwister hatte? Oder brauchte sie das Gefühl, nicht allein in dieser Lage zu sein?

An diesem Abend ging sie vor dem Abendessen vor das Hotel und schaute die Straße hinunter. Als ich leise zu ihr trat, deutete sie die Straße hinunter und sagte, ihre Schwestern kämen gleich mit der Rikscha. Und die imaginären Schwestern kamen und saßen mit uns am Tisch. Indira bestimmte sogar die Sitzordnung. Sie aßen mit uns und gingen abends mit Indira ins Bett. Indira lebte in einer Fantasiewelt – auf der dreiwöchigen Reise durch Indien begleiteten uns ihre Schwestern, die dann langsam zu einer Freundin Sophie verschmolzen. Mittlerweile gibt es auch Sophie nicht mehr.

Jetzt, in ihrem sechsten Lebensjahr, bewegen Indira andere Fragen. Noch immer hat sie den zeitlichen Ablauf ihrer Adoption nicht ganz verstanden: »Mama, als du damals im

Heim bei mir warst – hattest du da keinen Fotoapparat mit?«

»Doch – warum?«

»Aber dann hättest du doch Isita fotografieren können, als sie mich ins Heim brachte.«

»Aber als Isita kam, war ich noch nicht dort. Du warst ein Jahr allein im Heim bei den Schwestern. Ich bin erst später gekommen. Ich habe Isita nie gesehen«, erkläre ich Indira und ich weiß, dass dies wieder ein kleiner Stich ist.

»Ach so«, sagt sie enttäuscht. »Sonst hätte ich gewusst, wie Isita aussieht.«

Indira stellt die Fragen, die ich von ihr erwartet habe, viel früher, als ich gedacht hätte. Und wieder nimmt sie ihre Fantasie zu Hilfe. Einige Tage später sagt sie: »Mama. Ich kann mich daran erinnern, dass Isita einen grünen Sari anhatte mit weißem Muster.«

Ich lächle und sage nichts.

»Und sie hatte auch schwarze Haare«, sagt Indira.

»Natürlich hatte sie schwarze Haare. Sie ist doch Inderin. Sie hat bestimmt einen langen schwarzen Zopf gehabt und sie war so braun wie du. Und da du so hübsch bist, war sie sicher auch hübsch und hatte vielleicht so einen Kussmund, wie du ihn hast«, helfe ich ihrer Fantasie weiter und ertappe mich dabei, dass ich in der Vergangenheitsform formuliere, was eigentlich falsch ist. Isita lebt sicherlich noch – sie mag mal gerade Anfang zwanzig sein.

Immer wieder versucht Indira, ihrer Mutter in Indien nahe zu kommen, sie sich konkret auszumalen. Einmal spekulierte ich darüber, ob Isita wohl Vegetarierin war und Indira deshalb so wenig Fleisch esse. Seither lehnt Indira Fleisch fast vollständig ab und sagt, sie sei Vegetarierin wie Isita. Ich sage dazu nichts. Ich werde mich hüten, die zarten Fäden, die Indira zwischen sich und ihrer Mutter spinnt, zu zerreißen. Warum soll sie sich diese Phantasien über die Eigenarten ihrer Mutter nicht erhalten, wo wir doch sonst nichts über sie wissen?

Aber Indira hat noch eine andere Ebene, auf der sie ihrer Mutter Isita begegnen kann – sie liebt Indien. Auf diesem

Weg ihrer kulturellen Identität kann sie sich ihrer indischen Mutter noch unendlich mehr annähern. Dieser Weg wird unerschöpflich bleiben, ihr immer neue Geheimnisse offenbaren und die Fragen nach ihrem Ursprung beantworten.

Indischer Tanz

Langsam lässt sich Mrs. Kapoor im Indischen Kulturinstitut auf dem grauen Linoleumboden nieder. Sie schlägt die Beine im Schneidersitz unter sich zusammen und rückt ihren grün gemusterten Salwar Kameez zurecht. Dann blicken ihre großen, dunklen Augen die fünf Schülerinnen vor sich prüfend an. Die Mädchen stehen aufmerksam in einer Reihe vor ihr, gekleidet in T-Shirts und Leggings, barfuß, das Haar in Zöpfen streng nach hinten gekämmt. Indira und ihre neue Freundin Aisha können sich kaum das Lachen verkneifen. Sie haben bis kurz vor der Tanzstunde draußen auf dem Gang herumgetobt und müssen sich nun konzentrieren.

»Fangt mit dem Gebet an«, fordert Mrs. Kapoor die Mädchen in Englisch auf. Sie kommt aus Tamil-Nadu, lebt mit ihrem Mann und ihrer Tochter in Deutschland und ist die einzige Lehrerin in unserer Stadt, die Bharat-Natyam, eine der sechs klassischen Tanzformen Indiens, unterrichtet. Indira und die anderen Tanzschülerinnen heben ihre Hände und beginnen:

»Aangikam Bhuvanam Yasya…« Sie beten zum indischen Gott Shiva und in einer kleinen Zeremonie bitten sie Mutter Erde um Verzeihung, dass sie gleich kräftig auf ihr herumstampfen werden. Das rhythmische Stampfen ist so laut, dass der Tanzkurs sonntags stattfinden muss. Nur dann stören sie keine anderen Kurse des Indischen Kulturinstitutes. Wir müssen relativ weit mit dem Auto anfahren, was unpraktisch ist, aber Kontakt zur indischen Kultur ist wichtig für Indira, auch wenn es nur eine Stunde in der Woche ist. Hier ist Indira nur mit der indischen Lehrerin, indischen Mädchen und deren Müttern, die am Rande sitzen und warten, zusammen. Nun bin ich einmal die Außenseiterin, wie es sonst Indira immer ist.

Im indischen Tanz lernt Indira viel über ihre Heimat. Allein die Handbewegung, mit der die Mädchen zu Beginn des Tanzes grüßen, hat ihre spezifische Bedeutung: Hindus legen zwar zum Gruß beide Handflächen aneinander. Aber ob sie die Hände dann über den Kopf, vor die Stirn oder vor die Brust halten, differenziert den Grad des Respekts, den sie ihrem Gegenüber zukommen lassen.

Mit der Zeit wird Indira im Tanzunterricht auch lernen, mit Schrittfolgen und koordinierten Bewegungen der Beine, Füße, Arme, Hände, Finger, Augen und des Kopfes in einer Art Tanz-Theater Geschichten der indischen Mythologie zu symbolisieren.

Sie erhält somit Zugang zu ihrer Herkunft und den Traditionen ihrer indischen Mutter und ihres indischen Vaters. Noch immer ist mir das Schicksal der indischen Nofretete, Inka in Erinnerung, die erst mit zwanzig Jahren begriff, dass sie nicht nur Schwedin, sondern eben auch Inderin war, und die dann solche Schwierigkeiten hatte, herauszufinden, was das für sie bedeutete. Sie hatte keine Ansatzpunkte, sich Indien und seinen Menschen zu nähern. Das wollen wir Indira ersparen.

Wir bieten unseren Töchtern zahlreiche Berührungspunkte mit ihrer indischen Heimat. Nur so können sie ihre Wurzeln kennen, verstehen und achten.

Es mag in Ordnung sein, dass die Kinder irgendwann, vielleicht in der Pubertät, nichts mehr davon wissen wollen. Vielleicht muss ich mir irgendwann den Satz anhören: »Mutter, hör auf mit diesem indischen Kram«, weil die Kinder ihre Exotenrolle leid sind. Schließlich wachsen sie in Deutschland auf, verwurzelt mit der deutschen Kultur, mit einer deutschen Familie und mit deutschen Freunden. Indira und Sushmita werden sich anpassen wollen. Sie möchten von ihrer Umwelt akzeptiert und in sie integriert werden.

Die Mädchen wachsen mit uns als deutschen Eltern auf. Sie werden von mir, einer emanzipierten, selbstständigen und kritischen Mutter erzogen, und von Andreas, einem Vater, der diese Rolle der Frau akzeptiert und selbst darauf drängt, dass die Mädchen selbstständig, offen und selbstbewusst werden. Wird dies auf Dauer zu Brüchen mit der indischen Kultur, den Menschen und vor allem dem Frauenbild der Inder führen? Wir werden mit Indira und Sushmita Mädchen erziehen, die sicherlich keine von den Eltern arrangierte Heirat akzeptieren werden, die sich ihren Ehepartner selbst wählen wollen, die vielleicht einige Jahre die Ausbildung über das Glück einer jungen Familie stellen, die vielleicht immer beruflich tätig sein wollen. Sie werden Englisch ohne den typischen, von den Indern bewusst gepflegten indischen Akzent sprechen.

Werden sie so westlich sein, dass sie dies automatisch von Teilen der indischen Gesellschaft ausschließt? Die Wahrscheinlichkeit ist groß, dass sie immer in der westlichen Welt leben werden. Allein schon deshalb müssen die Mädchen hier in der deutschen, also westlichen Kultur verwurzelt sein. Indira und Sushmita werden dies frühzeitig selbst erkennen und deshalb »den indischen Kram« vielleicht einige Zeit ablehnen.

Aber das macht nichts und wir werden dies akzeptieren müssen – wenn es so weit ist. Wenn sich die Mädchen irgendwann der indischen Kultur wieder nähern wollen, haben wir dafür zumindest eine Basis geschaffen. Sie können dann den Faden leicht wieder aufnehmen.

Wir möchten nicht, dass Indira – nur weil sie es nicht besser weiß – indische Musik als merkwürdig zurückweist, sie es als lächerlich empfindet, wenn sie betende Hindus vor dem Elefantengott Ganesh oder dem Affengott Hanuman sieht, oder sich darüber amüsiert, wenn Inder ihr Essen mit den Fingern zu sich nehmen.

So oft wir können, besuchen wir mit Indira und Sushmita indische Tanzveranstaltungen und Tempelfeste. Ich nehme die Mädchen zu Hause mit in die Küche, halte ihnen Ingwer und Knoblauch unter die Nase, koche Currys und verwöhne sie mit süßem Mango-Chutney. Wir lesen den Kindern die Bibel vor, aber auch Geschichten von Krishna oder Rama und Sita. Wir spielen »Mensch-Ärgere-Dich-Nicht«, das übrigens auf das indische Spiel »Pachisi« zurückzuführen ist, aber auch das indische Brettspiel »Snakes-and-Ladders«. Wir feiern Ostern und Weihnachten, gehen aber auch zu Diwali in den indischen Tempel, wenn symbolisch der Sieg des Guten über das Böse gefeiert wird. Wir tragen Jeans, aber im Hochsommer ziehen wir auch unsere Salwar Kameez aus dem Schrank. Unsere Wohnung ist mit einigen indischen Möbelstücken und Fotos an den Wänden eine Mischung aus europäischem und östlichem Stil. Und manchmal übe ich zu Hause mit den Kindern Yoga auf dem Teppich.

Da der Zugang zur indischen Kultur für uns über die englische Sprache läuft, schicken wir beide Kinder auf eine internationale Schule. Dort ist die Unterrichtssprache Englisch, die Kinder wachsen also zweisprachig auf. Indira könnte sonst keinen indischen Tanz lernen, denn Mrs. Kapoor spricht kein Deutsch. Schließlich spielt sich auch in Deutschland ein Teil der indischen Kommunikation auf Englisch ab.

Es ist nicht nur die englische Sprache, die die Kinder auf der Schule lernen. Im Unterricht werden auch die Herkunft, Rasse und Religion der Kinder bewusst als bereichernd und wertvoll für die Gemeinschaft der Schüler angesehen. Zu Beginn des Schuljahres kam die Klassenlehrerin von Indira auf mich zu und fragte: »Die Kinder sollen sich in den nächsten Tagen vor der Klasse präsentieren. Sieht sich Indira als Inderin?«

Diese Frage kam nicht von ungefähr. Indira ist mit Kindern aus elf Nationen in der Klasse. Viele Schüler kommen aus Familien mit unterschiedlicher Nationalität und haben wie wir viele Jahre im Ausland gelebt. Nicht ohne Grund sollen die Kinder erklären, wer sie sind, und die Klassenkameraden sollen lernen, jedes Kind mit den Eigenarten seiner Kultur, Herkunft, Religion und Sprache zu respektieren.

»Indira kommt aus Indien«, sage ich der Lehrerin. »Sie hat ein entsprechendes Selbstverständnis.«

»Das wollte ich nur wissen«, sagt sie. »Manche Adoptiveltern wollen das nämlich nicht. Die sagen: Mein Kind ist jetzt deutsch. Sie möchten nicht, dass etwas anderes angeführt wird.«

Einige Wochen später stand Indira zur Zeit des indischen Diwali-Festes vor ihrer Klasse. Ihre Lehrerin hatte uns darum gebeten. Indira und ich zogen also unsere Salwar Kameez an und spielten mit indischen Lederpuppen das Drama der Entführung von Sita und ihrer Rettung durch Hanuman und Rama nach. Es war ein voller Erfolg: die Jungen interessierten sich für den grausamen Dämonen in der Geschichte und die Räucherstäbchen, die wir angezündet hatten. Und die Mädchen für den goldrot schimmernden Salwar Kameez Indiras und ihre klappernden Armreife.

Indira schwärmt mittlerweile für Indien. Wir lassen keine Gelegenheit aus, im Fernsehen Dokumentarfilme über Indien aufzunehmen und haben inzwischen eine ganze Sammlung von Videos: über Tempelaffen im Dschungel, das Leben eines Rikschafahrers in den Slums, Hochzeitszeremonien in Rajasthan, das Kastensystem auf dem Land, über technischen Fortschritt in Bombay oder das Leben der Adelsfamilien in den Maharadscha-Palästen. Filme über die Schlangenbeschwörer in der Wüste Thar, über Elefanten und Tiger in den Nationalparks oder indische Eisenbahnen.

Mittlerweile erinnert Indira mich daran, dass sie wieder indisch Essen gehen möchte und dass sie wohl zum fünfzigstenmal den Bollywood-Film *Lagaan* anschauen will.

Auf dem Fest des indischen Kulturinstituts werden wir herzlich begrüßt von Mrs. Kapoor, ihrem Mann und ihrer Tochter. Auch die anderen Tanzschülerinnen sind mit ihren Familien gekommen. Der Saal ist voll mit indischen Großfamilien, fein herausgeputzten Müttern in Saris, Vätern im guten Anzug, Kindern in Rüschenkleidchen und Spitzensöckchen. Und am Rand stehen die Jugendlichen, die nicht mehr so gern neben ihren Eltern sitzen: Die Mädchen aus konservativen Familien tragen Salwar Kameez, aber es gibt auch gewagt geschminkte junge Mädchen, die sich trauen, in knappen Jeans und T-Shirts zu erscheinen. In gebührendem Abstand warten die jungen Männer, mit extravaganten Haarschnitten und dem ganzen Flair, den sie sich von den Postern ihrer Bollywood-Stars abgeguckt haben, die zu Hause in ihren Zimmern hängen.

Andreas und ich verfolgen die Tanzvorführung. Sushmita halten wir mit Keksen bei Laune. Aber Indira setzt sich stolz zwei Reihen weiter nach vorn neben ihre indische Freundin Aisha aus dem Tanzkurs. Sie besucht Aisha auch gern zu Hause. Dann tanzen die beiden nach Bollywood-Musik, während die Mutter vegetarisch kocht und Vater und Sohn im Fernsehen die Kricket-Spiele Indiens verfolgen. Später lernt Indira von der Mutter, wie man Reis und Chapati mit der Hand isst. Wie sagte mir einst ein asiatischer Freund? »Ihr wisst ja gar nicht, was ihr euch mit Messer und Gabel in den Mund befördert. Das muss man doch erst fühlen, bevor man es sich in den Mund steckt.«

In der Pause entführt Mrs. Kapoor die beiden Mädchen hinter die Bühne. Am Ende der Veranstaltung dürfen die beiden die Blumen austeilen und Indira steht mit vor Freude und Aufregung geweiteten Augen vor den Tänzerinnen, die prachtvoll gekleidet sind: Sie haben farbenfrohe Saris in straffen Falten nach der Art der Tänzerinnen um sich geschlungen, das Gesicht theatralisch geschminkt, Silberketten in ihr Haar geflochten und den langen Zopf am Sari festgebunden. Ihre Hände sehen überaus grazil aus, denn die Finger sind bis zu den ersten Fingergelenken mit Henna gerötet. Bei jedem Schritt rasseln ihre Fußschellen. Sie sehen so märchenhaft aus, dass Sushmita aufgeregt zur Bühne zeigt und »Prinzessin, Prinzessin« ruft.

Als ich Indira zwischen all den indischen Frauen und Tänzerinnen beobachte, spüre ich plötzlich, wie sie in ihre ureigene, indische Welt eintaucht und sich dort langsam frei zu bewegen beginnt. Und ich denke, dass sie vielleicht einen Weg einschlägt, den wir ab einem bestimmten Punkt nicht mehr mitgehen können, weil wir stören, und dass Indira diesen Weg ganz allein gehen muss, um richtig eintauchen zu können. Wir dürfen sie nicht zurückhalten, auch wenn uns die indische Kultur in einigen Aspekten fremd bleiben wird.

Wird es zum Konflikt zwischen unserer westlichen, christlichen und der östlichen, hinduistischen Lebensweise kommen? Diese Frage stelle ich mir immer wieder, wenn wir gemeinsam Hindu-Tempel besuchen, wie etwa den prächtigen Mandir im Londoner Stadtteil Neasden. Wir kommen dorthin, beobachten die Gebetszeremonie, schauen uns die Götterfiguren an und kaufen anschließend indische Kinderbücher und Musikkassetten in dem kleinen Geschäft des Tempels.

Indira genießt es, im großen Saal des Tempels flach auf dem Rücken zu liegen. »Wie eine große Blume«, flüstert sie und zeigt mit ihrer Hand hoch über sich in die Kuppel. Wie aus Papier geschnitten, fein wie Spitze schwebt die Blütenform der Marmorkuppel über uns. Es ist still. Nur die leisen Schritte des Tempelpriesters sind auf dem Marmorboden zu hören. Er geht von Altar zu Altar und öffnet mit einem klappernden Schlüssel die Türen vor den Götterfiguren. Gleich ist Gebetszeit und schon treten leise immer mehr Hindus in den Saal.

Der Priester deutet uns an, weiter hinten in dem für Frauen reservierten Bereich Platz zu nehmen, denn vorn sitzen und beten die Männer.

»Mama – wie machen sie das?«, fragt mich Indira.

Sie beobachtet die Zeremonie, die die Inder vollführen, als der Priester mit der Opferschale zu ihnen tritt. Ich bin etwas hilflos, denn ich kenne die Riten nicht. Aber der Priester erfasst mit einem Blick unsere Situation: Als er vor Indira steht, zeigt er ihr, wie sie ihre Hände als Ehrerbietung vor den Göttern über die heilige Flamme zu führen hat und sich dann symbolisch über ihr Haar streichen muss. Danach nickt er Indira freundlich zu und wendet sich anderen Gläubigen zu. Dass ich die Hindu-Götter nicht anbete, scheint ihm offenkundig zu sein. Auch Indira hat dies mittlerweile verstanden. Sie erwartet nicht mehr, dass ich mich wie einige Hindus auf dem Boden der Länge nach hinlege und bete.

Aber Indira hat das Verlangen, die Inder im Tempel zu imitieren, denn sie fühlt sich ihnen zugehörig. Ich halte sie nicht davon ab. Wir erziehen die Kinder zwar christlich und es gab eine Phase, in der sich Indira jeden Abend aus der Kinderbibel vorlesen ließ. Zudem haben wir Indira – auch mit Blick auf die Nonnen in Bombay, zu denen Indira von ihrer Mutter ja immerhin gebracht wurde – katholisch taufen lassen.

Aber ich werde deshalb Indira nicht verbieten, in einem Hindu-Tempel ihre Ehrfurcht vor den hinduistischen Göttern zu zeigen – denn mehr ist es nicht. Ich habe ihr erklärt, dass wir alle Religionen respektieren und daher auch Hindu-Götter achten. Zudem sind die moralischen Grundwerte nicht so unterschiedlich, zu deren Einhaltung die großen Religionen der Welt ihre Gläubigen aufrufen. Langfristig muss sich Indira selbst entscheiden, wie weit sie sich der indischen Religion annähern will und wie sehr sie in unserer westlichen, christlichen Welt verankert bleiben möchte.

Ähnliches gilt für die Sprache. Indira bekommt mit einer kleinen Gruppe von indischen Kindern nachmittags Hindi-Unterricht. Sie steckt noch in den Anfängen. Aber bei unserem letzten Besuch eines indischen Restaurants legte der Ober uns die Speisekarte hin und fragte Indira auf einmal nach ihrem Namen – in Hindi. Ich war sprachlos, als Indira langsam und bedächtig antwortete – in Hindi. Natürlich war ich hoch erfreut. Aber dann merkte ich, was ich mit der Organisation dieser Unterrichtsstunden »angerichtet« hatte: Wir werden akzeptieren müssen, dass unsere Töchter neben Deutsch und Englisch vielleicht eines Tages auch eine Sprache sprechen, die wir nicht verstehen. Wir werden dann entsprechenden Unterhaltungen nicht folgen können. Indira lernt Hindi in ihren jungen Jahren viel leichter als ich, die sich jede Vokabel mühsam einprägen muss. Langfristig werden wir sogar damit rechnen müssen, dass eines der Mädchen oder beide zumindest zeitweise nach Indien zurückkehren. Wer weiß, wo ihr Beruf sie hinführen wird. Wer weiß, was für Männer sie kennen und lieben lernen.

Andreas betont immer, dass Menschen in der heutigen Zeit ohnehin Brücken zwischen den Kulturen und Religionen schlagen müssen. Weltenbürger nennt er das. Indira und Sushmita werden immer die westliche und östliche Welt in sich vereinen. Fast zynisch scheint mir die Bemerkung zu sein, die wir kürzlich von Adoptiveltern hörten: »Die Kinder können doch nur froh sein, dass sie aus dieser Armut und diesem Dreck heraus sind.«

Natürlich können sie darüber froh sein, aber darum geht es nicht. Indien ist mehr als nur Schmutz und Armut. Ich finde es schade, wenn Adoptiveltern mit ihren Kindern das erste Mal nach Indien reisen und die Kinder schon älter sind. Die Gefahr, dass sie Indien dann als fremd, dreckig und arm ablehnen, ist groß und dann ist es zu spät.

So gibt es für uns kaum schönere Erinnerungen als die Morgenstunden, die wir auf unserer Bootsfahrt durch die Kanäle und Sümpfe Keralas erlebt haben. Andreas und Indira saßen auf einer weichen Matte auf Deck und die friedliche Stimmung der aufgehenden Sonne legte sich wie ein warmes Tuch um uns. Der Koch reichte uns dampfenden Tee und wir beobachteten die Papageien, die in Schwärmen um die Palmen kreisten, und die Reiher, die mit schweren Flügelschlägen über die glitzernden Reisfelder flogen. Und ab und zu blitzte ein blauer Eisvogel über dem Kanal auf. Bleiern und schwer schwappte das Wasser an unseren Schiffsrumpf. Ich habe Andreas und Indira in dem Moment fotografiert. Das Foto hängt nun im Kinderzimmer von Indira und Sushmita.

Wir haben auch andere wertvolle Erinnerungen: als Indira von einem Bediensteten eines verwunschenen Maharadscha-Palastes mitten in Indien durch den verwilderten Garten geführt wird. Mit einer langen Stange stößt der Inder Früchte von den Bäumen, um sie Indira zu zeigen, bricht die Früchte auf, gibt sie ihr zu essen. Später rennen Indira und Sushmita barfuß auf dem kühlen Marmor durch die Palastflure und im Speisesaal wedelt ein Dalmatiner in der Hitze müde mit dem Schwanz. Und am Horizont grollen schon die Donner des sich ankündigenden Monsuns.

Oder im Khana-Nationalpark, als wir abends in der Dämmerung mit den Kindern und Rangern im offenen Jeep durch den Dschungel fahren. Plötzlich bleibt der Wagen stehen, weil vor uns eine Herde brauner Bisons den staubigen Weg überquert. Einer der Ranger nimmt Sushmita auf den Arm und zeigt ihr die massigen Tiere. Dann legt er seine Hände um seinen Mund und imitiert das Brüllen eines Tigers. Und die Bisons heben ihre Köpfe und staunen – und unsere Töchter erst recht.

Natürlich ist Indien nicht nur romantische Bootstour, Maharadscha-Palast und Nationalpark. Indira sieht in Bombay neben dem Heim auch die Kinder in den Slumhütten, mit verfilzten Haaren und in Lumpen. Sie merkt durchaus, dass selbst ihre Puppe ein schöneres Kleid anhat, als diese Kinder je tragen werden. Später fragt sie Andreas, was denn der eine Junge wollte – der Sohn der kurz geschorenen Frau von meiner ersten Reise, der Andreas immer wieder am Arm berührte, auf dessen Hosentasche zeigte und dann seine staubige Hand bittend an seinen Mund führte. Und ich erkläre ihr, was Betteln ist und warum man leider Geld braucht, wenn man sich Bananen und Reis auf dem Basar kaufen will.

Sie erlebt an einer Straßenkreuzung mitten in Bombay, wie ein Bettler seine beiden Armstümpfe in unsere Motorrikscha hält, und sie fragt mich danach tagelang, warum er keine Hände gehabt habe.

Wir hoffen, dass wir unseren Kinder nicht zu viel abverlangen. Aber Indira macht uns Mut. Als wir mit der Motorrikscha im dicksten Verkehrsstau in Bombay stehen, uns in der Hitze der Schweiß den Rücken herunterläuft und uns die Dieselabgase der Busse fast ersticken, ruft Indira mir gegen das Geknatter der Motorrikscha begeistert ins Ohr: »Mama, Indien ist doch soooo schön!«

Dann hat sich alles gelohnt.

»Brown Baby go away«

Der New Yorker Vorstadtzug ruckelt rhythmisch über die Schienen und schiebt sich langsam über die Brücke des East River. Ich habe Indira auf dem Schoß und komme mit ihr von dem Stadtteil Queens zurück. Dort haben wir die Geschäfte des indischen Stadtviertels besucht, Gewürze und Musikkassetten gekauft und Curry gegessen. Der Zug verlässt gerade den Bahnhof, da lässt sich ein Rastafari vor mir in den Sitz fallen. Er ist von beeindruckender Größe, kräftig gebaut, hat seine Dreadlocks in einer rot-gelb-grünen Mütze eingepfercht. An seinen langen Fingern prangen mehrere goldene Ringe. Er ist so groß, dass seine Knie weit in den Gang hineinreichen und er sich auf dem engen Sitz nach vorn beugen muss, weil er mit seinem breiten Kreuz sonst kaum zwischen seine Nachbarn passen würde.

Indira will nicht mehr auf meinem Schoß sitzen, sondern steht zwischen meinen Beinen, also direkt vor seinen Knien. Sie beobachtet ihn und nach einiger Zeit lächelt der Jamaikaner Indira an. Sie grinst offenbar zurück. Da zieht er einen komische Grimasse und Indira gluckst vor Vergnügen. Er macht noch eine ulkige Grimasse, worauf ihm Indira begeistert auf die Knie haut. Fortan unterhält er Indira mit Zungeschnalzen und allerlei Blödsinn. Sie freut sich königlich und ich bin dankbar für die Ablenkung, denn die Fahrt zurück nach Manhattan ist lang und Indira kann auf langen Fahrten sehr ungeduldig werden. Etliche Stationen weiter lächelt er Indira noch einmal an, kneift ihr leicht in die Wangen, steht auf und geht zum Ausgang. An der nächsten Haltestelle steigt er aus – er hat mich zwanzig Minuten lang keines Blickes gewürdigt, nicht eine Sekunde lang.

Ich habe das in New York, wo wir eine Zeit lang mit Indira gewohnt haben, oft erlebt: Hilflos stehe ich mit dem Kinderwagen, Einkaufstaschen und Indira unten in der U-Bahn und weiß nicht, wie ich die Treppen hochkommen soll – die New Yorker Untergrundbahn hat keine Rolltreppen oder Aufzüge. Ehe ich mich versehe, packt plötzlich ein Afroamerikaner den Kinderwagen samt Indira und steigt vor mir die Treppen hoch. Ich kann mich nur beeilen, mit meinen Einkaufstüten hinterherzukommen. Oben auf der Straße stellt er den Kinderwagen wortlos auf den Bürgersteig und wendet sich ab, bevor ich mich bedanken kann. Schließlich hat er Indira geholfen und nicht mir.

Es waren im Übrigen fast immer Afroamerikaner, die mir bei der Schlepperei geholfen haben und nur ganz selten Investmentbanker von Downtown, denen diese Aufmerksamkeit mit Sicherheit zu viel Zeit gekostet hätte. In New York habe ich mit Indira erlebt, dass die Welt dort sehr in Schwarz und Weiß aufgeteilt ist.

Indira konnte damals nicht ahnen, wie stark das Thema Rassismus einmal ihr Leben bestimmen würde. Doch selbst in ihrem zarten Alter erkannte sie, dass es zwischen uns einen Unterschied gibt.

Indira war noch keine zwei Jahre alt, da griff sie beim Baden meine Hand und sagte »malen«. Dieses Wort bedeutete für sie, mit ihren Fingern dicke Farbe auf einem Blatt Papier zu verschmieren. Aber nun packte sie meine Hand, rieb auf meiner Haut herum und sagte immer wieder »malen«. Sie wollte meine helle Farbe fortwischen, offenbar in der Annahme, dass darunter braune Haut zum Vorschein käme.

Wenn ich Indira in jenem Alter hell- oder dunkelhäutige Puppen zeigte und fragte »Wo ist Indira?«, griff sie immer zu der braunen oder schwarzen. Und vor einem Bild von »United Colors of Benetton« tippte sie zielbewusst auf das dunkle Kind – nie auf ein weißes, wenn sie sich meinte.

Andreas und ich wussten zu Beginn der Adoption nicht, wie sehr wir mit Rassismus konfrontiert werden würden. Da wir selbst nie dieser Diskriminierung ausgesetzt waren, konnten wir uns kein Bild davon machen. Heute weiß ich, dass es überhaupt keinen Sinn macht, als Weiße über Rassismus in einer Gesellschaft zu diskutieren. Wir werden nicht damit konfrontiert und können es daher nicht beurteilen.

Eine der Kinderfrauen in New York warnte mich vor. Morgens besuchte ich mit Indira einen der aufregenden Spielplätze im Central Park, wo die Kinder auf Klettergerüsten turnen, die Kinderfrauen aus der Karibik im Schatten auf den Bänken sitzen und die Sprösslinge ihrer Arbeitgeber beaufsichtigen. Ich hatte mich mit Rosie angefreundet, die auf Zwillinge aufpassen musste und Indira sehr in ihr Herz geschlossen hatte. Sie verachtete die Familie, für die sie arbeitete. Beide waren Investmentbanker, die Downtown in Manhattan arbeiteten, meist bis spät in den Abend hinein. Am Wochenende und in den Ferien wollten sie sich erholen, und so kam Rosie mit den Kleinen auch am Sonntag in den Central Park, wenn sonst nur Väter ihre kostbare Zeit mit ihren Sprösslingen auf dem Spielplatz verbrachten. Rosie erzählte, dass die Zwillinge nachts nach ihr riefen – nie nach der Mutter.

»Deshalb wechseln uns manche Arbeitgeber nach einem Jahr aus – sonst wird die Bindung zwischen uns und dem Kind zu eng«, klagte sie.

Es erinnerte mich an unsere Nachbarin im achten Stockwerk unseres Hochhauses in Manhattan. Ich hatte sie zu der Geburt ihres Babys beglückwünscht, ihr von der Adoption erzählt und davon, dass ich Anspruch auf drei Jahre Elternzeit hätte – deutsches Recht.

»Wie furchtbar«, antwortete sie. »Nein, ich gehe nach zwei Wochen wieder zurück in die Bank. Das erste Jahr tun die Kinder doch sowieso nichts anders als essen, trinken und schlafen. Warum soll ich daneben stehen?«

Ich biss mir auf die Lippe und sagte nichts. Manchmal fehlen mir einfach die Worte.

Eines Tages verblüffte mich Rosie.

»Es ist so gut von Ihnen, ein schwarzes Kind zu adoptieren«, sagte sie. »Das wagen nur ganz wenige.«

Ich war überrascht. Ich war deshalb überrascht, weil sie Indira als schwarzes Kind bezeichnete und weil sie mich so explizit vor dem Rassismus warnte. Aber sie hatte vielleicht Recht und andere Adoptiveltern gingen dieses Risiko gar nicht erst ein: Auf den Spielplätzen in New York habe ich viele Eltern mit adoptierten ausländischen Kindern kennen gelernt – fast immer Kinder aus China.

Einige Tage später kam Andreas mit Indira vom Spielplatz und erzählte, ein Kind habe zu Indira gesagt: »Brown Baby go away.« Das war erst der Anfang. Heute wissen wir, dass das Thema Rassismus tiefer geht und uns und unsere Kinder schwerer trifft, als wir es erwartet hatten.

In London spürten wir die Diskriminierung noch am wenigsten. Wir lebten dort in einem multikulturellen Umfeld im Zentrum der Stadt. London ist eine der tolerantesten Städte der Welt – es leben viele Inder, Pakistani und Bengalen in London. Ich habe oft gedacht, dass die Londoner es nicht einmal mehr wahrnehmen, wenn ihnen eine gemischte Familie gegenübersteht. Es gibt so viele ethnisch gemischte Familien in London, dass die Menschen aufhören, sich darüber Gedanken zu machen.

Als Indira etwa vier Jahre alt war, kamen die ersten Fragen.

»Mama, es ist so schade, dass ich das einzige braune Kind in der Klasse bin. Warum gibt es nicht mehr braune Kinder bei uns? Dann wäre ich nicht die Einzige.« Erst hielt ich den Atem an, aber dann war ich erleichtert. Sie hatte sich nicht gewünscht, selbst weiß zu sein. Sie wollte, dass auch andere Kinder so aussähen wie sie. Sie war also mit ihrem eigenen Aussehen zufrieden, war selbstbewusst. Das war wichtig.

Unsere Erziehung hatte offenbar gefruchtet. Wir haben Indira immer zu verstehen gegeben, dass sie stolz sein kann, Inderin zu sein, und daher auch stolz auf ihr Aussehen. Wir sagen ihr immer wieder, dass sie eine schöne Hautfarbe hat und ausgesprochen hübsch ist. Die Kinder haben nicht nur weiße, sondern auch braune und schwarze Puppen. Wir versuchen alles, um den Mädchen ein Schönheitsideal zu vermitteln, das ihnen zeigt, dass nicht nur blond und blauäugig attraktiv sind.

Ich achte darauf, dass Kinderbücher – wenn ich die Wahl habe – möglichst internationale Illustrationen haben, was auf amerikanische und britische eher zutrifft als auf deutsche Kinderbücher. In einer gemischten Familie wie der unseren wird es plötzlich wichtig, dass es auch farbige Nachrichtensprecher gibt, die Werbung ethnische Minderheiten einbezieht, ja die ganze Gesellschaft ethnische Minderheiten integriert und widerspiegelt.

Daher sind auch unsere Urlaube in Indien wichtig. Dann sind Andreas und ich in der Außenseiterrolle und die Kinder verschmelzen mit ihresgleichen. Für ein paar Wochen werden wir Eltern angestarrt und nicht immer nur Indira und Sushmita.

Fast alle Menschen in unserem Umfeld sind offen, tolerant und sogar demonstrativ nett zu den Kindern. Auch auf der Straße werden wir und die Kinder in der Regel mit Wohlwollen und Zustimmung betrachtet. Das macht Mut. Wie haben bisher keinen bösartigen Rassismus erlebt, bei dem wir angegriffen oder offen beleidigt worden wären, obwohl es das in unserer Gesellschaft sicherlich gibt. Die Kinder werden vielmehr mit unüberlegten Bemerkungen konfrontiert, die für sich genommen nicht böse gemeint sein mögen. Aber in der Summe verunsichern sie unsere Töchter, weil diese Bemerkungen ihre Hautfarbe thematisieren und bewerten.

Es hat Indira verletzt, als ihre beste Freundin einmal im Streit auf dem Spielplatz herausplatzte: »Mit dir spiele ich nicht. Ich mag keine braunen Gesichter.«

Das war typisches Klein-Mädchen-Gehänsel. Indira sah ungläubig um sich. Wir Mütter hatten es gehört und meine Freundin stürzte wie eine Furie auf ihre Tochter los.

»Du entschuldigst dich sofort – sofort«, schimpfte sie, und ich wusste wie peinlich es ihr war, denn sie liebt unsere

Kinder – sie, die in Schweden geboren und mit einem englischen Diplomaten verheiratet und alles andere als rassistisch war. Ich beruhigte meine Freundin und tröstete Indira. Abends las ich ihr eines der Kinderbücher vor, die das Thema Rassismus behandeln. Ich habe für solche Fälle entsprechende Bücher gesammelt.

Aber nur wenige Tage später kam Indira aus der Schule und war ganz aufgelöst: »Mama, meine Lehrerin hat gesagt, sie mag meine braune Hautfarbe nicht. Sie hat gesagt, das sei nicht schön.«

Ich starrte aus dem Küchenfenster und rührte mich kaum vor Schreck, denn damit hatte ich nicht gerechnet. Das konnte nicht wahr sein. Nicht in dieser englischen, guten, kleinen Schule. Und meine Ahnung bestätigte sich. Als ich am nächsten Morgen die Lehrerin vorsichtig darauf ansprach, fiel sie aus allen Wolken. Sie war entsetzt. Aber wir rechneten uns schnell aus, was Indira bewegt hatte, diese Behauptung aufzustellen: Sie war offenbar so verunsichert über ihr Aussehen, dass sie befürchtete, die Lehrerin möge sie nicht. Es war diese Sorge, die Indira ausgedrückt hatte. Die Lehrerin beschloss, im Unterricht auf Indiras Furcht einzugehen.

Am nächsten Tag mussten sich alle Kinder vor ihrer Gruppe präsentieren und ihr Aussehen und ihre Herkunft genau beschreiben. Danach wurde jedes Kind einzeln demonstrativ gelobt. Indira erzählte bei dieser Präsentation lange über sich und Indien, sagte mir die Lehrerin später. Ihre Methode hatte Erfolg: Indira reagierte fortan wesentlich selbstsicherer.

Zu unserer Bestürzung werden wir aber immer wieder mit abwertenden Bemerkungen konfrontiert: Wir sitzen auf dem Flughafen einer Nordseeinsel und warten darauf, dass wir zum Einsteigen aufgerufen werden. Die kleine Wartehalle ist voll – alles ordentliche, deutsche Feriengäste. Indira hat ihren Puppenwagen in die Nähe eines älteren Ehepaars geschoben und blickt sie an, wie kleine Kinder mitunter fremde Menschen neugierig beobachten.

»Mein Gott, schau dir die an«, sagte der Mann und deutet auf Indira. »Guck dir mal ihre Augen an. Die guckt ja so dunkel, als ob sie einen gleich auffressen will.« Einige Fluggäste schauen mich betroffen an und ich rufe Indira zu mir zurück. Die Gespräche um uns herum ersterben und es herrscht einige Sekunden betretenes Schweigen. Dann plaudern alle weiter. Ich habe Herzklopfen, lasse mir nichts anmerken, bin aber irritiert – zumal wir am Strand schon so ungeniert angestarrt wurden, wie ich es bisher noch nicht erlebt hatte.

Oder im Zug: Wir sitzen mit Indira in einem Großwagenabteil an einem Tisch. Indira spielt, malt, lacht und plappert fröhlich vor sich hin. Plötzlich beugt sich die Dame an dem Nebentisch zu uns herüber und sagt: »Wissen Sie, letztlich sind ja doch alle Kinder gleich.« Sie meint es offenbar nett. Ich reagiere nicht. Aber sie wiederholt es, weil sie glaubt, ich habe sie nicht verstanden: »Wissen Sie, Kinder sind ja doch alle gleich.« Ich ignoriere sie, bis sie schließlich aufgibt.

Oder in einer Apotheke: Ich stehe mit Indira an der Kasse, da sagt die Apothekerin: »Mensch, du siehst aber hübsch aus. Du hast aber eine tolle Farbe. Wenn ich so schön braun aussehen will, muss ich auf die Sonnenbank gehen.«

Und bei unserem Kinderarzt: beide Kinder sind schwer erkältet und so schleppe ich sie gleich beide zu dem liebevollen, mir von mehreren Müttern empfohlenen Kinderarzt. Als er Indira abhört sagt er: »Mensch, du hast aber einen braunen Bauch. Was macht denn die Mama mit dir, dass du so braun bist? Reibt sie dich abends mit Schokoladensauce ein?«

»Nein«, lacht Indira.

»Reibt sie dich abends mit Himbeersauce ein?«

»Nein«, quietscht Indira vor Vergnügen.

»Reibt sie dich abends mit Schuhcreme ein?«

»Nein«, lacht Indira und kann sich kaum beruhigen.

»Reibt sie dich …«

Der Arzt steht mit dem Rücken zu mir und kann daher nicht erkennen, dass mir der Mund offen stehen bleibt. Es ist nicht zu fassen, schießt es mir durch den Kopf. Ich bin vor Überraschung sprachlos. Was soll ich tun? Ihm eine

Szene machen, meine beiden Kinder packen und aus der Praxis stürzen? Oder nichts sagen und nie wieder hingehen? Oder soll ich etwas sagen, aber was und wie? Ich bin hilflos. Da ist wieder so eine Situation, in der ich nicht schlagfertig bin. Wenn es mir dann einfällt, ist die Situation schon wieder vorbei.

Haben die amerikanischen Sozialarbeiter Recht, wenn sie sagen, wir Weißen könnten keine farbigen Kinder adoptieren, weil wir mit genau diesen Situationen nicht fertig würden? Schließlich hätten wir so etwas am eigenen Leib nie erlebt und nicht gelernt, wie man darauf reagiert. Wie könnten wir also unserem Kind das richtige Verhalten beibringen?

Der Kinderarzt und die Apothekerin glauben, dass sie den Kindern Komplimente machen. Sie meinen es nett, haben die Kinder sogar gern. Sie merken nicht, dass sie mit ihren Worten die Hautfarbe unserer Töchter zum Diskussionsthema machen – in der Apotheke, in der Arztpraxis, auf dem Flughafen und im Zug. Wenn aber die Hautfarbe der Mädchen immer wieder kommentiert wird, verletzt sie dies. Da fängt streng genommen schon Rassismus an.

Leider ist diese naive, unbekümmerte Art des Rassismus in Deutschland noch nicht als Problem erkannt worden ist. Die Deutschen glauben, dass es sich erst um Rassismus handelt, wenn Neonazis auf der Straße Türken zusammenschlagen, Hakenkreuze an die Hauswände schmieren und »Ausländer raus« brüllen. Dass es eine subtilere Art des Rassismus gibt, haben die Deutschen noch nicht begriffen. Wenn die Hautfarbe oder das Aussehen einer Person immer wieder Anlass zu Bemerkungen, Fragen und Handlungsweisen gibt, ist dies für den Betroffenen rassistisch, denn er muss sich immer wieder wegen seines Aussehens rechtfertigen. Er wird nicht in Ruhe gelassen. Er wird nicht so behandelt wie alle anderen auch. Er wird stigmatisiert und ausgegrenzt.

Wenn meine aus Korea stammende Freundin am Frankfurter Flughafen süffisant von den Grenzbeamten gefragt wird, ob sie auch das Rückflugticket zeigen könne und genug Geld dabei habe, um ihren Aufenthalt in Frankfurt bezahlen zu können, ist das Rassismus. Sie ist keine asiatische Edelprostituierte, sondern eine Investmentbankerin, die zu einer Besprechung in die Frankfurter Bankenmetropole anreist.

So gesehen ist Deutschland rassistischer als Großbritannien oder die Vereinigten Staaten. Dort reagieren die Menschen vorsichtiger und korrekter. Ein New Yorker Kinderarzt würde nicht wagen, ein Kind zu fragen, ob es mit Schokoladensauce eingerieben wurde – er müsste mit rechtlichen Konsequenzen rechnen. Aber wir leben in Deutschland und daher muss ich lernen, meine Kinder vor Rassismus zu schützen, in welcher Form er uns auch immer begegnet.

So werde ich mit meinen Kindern auf der Straße eines Tages von einem etwa achtjährigen Bengel angesprochen: »Sind das deine Kinder?«

»Ja. Das sind meine Kinder«, antworte ich, denn Kindern verzeihe ich alle Fragen – sie müssen fragen, um zu lernen.

»Aber du bist doch so schön und die sind so dunkel.« Ich zucke zusammen und hoffe, dass Indira an meiner Hand nicht richtig zugehört hat.

»Ja. Sie sind sehr dunkel und wunderhübsch, nicht wahr?«, sage ich und nehme Sushmita auf den Arm.

»Aber die hast du doch nicht lieb, oder?«, fragt der Bengel – und meint es gar nicht böse. Er weiß es nicht besser. Jetzt muss ich antworten, denn Indira ist hellhörig geworden.

»Natürlich habe ich sie lieb. Genauso lieb, wie deine Mama dich lieb hat«, erkläre ich ihm und merke, dass ich mich schon wieder viel zu weit auf das Gespräch eingelassen habe.

»Aber die küsst du doch nicht etwa?«, fragt er weiter. Indira starrt mich an.

»Natürlich«, sage ich und küsse Indira und Sushmita demonstrativ auf die Wange. Aber ich bin verletzt und sage wütend: »Und jetzt lass uns in Ruhe und hau ab.«

So rüde kann ich in Indiras Schule nicht reagieren. Eines Mittags sagt Indira bei Tisch leise: »Mama. Lisa in meiner Klasse sagt, ich sei braun wie Poo.« Das ist das englische

Kinderwort für Fäkalien. »Einige Kinder nennen mich jetzt Poo-Poo. Kannst du denen sagen, dass sie das nicht tun sollen. Ich finde das nicht schön.«

Und ich stehe hastig auf und mache mich am Esszimmerschrank zu schaffen, damit Indira nicht merkt, wie ich mit den Tränen kämpfe. Wie kann jemand mein Kind als ein Stück Scheiße bezeichnen, sie damit hänseln und es sogar zu ihrem Spitznamen machen? Und was mich noch mehr erschüttert, ist die höfliche Art, mit der Indira mich darum bittet, dass dies doch aufhören möge. Ihr fehlt eine gehörige Portion Empörung. Ich tröste Indira und verspreche ihr, mit dem Kind und der Lehrerin zu reden. Abends zeige ich ihr wieder das Kinderbuch *Chinese Eyes*, in dem ein Adoptivkind aus China wegen seines Aussehens in der Schule gehänselt wird und die Mama es tröstet.

Am nächsten Tag spreche ich mit der Lehrerin, die mir die Hänselei bestätigt. Sie redet mit den Eltern von Lisa, mit Lisa und dann mit Indira und Lisa. Wir Eltern und die Lehrerin sind enttäuscht über diesen Vorfall. Die Kinder hatten doch gerade gelernt, sich gegenseitig mit all den Eigenarten ihrer Herkunft, Rasse und Religion zu achten. Ist auf dem Schulhof schon alles wieder vergessen?

Zumindest tröstet mich die Reaktion der Lehrerin, die mit den Kindern engagiert auf das Thema eingeht und der Klasse ein Buch über unterschiedliche Hautfarben zeigt: In dem Buch gibt es eine Palette aller möglichen Brauntöne und die Kinder sollen ihre Hand daneben halten. Und da erkennen sie, dass die Hautfarbe eines jeden Kindes auf der Skala der Braunschattierungen zu finden ist und kein Kind weiß und kein Kind schwarz ist.

Aber wenige Wochen später kommt Indira wieder nach Hause und klagt: »Mama. Die Jungen sagen, ich sehe aus wie Schokolade, und jetzt stehen sie vor mir und lecken mich ab und sagen, ich schmelze gleich«, und ich kann es kaum fassen. Schon wieder. Wie oft muss Indira sich das gefallen lassen und wie lange wird es dauern, bis sich diese Bemerkungen bei ihr eingraben und beginnen, sie zu verändern? Ich habe Angst, wenn ich mir vorstelle, dass Indira solche Bemerkungen noch viele hundert Mal hören wird. Kann sie das ertragen? Wie viel kann ein Mensch aushalten, wann resigniert er, beginnt an sich selbst zu zweifeln, verliert sein Selbstbewusstsein oder kapselt sich ab in ohnmächtiger Wut? Wie viel Demütigungen muss der Rastafari aus Jamaika erlebt haben, der mit Indira spielte und mich völlig ignorierte. Wie oft war er als »pothead«, »drug-adict«, Drogensüchtiger oder Nigger beleidigt worden? Wie viel Verachtung und Hass waren in ihm aufgestaut, dass er Weiße keines Blickes mehr würdigte?

Ich möchte Indira so gern vor diesen Verletzungen bewahren. Nichts bringt mich so in Rage wie die Demütigung unserer Töchter wegen ihres Aussehens. Es ist so ungerecht und man steht als Adoptiveltern so ohnmächtig daneben.

Das Traurige ist, dass Indira und Sushmita eines Tages begreifen werden, dass ihre Hautfarbe sogar ein Grund dafür war, dass sie in die Auslandsadoption gegeben wurden und sich keine Eltern in Indien für sie fanden. Ich weiß heute schon, dass dies noch einmal eine bittere Enttäuschung sein wird – eine Enttäuschung über das eigene Land, die eigene Kultur, die eigene Heimat. Indira und Sushmita werden nicht nur mit dem Rassismus in der westlichen Welt konfrontiert, sondern werden Ähnliches in der indischen Kultur erleben, wo immer noch das Vorurteil herrscht, dass helle Hautfarbe sauber, rein und schön sei. Es ist besonders bitter, dass sich westliche Unternehmen auf diese Sichtweise einstellen und die Vorurteile mit ihrem eigenen Marketing noch forcieren.

Ich hatte Indira zum Geburtstag eine indische Barbie-Puppe schenken wollen, um ihr zu zeigen, dass Schönheit nicht nur etwas mit goldenem Engelshaar, blauen Augen und weißer Haut zu tun hat. Ich fand tatsächlich eine wunderschöne Barbie in einem schimmernden Sari mit langem schwarzem Haar, einem Bindi auf der Stirn und indischen Gesichtszügen. Ich habe sie Indira dann aber zunächst nicht geschenkt: Die indische Barbie-Puppe hatte eine schneeweiße Hautfarbe.

Auch Sushmita wird diese Feinheiten noch begreifen lernen. Noch hat sie die Thematik nur halb verstanden. Als ich fröstelnd in die Badewanne steige und die Dusche heiß aufdrehe, um mich aufzuwärmen, steht Sushmita im Badezimmer und beobachtet mich neugierig. Auf einmal streicht sie über ihre Hände und verkündet: »Sushmita hat braune Hände«, und nachdem sie auf ihre Füßchen geschaut hat, fügt sie hinzu: »Und braune Füße.« Dann schaut sie mich an, blickt auf meine Füße, überlegt und sagt: »Und Mama hat kalte Füße.«

Und da lache ich schallend und könnte sie ganz fest drücken, wenn ich nicht unter der Dusche stünde, denn sie hat so Recht.

Nachwort

Die in diesem Buch beschriebene Adoption aus Indien ist nach den international geltenden Rechtsvorschriften für Auslandsadoptionen über die englischen und indischen Behörden abgewickelt worden. Während der Adoptionen wohnten wir in London. Dort haben wir uns nicht einer Adoptionsagentur bedient, sondern selber mit den Behörden, also dem zuständigen Jugendamt und dem Sozialministerium, dem Department of Health in London, zusammengearbeitet. Dies ist in Großbritannien ein für Auslandsadoptionen durchaus gängiges Verfahren.

In Deutschland dagegen ist eine Auslandsadoption direkt über das Jugendamt, also ohne die Einschaltung deutscher Adoptionsagenturen, nur in Ausnahmefällen erlaubt. Es muss dann für den Einzelfall eine Gestattung beim Sozialministerium erwirkt werden. Normalerweise werden in Deutschland bei Auslandsadoptionen anerkannte Auslandsvermittlungsstellen, also Adoptionsagenturen, eingeschaltet. Informationen darüber erteilen die Jugendämter.

Nachfolgend wird dennoch das von uns in Großbritannien praktizierte Verfahren erläutert:

- Das Ehepaar muss sich von staatlicher Seite aus für eine Auslandsadoption aus Indien prüfen lassen. Dies erfolgt in Großbritannien über das zuständige Jugendamt. Sozialarbeiter verfassen nach eingehenden Besuchen und

Gesprächen einen umfassenden Sozialbericht über das Ehepaar. Auch wird das Ehepaar in der Regel noch von einem Gremium mündlich geprüft.

- Das Jugendamt empfiehlt dem Sozialministerium, das Ehepaar für die Auslandsadoption aus Indien zuzulassen. Dies wird von dem Ministerium geprüft und schriftlich bestätigt.
- Das Ehepaar muss bei einem Notar rechtliche Erklärungen für die Auslandsadoption abgeben.
- Spätestens dann sollte das Ehepaar genau wissen, aus welchem indischen Heim es adoptieren will. Zur Auswahl stehen dem Ehepaar die indischen Heime, die auf einer von der Regierungsbehörde CARA (Central Adoption Resource Agency) in Neu Delhi verfassten Liste aufgeführt sind. Nur diese Heime haben die Lizenz, Auslandsadoptionen abzuwickeln.
- Die Papiere der Eltern werden dann von den britischen Behörden an das ausgewählte Heim in Indien verschickt. Ein weiterer Satz der Papiere wird an die Central Adoption Resource Agency (CARA) in Neu Delhi geschickt.

Inzwischen sind auf der Seite des Kindes in Indien folgende Maßnahmen eingeleitet worden:

- Das Kind wird zum Beispiel als Säugling in das Heim eingeliefert. Die leibliche Mutter muss eine schriftliche Erklärung unterzeichnen, dass sie das Kind aufgibt und zur Adoption freigibt. Dennoch muss nach indischem Recht zwei bis drei Monate gewartet werden, ob die leibliche Mutter ihre Meinung ändert und das Kind zurückfordert. Dieses Recht steht ihr zu.
- Tut sie dies nicht, wird das Heim nach dieser Frist versuchen, indische Adoptiveltern für das Kind zu finden.
- Führt dies nicht zum Erfolg, kann das Heim einen Antrag bei den indischen Behörden stellen, dass das Kind Eltern im Ausland angeboten werden soll. Damit das Heim jedoch die für diesen Einzelfall erforderliche Genehmigung erhält, muss zuvor eine dreimonatige Frist eingehalten werden, innerhalb derer über andere indische Wai-

senhäuser Eltern in Indien für das Kind gesucht werden. Erst wenn das gescheitert ist, das Kind also etwa neun Monate alt ist, wird dem Heim die Genehmigung erteilt, das Kind ausländischen Eltern anbieten zu dürfen. Auch hier haben indische Ehepaare, die im Ausland leben, eine bevorzugte Stellung. In der Regel sind die Kinder, die ausländischen Eltern zur Adoption angeboten werden, daher mindestens neun Monate alt.

- Wird ein ausländisches Ehepaar für das Kind gefunden, muss dieses Ehepaar vor einem Notar den Antrag stellen, dieses Kind adoptieren zu wollen. Diese notariellen Erklärungen werden an das indische Heim verschickt. Das Heim leitet dann sämtliche Papiere – also auch die Papiere des Kindes – an die Behörde CARA, die Central Adoption Resource Agency, in Neu Delhi weiter.

Nun befinden sich also die Papiere von dem Kind und den künftigen Eltern bei der staatlichen Behörde CARA in Neu Delhi.

- Die Behörde CARA in Neu Delhi prüft die Ordnungsmäßigkeit der Adoption und erteilt die Genehmigung, dass die ausländischen Eltern das indische Kind adoptieren dürfen. Dies ist das so genannte »No objections certificate« (NOC).
- Erst dann kann der Fall vor den Obersten Gerichtshof gehen. Dieser beschließt die Vormundschaft. An diesem Tag können die Eltern das Kind aus dem Heim in ihre Obhut nehmen.
- Erst nach dem Gerichtsverfahren kann ein indischer Pass für das Kind beantragt werden. Das Kind hat zunächst weiterhin die indische Staatsangehörigkeit.
- Mit dem Pass wird dann das Einreisevisum – in der Regel ein spezielles Adoptionsvisum – des entsprechenden Landes der Adoptiveltern beantragt. Dabei prüft zum Beispiel das englische Konsulat, ob die Eltern zu Hause in der Tat im Rahmen eines Sozialberichts vom Jugendamt überprüft wurden. Nur nach dieser Rückkopplung und Prüfung der indischen Gerichtsdokumente wird von dem

Konsulat oder der Botschaft ein Einreisevisum für das Kind erteilt.

- Erst dann können die Eltern Indien mit dem Kind verlassen und in ihre Heimat zurückkehren. Dort müssen sich die Eltern sofort beim Jugendamt melden und die Ankunft des Kindes mitteilen. Sozialarbeiter verfassen dann in regelmäßigen Abständen über weitere fünf Jahre Berichte, wie sich das Kind eingliedert und entwickelt. Diese Berichte gehen den indischen Behörden zu.

In England und auch in Deutschland erfolgt etwa ein Jahr nach Einreise die so genannte Nachadoption. Während dieses einen Jahres ist das Kind nach indischem Recht faktisch bereits das Kind der Adoptiveltern, nach deutschem oder englischen Recht aber noch nicht.

Für die Nachadoption vor einem deutschen Gericht werden nochmals Berichte von Sozialarbeitern über das Einleben des Kindes in der Familie verfasst. Bei der Nachadoption vor dem deutschen Gericht erhält das Kind dann auch den Nachnamen der Adoptiveltern und erstmalig die deutsche Staatsangehörigkeit. Danach kann ein deutscher Pass für das Kind beantragt werden. Da Indien derzeit noch keine doppelte Staatsangehörigkeit für in Deutschland lebende Inder zulässt, verliert das Kind in diesem Moment die indische Staatsangehörigkeit. Sein indischer Pass wird ungültig. Reisen nach Indien müssen fortan mit dem deutschen Pass und indischem Einreisevisum unternommen werden.

Erst wenn ein Adoptionsprozess inklusive der Nachadoption abgeschlossen ist, können Eltern die nächste Adoption beantragen.

Danksagung

Dieses Buch schildert Ereignisse, die sich wirklich zugetragen haben. Alle im Buch vorkommenden Personen sind Personen des wirklichen Lebens. Um ihre Privatsphäre zu schützen, werden sie unter einem anderen Namen vorgestellt. Dies gilt insbesondere dem Schutz der Kinder, die in dieser Geschichte eine Rolle spielen. Deshalb sind dem Buch auch keine Fotos beigefügt.

Ich habe zudem den Namen des Waisenhauses, aus dem wir adoptiert haben, bewusst nicht genannt. Die Nonnen des Heimes haben mich mit Offenheit, Ehrlichkeit und großer Toleranz aufgenommen. Dafür bin ich ihnen sehr dankbar. Aber für sie war ich immer die Mutter der Kinder, niemals eine Buchautorin oder Journalistin. Ich möchte das Vertrauen, das mir die Nonnen als Mutter entgegengebracht haben, nicht enttäuschen. Dies ist wichtig im Interesse all der anderen Kinder im Heim, die darauf angewiesen sind, dass auch ihre künftigen Eltern in dem Heim mit offenen Armen begrüßt werden.

Ich danke meinem lieben Mann, dass er mich angespornt hat, aus meinen Tagebuch-Aufzeichnungen und den vielen Gedanken und Gesprächen, die wir über die Adoptionen gehabt haben, ein Buch zu verfassen. Ohne seine Überzeugungsarbeit hätte ich es nicht geschrieben. Allein hätte ich den Schritt nicht gewagt. Er hat mir viel Mut gemacht und mich gestärkt.

Ich danke Bettina Eltner vom Econ Verlag von ganzem Herzen, dass sie sich der Idee des Buches so tatkräftig angenommen und das Projekt ins Rollen gebracht hat. Ihr habe ich zu verdanken, dass das Projekt im Verlag auf Gehör stieß. Und ich danke Britta Hansen, die dieses Buch im Marion von Schröder Verlag so engagiert vertreten und zum Erfolg geführt hat. Ebenso danke ich Eva Spensberger, die mein Schreiben mit Ermutigung und wertvoller Kritik begleitet hat.

Besonders bedanken möchte ich mich bei meinen Freundinnen Andrea Schruff und Dorothee Grueter-Fröhlich, die mir auf dem Weg der Adoption und des Buches unermüdlich zur Seite gestanden und mir wichtige Anregungen, Kritik und Ansporn gegeben haben.

Und ich umarme unsere kleinen Töchter, die oft geduldig sein mussten, weil Mama schon wieder am Computer saß.

Bettina Schulz

Literatur

Deutschsprachige Fachliteratur:

Auslandsadoption. Das Findbuch 2003
Wolfgang Gerts
Kirchturm
ISBN 3934117066

Internationale Adoptionen.
Beratung, Vermittlung und Begleitung
Sabina Dörfling und Inge Elsässer
Schulz-Kirchner
ISBN 3824803046

Adoptionen in der Einen Welt.
Hilfen zur Integration fremdländischer Kinder in Westeuropa
Wiltrud Ott, Lucile van Tuyll, Rene Hoksbergen,
Werner Böcker (Hrsg.) und Volker Krolzik (Hrsg.)
Schulz-Kirchner
ISBN 3824803011

Ratgeber Adoptivkind: Über Pflegekinder und Adoptivkinder
Irmela Wiemann
Rowohlt
ISBN 3499195690

Ratgeber Auslandsadoption: Wege, Verfahren, Chancen
Barbara Gillig-Riedle und Herbert Riedle
Tivan
ISBN: 3980866009

Wie viel Wahrheit braucht mein Kind?
Irmela Wiemann
Rowohlt
ISBN 3499609568

Das neue Recht der Internationalen Adoption
und Adoptionsvermittlung
Thomas Steiger
Bundesanzeigerverlag
ISBN 3898171191

Englischsprachige Fachliteratur:

Adopting after Infertility
Patricia Irwin Johnston
Perspective Press
ISBN 0944934102

Adoption. Theory, Policy and Practice
John Triseliotis, Joan Shireman und Marion Hundleby
Cassell
ISBN 0304334812

Real Parents, Real Children
Holly van Gulden und Lisa M. Bartels-Rabb
Crossroad
ISBN 0824515145

Toddler Adoption
Mary Hopkins-Best
Perspective Press
ISBN 094493417

Being Adopted
David M. Brodzinsky, Marshall D. Schechter und
Robin Marantz Henig
Doubleday
ISBN 0385414269

Inside Transracial Adoption
Gail Steinberg und Beth Hall
Perspective Pess
ISBN: 0944934269

Transracial Adoption
Constance Pohl und Kathy Harris
Franklin Watts
ISBN 0531111342

Are Those Kids Yours?
Cheri Register
The Free Press/Simon & Schuster
ISBN 0029257506

Dialogues about Adoption
Linda Bothun
Swan Publications
ISBN 0961955910

Talking with Young Children about Adoption
Mary Watkins und Susan Fisher
Yale University Press
ISBN 0300063172

Why Didn't she keep me?
Barbara Burlingham-Brown
Langford Books
ISBN 0912083662

Attaching in Adoption
Deborah D. Gray
Perspective Press
ISBN 0944934293

Raising adopted children
Lois Ruskai Melina
Harper Perennial
ISBN 0060960396

Helping Children Cope with Separation and Loss
Claudia Jewett Jarratt
The Harvard Common Press
ISBN 1558320520

Adopting the Hurt Child
Gregory C. Keck und Regina M. Kupecky
Pinon Press
ISBN 0891099077

Deutschsprachige Kinderbücher:

Erzähl noch mal, wie wir eine Familie wurden
Jamie Lee Curtis
Edition Riesenrad
ISBN 3933697956

Du bist mein Freund
Kitty Crowther
Carlsen
ISBN 3551595054

Kleiner Eisbär nimm mich mit
Hans de Beer
Nord-Süd
ISBN 3314003447

Tätzchen
Holly Keller
Ars Edition
ISBN 3760777309

Elmar
David McKee
Thienemann
ISBN 3522432029

Winzig, der Elefant
Erwin Moser
Beltz & Gelberg
ISBN 3407803303

Alle meine Knuddelkinder
Anita Jeram
Sauerländer
ISBN 3794146069

Tim gehört zu uns
Ann de Bode und Rien Broere
Ellermann
ISBN 3770764285

Englischsprachige Kinderbücher:

Chinese Eyes
Marjorie Ann Waybill
Herald Press
ISBN 0836117387

All the Colors we are
Katie Kissinger
Redleaf Press
ISBN 0934140804

The Boy with Long Hair
Pushpinder Singh
The Sikh Foundation/Scribner Graphic Press
ISBN 0970036302

Shades of Black
Sandra L. Pinkney
Scholastic Inc.
ISBN 0439358655

The Meanest Thing to Say
Bill Cosby
Scholastic Inc.
ISBN 0590956167

A Mother for Choco
Keiko Kasza
G. P. Putnam's Sons
ISBN 0399218416

The Mulberry Bird
Anne Braff Brodzinsky
Perspective Press
ISBN 0944934153

How I was adopted
Joanna Cole
Morrow Junior Books
ISBN 0688119298

We Adopted you, Benjamin Koo
Linda Walvoord Girard
Albert Whitman & Company
ISBN 0807586951

A Koala for Katie
Jonathan London
Albert Whitman & Company
ISBN 0807542091

Let's talk about it: Adoption
Fred Rogers
The Putnam & Grosset Group
ISBN 0698116259

How it feels to be adopted
Jill Krementz
Alfred A. Knopf
ISBN 0394758536